JOACHIM MAYER

SO WIRD DER GARTEN FIT FÜRS KLIMA

Die neue Gartenpraxis –
bei Hitze, Wind und Starkregen

JOACHIM MAYER

SO WIRD DER GARTEN FIT FÜRS KLIMA

Die neue Gartenpraxis –
bei Hitze, Wind und Starkregen

Inhalt

1

Gut zu wissen

DAS WETTER UND DAS KLIMA

Wetter, Biowetter, Witterung, Klima: Das alles spielt gerade beim Gärtnern eine wichtige Rolle. Deshalb ist es hilfreich, solche Begriffe und ihre unterschiedlichen Bedeutungen genauer kennenzulernen.

UNSER KLIMA: WAS IST DAS EIGENTLICH?

Alle reden vom Klima. Aber reichen ein paar heiße Sommer, um von einem Klimawandel zu sprechen? Nicht ganz: Beim Klima geht es um das »Durchschnittswetter« über lange Zeiträume.

Beim Plaudern am Gartenzaun muss man sicher nicht feinsinnig zwischen Wetter, Witterung und Klima unterscheiden. Hier geht es ja darum, Alltagserfahrungen auszutauschen, und nicht um meteorologische Beobachtungen. Trotzdem ist es gut zu wissen, was solche Begriffe in der Wetterkunde bedeuten.

Die wichtigsten Kenngrößen zum Bestimmen von Wetter, Witterung und Klima sind: Sonnenscheindauer, Bewölkung, Windrichtung und -stärke, Lufttemperatur, Niederschlagsmenge, Luftfeuchte, Luftdruck und Wassertemperatur. Das Wetter beschreibt solche meteorologischen Werte und Beobachtungen meist nur für einen Tag, die Witterung den Zustand über mehrere Tage oder Wochen – und das Klima schließlich über einen Zeitraum von 30 Jahren.

DAS WETTER UND DIE WITTERUNG

Das Wetter ist eine kurzfristige Angelegenheit: Es bezeichnet den Zustand im Zeitraum eines Tages oder von ein paar wenigen Tagen. Dies bezogen auf einen bestimmten Ort oder ein kleinräumiges Gebiet. Das Wetter hängt ab vom momentanen Zustand der (unteren) Atmosphäre, der geprägt wird durch das Zusammenwirken der meteorologischen Elemente wie Temperatur, Wind, Bewölkung und Niederschlag.

Biowetter und gefühlte Temperatur

Das Wetter wird nicht von allen Menschen gleich wahrgenommen. Wetterfühlige reagieren z. B. besonders empfindlich auf Hitze, UV-Strahlung, Kälte oder Wetterwechsel. Davon betroffen sind besonders ältere und geschwächte Menschen, die etwa an Herz-Kreislauf-Beschwerden, Atemwegserkrankungen oder Rheuma leiden. Für sie können Wetterextreme nicht nur unangenehm, sondern auch gefährlich werden.

Um dem vorzubeugen und zu warnen, liefert der Deutsche Wetterdienst (DWD) zweimal täglich Hinweise auf das Biowetter. Dazu kommen Angaben zur gefühlten Temperatur: Denn wie man das Wetter empfindet, hängt nicht nur da-

Ein Außenthermometer erlaubt die genaue Aufzeichnung der aktuellen Temperatur, die je nach Kleinklima deutlich von der »amtlichen« Temperatur abweichen kann.

von ab, was das Thermometer anzeigt. Dieselbe Gradzahl auf der Skala kann sich je nach Luftfeuchte, Wind und Strahlung unterschiedlich »anfühlen«. Ob das Wetter als schwül empfunden wird, hängt nicht nur von der Luftfeuchte, sondern auch von der Temperatur ab: Bei 20 °C beginnt das erst bei ungefähr 80 % relative Luftfeuchte. Bei 40 °C wirken schon 25 % relative Feuchte drückend schwül.

Zum Biowetter-Service des DWD gehören außerdem Warnungen vor starker UV-Strahlung, erhöhten Ozonwerten und vor Pollenflug, auf den viele Menschen allergisch reagieren. Solche Hinweise und Infos finden Sie auf der Website des DWD (→ Seite 327, Anhang). Sie werden aber auch oft in der regionalen Tagespresse und von Wetterportalen im Internet weitergegeben.

Witterung: auf längere Sicht

Die Witterung beschreibt das Durchschnittswetter und den Wetterverlauf über einen längeren Zeitraum. Dabei kann es sich um mehrere Tage, Wochen oder auch um ganze Jahreszeiten handeln. Die Witterung wird zwar durch die Großwetterlage bestimmt, fällt aber je nach Ort und Gebiet unterschiedlich aus. Deshalb beziehen sich Witterungsangaben üblicherweise auf begrenzte Regionen.

Die Witterung lässt sich z. B. beschreiben als trocken-warm, nass-kalt, neblig-feucht – oder als unbeständig bzw. wechselhaft. Solche Einstufungen gelten meist für den gerade aktuellen, vorherrschenden Wettercharakter oder für bereits vergangene Wetterverläufe. Denn Vorhersagen über die Witterung der nächsten Wochen sind komplizierter und unsicherer als kurzfristige Wetterprognosen. Noch schwieriger sind Vorhersagen zum zukünftigen Klima.

DAS KLIMA: ALLE 30 JAHRE WIEDER

Das Klima steht für die »Durchschnittswitterung« im Jahresverlauf an einem bestimmten Ort, in größeren Regionen oder sogar global betrachtet – im Allgemeinen über einen Zeitraum von 30 Jahren. Das Klima wird beschrieben durch statistische Kenngrößen wie mittlere Sonnenscheindauer, Durchschnittstemperaturen, Niederschlagssummen sowie der Verteilung übers Jahr. Mittlerweile werden zusätzlich die Wetterdaten und -verläufe von 10-jährigen Zeiträumen ausgewertet, um den Klimawandel realistisch abzuschätzen. Denn seit Ende des 20. Jahrhunderts haben sich die erdnahe Atmosphäre und die Meere immer schneller erwärmt und die Wetterextreme haben zugenommen. Das Klima ist ein Ausdruck der geografischen und atmosphärischen Verhältnisse und damit der jeweiligen Lage auf der Erdkugel. Danach lassen sich verschiedene Klimazonen und Klimatypen unterscheiden.

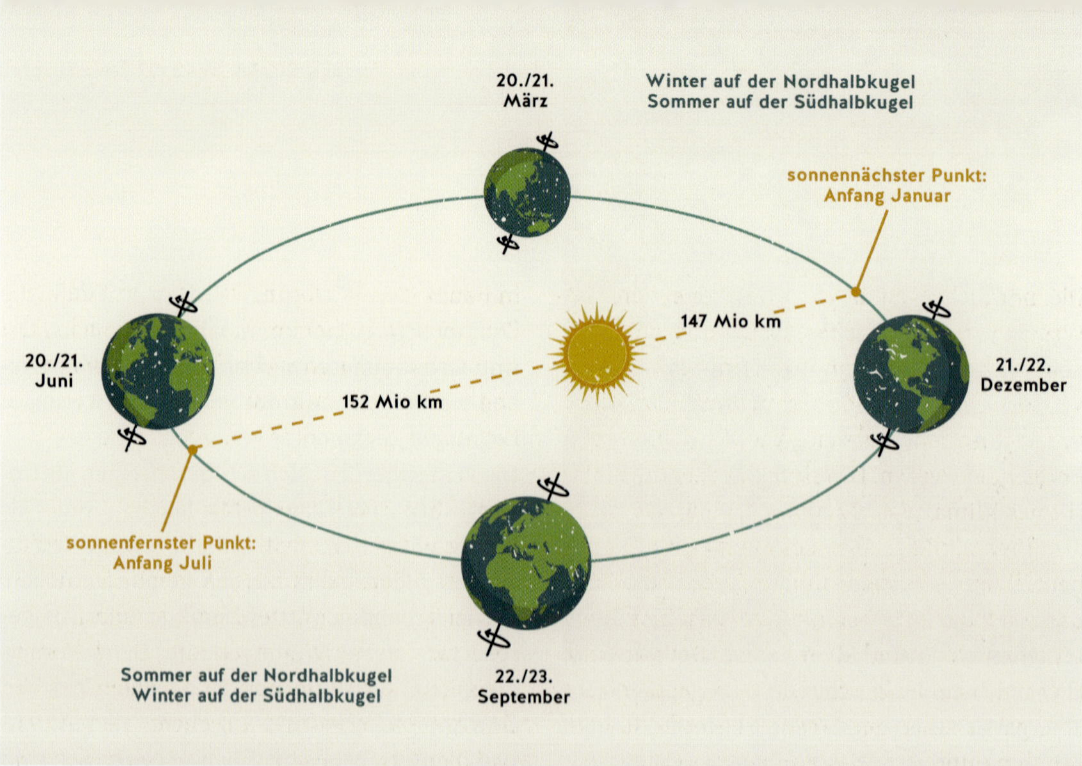

Durch die Neigung der Erdachse und die elliptische Umlaufbahn um die Sonne entstehen die Jahreszeiten auf der Nord- und Südhalbkugel.

Die schräge Erdachse

Dass das Wettergeschehen wechselhaft und oft turbulent verläuft, liegt hauptsächlich an der Neigung der Erdachse, der gedachten Verbindung zwischen Nord- und Südpol. In der Umlaufbahn der Erde um die Sonne steht diese Achse nicht senkrecht, sondern ist um 23,5° geneigt. Somit sind Nord- und Südhalbkugel jeweils ein halbes Jahr stärker der Sonne zugewandt. Daraus ergeben sich die zu- und abnehmenden Tageslängen und die Eintrittstermine der kalendarischen Jahreszeiten – also z. B. der Frühlingsbeginn am 20. oder 21. März.

Das führt im Jahresverlauf zu großen Temperaturunterschieden auf der Erdoberfläche. Diese verlangen immer wieder nach Ausgleich. Dafür werden Wärmetransporte über die Luftmassen und die Meeresströmungen nötig. So kommt es zu den großräumigen Windsystemen und Luftdruckzonen, die vieles durcheinanderwirbeln. Durch die globale Erwärmung und das allmähliche Schmelzen der Polkappen wird dieser ganze Prozess noch »chaotischer«.

KLIMAZONEN UND KLIMATYPEN

Entsprechend dem wechselnden Einfallswinkel der Sonne ziehen sich quer über den Globus Gürtel mit unterschiedlicher Erwärmung. Das sind die fünf Klimazonen: angefangen bei den Tropen rund um den Äquator und dann zum Nord- und Südpol hin jeweils die Subtropen, die gemäßigte Zone, die subpolare Zone und die polare Zone.

Wir leben in der nördlichen gemäßigten Zone, die sich ungefähr zwischen dem 60. Breitengrad im Norden und dem 40. Breitengrad im Süden erstreckt – oder bis zum 23. Breitengrad, wenn man den Mittelmeerraum und Nordafrika ebenfalls zur gemäßigten Zone zählt.

Die nördliche gemäßigte Klimazone wird im Westen vom Atlantischen Ozean und im Osten vom Pazifik »eingerahmt«. Dadurch ergeben sich von Westen nach Osten fünf klimatisch unterschiedliche Bereiche, die als **Klimatypen** bezeichnet werden. Das sind: das Seeklima (maritimes Klima), das Übergangsklima, das kühle Kontinentalklima, das sommerwarme Kontinentalklima (Steppen- und Wüstenklima) und das von Monsunen beeinflusste Ostseitenklima. Mitteleuropa – und damit auch Deutschland, Österreich und die Schweiz – ist geprägt vom Übergangsklima: im Westen beeinflusst vom Seeklima und den Westwinden, im Osten vom trockeneren Kontinentalklima, oft mit kälteren Wintern.

Für uns Gärtnerinnen und Gärtner gibt es außerdem »Klimazonen« der besonderen Art, z.B. in Baumschulkatalogen. Sie haben mit den großen meteorologischen Klimazonen nichts zu tun: Es handelt sich vielmehr um **Winterhärtezonen**, die Auskunft darüber geben, wie viele Frostgrade die Gehölze vertragen (→ Seite 47).

Vielfältiges Gebirgsklima

Eine große Rolle spielt in Mitteleuropa außerdem das Gebirgsklima im Bereich der Alpen. Das ist kein einheitliches Klima, sondern ausgesprochen vielfältig, je nach Lage zu den Himmelsrichtungen und der Oberflächenform der Gebirge. An der Nordseite, mitsamt dem Alpenvorland von Deutschland, Österreich, Schweiz und Frankreich, fallen oft hohe Niederschlagsmengen, im Winter häufig als Schnee. An der Südseite, also in Richtung Italien, macht sich der mediterrane Einfluss bemerkbar: mit milden

Die Klimazonen ziehen sich entlang der Breitengrade in Ost-West-Richtung über die Kontinente.

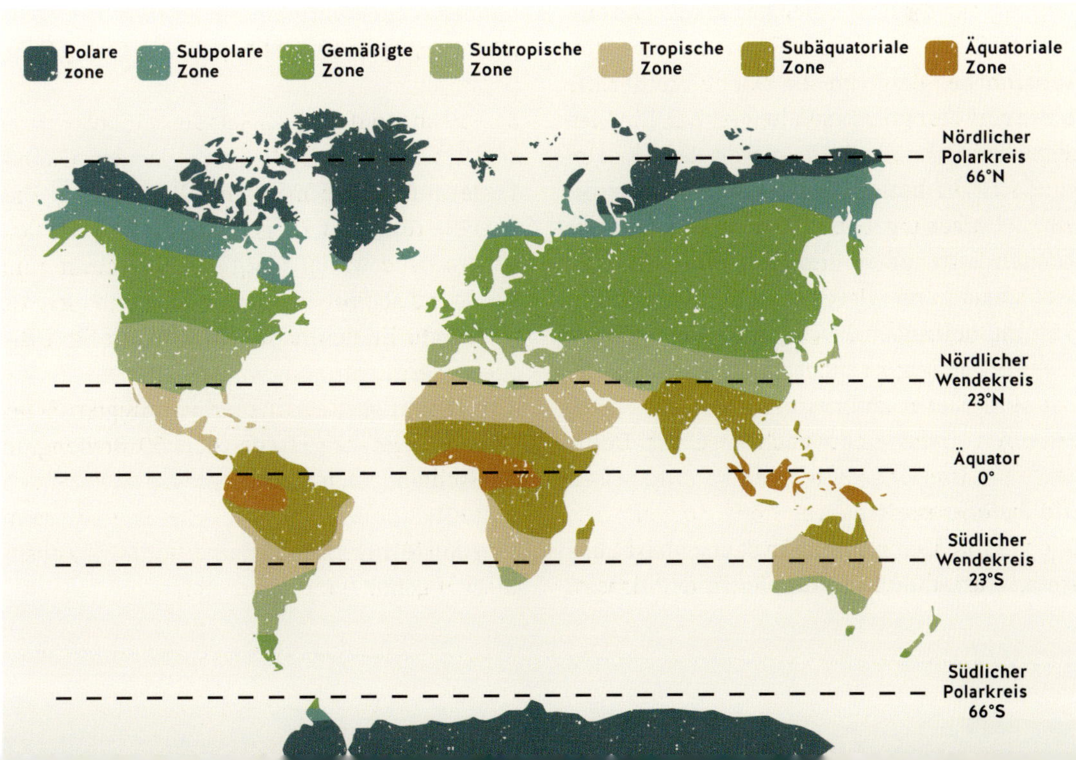

Bis zum Ende des 21. Jahrhunderts werden fast alle Gletscher in den Alpen verschwunden sein.

Wintern, heißen Sommern, aber auch mit ausgeprägtem Starkregen, vor allem im Herbst und Frühjahr. Am Ostrand der Alpen dagegen herrscht trockenes Weinbauklima. Aber auch innerhalb der Alpen gibt es einige trockene, teils sogar steppenähnliche Täler, die im Regenschatten der Berge liegen, so z. B. der Vinschgau in Südtirol, das Wallis in der Schweiz und das Inntal in Österreich.

In den hohen Bergregionen macht sich der Klimawandel besonders stark bemerkbar. Die Gletscher der Alpen sind seit Anfang des 20. Jahrhunderts dramatisch geschmolzen. Auch die Schneebedeckung hat sich reduziert und die Permafrostgrenze weiter nach oben verschoben. Was darunter liegt und vorher vom Dauerfrost zusammengehalten wurde, beginnt mancherorts gewaltig zu bröckeln. So kommt es zu Felsstürzen und Geröllawinen, die Dörfer bedrohen sowie Straßen und Wanderwege zerstören.

Die Referenzzeiträume

Seit 1881 werden regelmäßig deutschlandweite Wetteraufzeichnungen durchgeführt. Damals lag die Jahresmitteltemperatur noch bei 7,3 °C. In den seither wärmsten Jahren, nämlich 2018, 2020 und 2022, waren die Jahresmittel auf 10,4 °C bzw. 10,5 °C gestiegen!

Ab dem Jahr 1901 wurden dann zum Erfassen und Vergleichen von Klimadaten 30-jährige Zeiträume zugrunde gelegt, die sogenannten Referenz- oder Normalperioden. Für diese Zeiträume ergaben sich folgende Jahresmitteltemperaturen:

- 1901–1930: 8,1 °C
- 1931–1960: 8,3 °C
- 1961–1990: 8,2 °C
- 1991–2020: 9,3° C

Die Durchschnittstemperaturen der Referenzperioden sind demnach seit 1901 um 1,2 °C gestiegen. Als Ergänzung wurden seit 1991 zusätzlich 10-jährige Referenzperioden ausgewertet. Danach wird der Trend der Erwärmung in Deutschland noch deutlicher:

- 1991–2000: 8,9° C
- 2001–2010: 9,2 °C
- 2011–2020: 9,8 °C

Die Weltorganisation für Meteorologie (WMO) hat den vorletzten Zeitraum von 1961–1990 als aktuelle Referenz- bzw. Normalperiode festgelegt, weil diese noch einigermaßen »normal« war. Deshalb eignet sie sich zum Einstufen der zukünftigen Klimaentwicklung besser als die Periode von 1991–2020: Denn diese 30 Jahre zeigten schon deutlich, dass sich die Erwärmung durch den Treibhauseffekt beschleunigt.

Wie das weitergeht, ist schwer abzuschätzen. Schon bei der eher kurzfristigen Witterungsvorhersage zeigt sich immer wieder, dass die Atmosphäre ein »chaotisches System« ist: Dabei können schon kleine Änderungen die Prognosen durcheinanderwirbeln. Für Klimavorhersagen braucht es deshalb komplexe, mathematisch ausgefeilte Klimamodelle, genaue Kenntnisse über den Zustand der Atmosphäre, der Meere und der Landoberfläche – und sehr leistungsfähige Großrechner. Schließlich hängt das alles auch davon ab, wie konsequent die Klimaziele der Europäischen Union und der Vereinten Nationen umgesetzt werden. Danach soll der globale Temperaturanstieg bis zum Jahr 2100 auf maximal 2 °C, besser noch 1,5 °C begrenzt werden, durch eine deutliche Verminderung der Treibhausgase (→ Seite 28, »Ein Klima wie im Treibhaus«).

VOM MAKRO- BIS ZUM MIKROKLIMA

Das **Großklima**, auch Makroklima genannt, beschreibt die vorherrschenden Verhältnisse in Gebieten mit einer Ausdehnung von mindestens 500 Kilometern bis zu mehreren Tausend Kilometern. Die Großklimate entsprechen ungefähr den auf Seite 10/11 genannten Klimatypen. Sie sind geprägt durch großräumige Zirkulationsmuster und Wellen in der Atmosphäre, durch Meeresströmungen und ausgedehnte Windsysteme.

Das **Regionalklima** wird stark beeinflusst durch die Geländeform, Hangneigung und die Höhe über dem Meeresspiegel. Meist prägt das Regionalklima Gebiete mit einer Ausdehnung bis zu mehreren Hundert Kilometern. So gibt es in Deutschland z. B. das trocken-warme Klima im Oberrheinischen Tiefland, das wintermilde, sommerkühle, regenreiche Klima in Küstennähe und das meist winterkalte Klima im nördlichen Alpenvorland, mit hohen Niederschlagsmengen und warmen Föhnwinden.

Weinbau ist heute längst nicht mehr auf die klassischen Weinbauregionen beschränkt.

Das Regionalklima hat großen Einfluss auf die Pflanzenwelt in der Natur, auf den Äckern, in den Obst- und Weinbauanlagen und in den Gärten. Je nach Region können beispielsweise die Schneeglöckchen schon Ende Januar oder erst Anfang März blühen und die Holunderbeeren im August oder September reifen. Deshalb liefert der phänologische Jahreszeitenverlauf sehr gute Anhaltspunkte für das Regionalklima und das noch enger gefasste Lokalklima (→ Seite 54, 55, »Gärtnern im Naturrhythmus«).

Das **Lokalklima** ist ein kleinräumiger Ausschnitt aus dem Regionalklima: mit einer Ausdehnung von nur 100 m bis zu etlichen Kilometern, wenn es sich um das Klima in Wäldern, Küstenstreifen oder über großen Ackerflächen handelt. Großen Einfluss auf das Lokalklima hat das Relief des Geländes, also die Oberflächenform, außerdem die Nutzung und Bebauung. Deutliche Unterschiede gibt es z.B. zwischen Talsenken und Hügellandschaften, ebenso zwischen dicht besiedelten Dörfern und Feldern in der Umgebung. So hebt sich das Lokalklima öfter vom »durchschnittlichen« Klima der Region ab, vor allem im Hinblick auf Sonnenstrahlung, Lufttemperatur und Luftfeuchte. Auch das Stadtklima kann man als ein besonderes Lokalklima einstufen (→ Seite 18).

Kleinklima und Gartenklima

Das **Kleinklima** oder **Mikroklima** wiederum kann deutlich vom vorherrschenden Lokalklima abweichen. Es beschreibt die Klimaverhältnisse in den bodennahen Luftschichten bis 2 m Höhe, auf begrenzten Flächen von oft nur wenigen Quadratmetern. Das Kleinklima wird stark von der Art der Bodenoberfläche beeinflusst, je nachdem, ob bewachsen, unbewachsen oder versiegelt, sowie von der Geländeneigung. Über der Asphaltdecke einer Straße herrscht ein anderes Kleinklima als über einer feuchten Wiese. An einem Hang kann sich ein anderes Kleinklima einstellen als über einer benachbarten ebenen Fläche.

Solche Einflüsse wirken sich auch auf das Gartenklima aus, ebenso z. B. ob das Grundstück an eine Straße, an Felder, Wiesen oder an einen Wald angrenzt. Eine wichtige Rolle spielt die Bebauung und bereits vorhandene Bepflanzung, auch auf den Nachbargrundstücken. Unterschiedlich ist zudem das Kleinklima in Gartenbereichen an der Süd-, Nord-, West- und Ostseite eines Hauses: Je nach Sonneneinstrahlung und Windeinflüssen bieten sie den Pflanzen verschiedene Standorte – und den Gartenbesitzern angenehmere oder unangenehmere Aufenthaltsorte. Das kann z. B. beim Planen einer Terrasse ein entscheidender Punkt sein.

Im Umfeld von hohen Strauchgruppen ist das Klimaklima anders als inmitten großer Rasenflächen oder im Gemüsegarten. Im lichten Schatten von Laubbäumen wird die Sommerhitze gemildert und die Luftfeuchte durch Verdunstung erhöht. An geschützten Plätzen sind die frühen Gemüsesaaten und die ersten ausgeräumten Kübelpflanzen weniger durch Fröste bedroht. Auch die Bodenart, -qualität und -bearbeitung wirkt sich auf das Gartenklima aus: Sandböden beispielsweise erhitzen sich stärker, geben beim nächtlichen Abkühlen mehr Wärme ab und trocknen schneller aus als humose Lehmböden.

Das Kleinklima im Garten lässt sich auf vielfältige Weise beeinflussen, etwa durch das Pflanzen von Hecken und Bäumen, durch das Anlegen eines Teichs und das Mulchen freier Bodenzwischenräume. Viele Infos und konkrete Tipps dazu finden Sie in den umfangreichen Kapiteln zur allgemeinen Gartenpraxis, zum Nutzgarten und zum Ziergarten (ab Seite 60).

Das Gartenklima im Wandel

Der von den allermeisten Expertinnen und Experten bestätigte weltweite Klimawandel macht natürlich auch vor der Gartenpforte nicht halt. Viele, die schon länger gärtnern, haben das spätestens seit den 2000er-Jahren ganz praxis- und hautnah mitbekommen. Heiße Sommer, milde Winter und warme Frühlingstemperaturen sind offensichtlich häufiger geworden.

Das hat durchaus seine angenehmen Seiten: Oft kündigen die ersten blühenden Schneeglöckchen und Winterlinge schon im Spätwinter die neue Saison an, andererseits erfreut einen der Rosenflor teils noch bis Dezember. Im Gemüsegarten kann man ein bis zwei Wochen früher loslegen, muss mit dem Auspflanzen der Tomaten nicht unbedingt bis Mitte Mai warten und das Wintergemüse braucht seltener Frostschutz. Der Anbau von Winterkopfsalat und Winterwirsing wird nun auch in Gegenden möglich, in denen es vor wenigen Jahrzehnten noch zu kalt dafür war. Ebenso verhält es sich z. B. mit Süßkartoffeln *(Ipomoea)* und Andenbeeren *(Physalis)*. Manches Obst reift in warmen Sommern zeitiger, z. B. frühe Apfelsorten, Johannisbeeren und Apfelbeere *(Aronia)*. Und wärmeliebende Obstarten wie Feigen- und Olivenbaum, die man früher vielerorts nur als Kübelpflanzen halten konnte, werden nun öfter in den Gärten ausgepflanzt. Manche wagen sogar Freilandversuche mit dem Granatapfelbaum.

Das Umfeld von Terrasse und Gartensitzplatz lässt sich dank der Erwärmung sehr attraktiv mit mediterranem Flair gestalten. Zu Feigen-, Olivenbäumen und Granatapfel *(Punica granatum)* können sich Mittelmeer-Schneeball *(Vibur-*

Am Meer herrscht durch die ausgleichende Wirkung des Wassers ein ausgeglicheneres, mildes Klima.

Durch schattenwerfende Bäume gibt es auch bei hochsommerlicher Hitze kühle Rückzugsorte im Garten.

Dank des Klimawandels gedeihen heute in geschützten Lagen auch exotische Obstarten wie der Granatapfel.

num tinus), Zistrose *(Cistus)*, Schmucklilie *(Agapanthus)* und Rosmarin gesellen. Sie alle gedeihen teils auch frei ausgepflanzt an geschützten Plätzen. Dann sollte man allerdings für alle Fälle Winterschutzmaterialien bereithalten. Dazu passen wunderbar winterharte Palmlilien *(Yucca)*, Lavendel, Gewürz- und Steppensalbei, Oregano, Ysop und Thymian – und Weinreben über der Pergola oder an der Hauswand.

Mittlerweile kommt abends öfter eine stimmige Geräuschkulisse dazu: das Zirpen der Grünen Heupferde. Diese Singschrecken haben sich mittlerweile in vielen Gärten eingenistet. Sie fressen gelegentlich an Pflanzen, sind aber in erster Linie Räuber, die kräftig Blattläuse und Spinnmilben dezimieren. Zuweilen tragen auch Feldgrillen und Singzikaden zu den abendlichen Konzerten bei.

Unangenehme Überraschungen

Die Gärtnerfreude an den Vorteilen der Erwärmung wird leider öfter getrübt: durch die Unbilden der Witterung, die der Klimawandel mit sich bringt. Das sind vor allem lang anhaltende Trockenheit und übermäßige Hitze – andererseits aber auch heftige Starkregen, Unwetter, Stürme und tosende Winde. Und nach wie vor kann der Wetterverlauf je nach Jahr und Region recht unterschiedlich ausfallen. Kühle, nasse Sommer und frostige Winter gehören noch längst nicht der Vergangenheit an, ebenso wenig Kälteeinbrüche im Frühjahr. Die »Eisheiligen« mit Frostnächten Mitte Mai galten schon fast als ausgestorben. Doch in den Jahren 2020 und 2021 beispielsweise meldeten sie sich vielerorts zurück.

Spätwinter und Frühling sind nun häufig schon so warm, dass Pflanzen früh austreiben und blühen. Wenn dann im April oder Mai Spätfröste auftreten, können die Knospen und ersten Blüten von Gehölzen geschädigt werden, z. B. von Blutjohannisbeere, Sternmagnolie und Forsythie. Noch unangenehmer ist das bei Obstgehölzen wie Kirsche, Pfirsich und frühen Birn- und Apfelsorten: Dann fällt schlimmstenfalls die Ernte komplett aus. Außerdem führen die milderen Winter dazu, dass manche Schädlinge und lästige Wildkräuter kaum noch eine Ruhepause einlegen. Dazu kommt, dass es in vielen Regionen über Winter mehr und häufiger regnet, was mediterranen Schönheiten ebenso zusetzen kann wie vielen Steingartenstauden.

Neue Herausforderungen

All diesen unangenehmen Auswirkungen kann und sollte man vorbeugen: durch möglichst gut angepasste Bepflanzung und geeignete Pflegemaßnahmen, vom effektiven und wassersparenden Gießen bis zum Unterstützen von Nützlingen, die Schädlingsplagen eindämmen (→ Seite 125, »Nützlinge im Garten fördern«). Sehr lohnend können z. B. auch Investitionen in Regenwassertonnen und -zisternen sein, ebenso in schöne, große Bäume, die für angenehmen Schatten sorgen. Besonders wichtig ist eine gedeihliche Bodenbearbeitung und -verbesserung. Denn der Gartenboden, die Grundlage allen Wachstums, wird durch anhaltende Trockenheit und Hitze stark gestresst. Zu den Folgen gehören ein beschleunigter Humusabbau und das Verfestigen und Verkrusten der Oberfläche, das die Aufnahme von Gieß- und Regenwasser erschwert, teils sogar unmöglich macht (→ ab Seite 70, »Der Boden: die fruchtbare Basis«.

Für die Pflanzenauswahl gibt es allerdings keine allgemeingültigen Patentrezepte. Bei den

Empfehlungen sind sich auch Fachleute nicht immer einig. Denn inwieweit bestimmte Pflanzen auf Dauer Trockenheit und Hitze vertragen, hängt oft vom Regional- und Lokalklima ab – und eben auch von all den Faktoren, die das Kleinklima an verschiedenen Gartenstandorten beeinflussen.

Sehr wichtig und hilfreich ist deshalb das aufmerksame Beobachten und Sammeln von Erfahrungen: Wie wirken sich längere Dürrezeiten oder Starkregen in den verschiedenen Gartenbereichen aus, welche Pflanzen leiden darunter am stärksten, welche kommen ganz gut damit zurecht? Was bringen Maßnahmen wie z. B. selteneres, aber kräftigeres Gießen, regelmäßige Bodenlockerung oder Mulchen? Dadurch lernt man, flexibel zu reagieren, und kann auch Umgestaltungen und Neupflanzungen gezielter angehen. So oder so empfiehlt es sich, nicht gleich alles im Garten auf »trockenheitsresistent« umzustellen. Ob Stauden, Blumen oder Kräuter: Die meisten Pflanzen, die mit Trockenheit und Hitze gut klarkommen, tun sich schwer mit anhaltender winterlicher Nässe und heftigem Starkregen. Deshalb ist es im Allgemeinen besser, die Bepflanzung nur allmählich und mit Bedacht an die geänderten Klimaverhältnisse anzupassen. Dies wird im Kapitel »Den Garten klimafit machen« beschrieben (→ Seite 62).

Und nicht zuletzt gehören zum praktischen Gärtnern auch kleine und manchmal größere Misserfolge. Das ist alles kein Beinbruch – vielmehr kann man daraus immer etwas lernen. Dieses »Learning by Doing« ist in Zeiten des Klimawandels noch wichtiger geworden, als es beim Gärtnern bisher schon war.

Der Garten der Zukunft: Viele mediterrane Arten sind an sommerliche Hitze und Trockenheit ideal angepasst.

SPECIAL

Heikles Stadtklima

Das innerstädtische Klima ist durch die dichte, oft hohe Bebauung und einen großen Anteil versiegelter Bodenflächen geprägt. Dadurch sind die Temperaturen hier höher als in offeneren Landschaften: Im Sommer kann der Temperaturunterschied zwischen Stadt und Land bis zu 10 °C betragen! Dazu kommen die Klimaanlagen in Gebäuden mit großen Glasflächen. Sie laufen im Sommer auf Hochtouren und erwärmen zusätzlich die Außenluft. Wenn es regnet, hält sich die Verdunstung in Grenzen, weil das Wasser schnell in die Kanalisation abläuft. Entsprechend ist die Luft oft sehr trocken. Andererseits werden die Abwassersysteme bei Starkregen häufig überfordert, sodass Überschwemmungen drohen. Zudem bremsen die Gebäude den Wind ab, sodass in heißen Wochen oft noch nicht einmal ein »laues Lüftchen« weht.

Ein weiteres Problem sind die oft geballten Auto-, Heizungs- und Industrieabgase. Sie werden bei windarmem Hochdruckwetter kaum weiter verteilt und beim Aufstieg in die Atmosphäre gebremst. So entsteht eine Dunstglocke mit einer hohen Konzentration an Luftschadstoffen. Darunter bilden sich in den Innenstädten Wärmeinseln. Haben sich die Mauern, Dächer und Pflasterflächen tagsüber kräftig aufgeheizt, geben sie nach Einbruch der Dunkelheit die gespeicherte Wärme ab. Dadurch wird es auch nachts kaum kühler. Sogenannte Tropennächte, in denen die Temperaturen nicht unter 20 °C fallen, haben überall zugenommen. Doch am häufigsten leiden darunter die Stadtbewohner. Das alles ist nicht nur unangenehm, sondern gefährdet auch die Gesundheit.

In urbanen Räumen staut sich die Hitze durch die Wärmespeicherung der Gebäude und Straßen enorm.

MEHR GRÜN IN DEN STÄDTEN!

Die zunehmende Erwärmung sowie die Abgasbelastung machen auch Bäumen in den Städten das Leben schwer. Die Stadtplaner und -gärtner

bemühen sich deshalb, für Bäume an Straßen, Alleen und in Parks Arten zu wählen, die mit Hitze und Trockenstress besonders gut zurechtkommen (→ Seite 196, »Kleine Klimabäume für den Garten«). Denn gesunde Bäume helfen überall, die Verdunstung und den Sauerstoffgehalt der Luft zu erhöhen, den Kohlendioxidgehalt zu vermindern und den Feinstaub zu filtern. Sie reduzieren die Lärmbelastung und entlasten bei Starkregen die Kanalisation. Dazu tragen auch Grünflächen bei, die in der modernen Stadtplanung ebenfalls wichtig sind.
Auch private Gärtnerinnen und Gärtner sowie Initiativen leisten einen wichtigen Beitrag zur Verbesserung des Stadtklimas und der Stadtluft, ob auf dem Balkon, auf der Dachterrasse, in der Kleingartenanlage oder im Gemeinschaftsgarten. »Urban Gardening« ist längst mehr als ein Modetrend. In manchen begrünten Stadtvierteln sind schon mehr Vögel, Schmetterlinge, Wildbienen und andere Insekten unterwegs als in ausgeräumten Agrarlandschaften.

Grünes Baumeistertum

Das Zauberwort für ökologisch bewusste Stadtplaner und Baumeister heißt »grüne Architektur«. Dabei ist eine vielfältige Bepflanzung gefragt, mit Bäumen, Wiesen, Fassaden- und Dachbegrünung und sogenannten »vertikalen Gärten«. Hierfür werden die Fassaden nicht mit Kletterpflanzen begrünt, sondern mit meist rechteckigen Pflanzstreifen ohne Bodenkontakt. Diese ähneln im Prinzip einer Flachdachbepflanzung in der Senkrechten. Bei Neubauten werden solche Begrünungssysteme mitsamt automatisierten Bewässerungsanlagen gleich in die Fassaden integriert. Zu den Anliegen der grünen Architektur gehört aber auch eine umweltschonende Bauweise mit nachhaltigen Materialien, das Reduzieren des Energieverbrauchs und eine sparsame Wassernutzung.

Fassadenbegrünungen sind eine Möglichkeit, die Temperatur in unseren Städten zu senken und das Stadtklima zu verbessern.

Vorreiter und Vorbild für viele ist der Stadtstaat Singapur in Südostasien. Singapur hat eine etwas kleinere Grundfläche als Hamburg, beherbergt aber dreimal so viele Menschen. Kein Wunder, dass sich die Stadt stark nach oben ausgedehnt hat, mit bis zu 290 m hohen Wolkenkratzern. Die dortige Stadtplanungsbehörde arbeitet schon seit Jahrzehnten daran, mithilfe vielfältiger Begrünungsmaßnahmen ein lebenswertes Klima zu schaffen. Trotz seiner Bevölkerungsdichte ist Singapur bereits die grünste Stadt Asiens.

DAS WETTER IM BLICKPUNKT

Es ist gut und wichtig, über die klimatischen Verhältnisse Bescheid zu wissen. Doch für die Praxis und das »Timing« der Gartenarbeiten spielen Wetter und Witterung die Hauptrolle.

Ist es warm genug, um zu säen und zu pflanzen? Treten eventuell noch Frühjahrsfröste auf? Kann man mit Regen rechnen? Soll man Kohlrabi, Rettiche und Radieschen lieber früher ernten, bevor sie verholzen oder aufplatzen? Werden die Pfirsiche, Quitten oder Kiwis wegen Frostgefahr besser abgeerntet, obwohl sie noch nicht vollreif sind? Solche Entscheidungen fallen etwas leichter, wenn man sein Lokalklima gut kennt. Aber ausschlaggebend ist die konkrete Wetterentwicklung, also das Abschätzen von dem, wie die nächsten Tage und Wochen voraussichtlich verlaufen.

Früher gehörte es für Gärtnerinnen und Gärtner zur Morgenroutine, gleich einen Blick auf die Wettervorhersage in der regionalen Tageszeitung zu werfen. Heute nutzen viele vor allem Online-Wetterdienste: Wetterportale gehören zu den am häufigsten besuchten Websites. Bei Vergleichstests zeigten sich allerdings schon deutliche Qualitätsunterschiede zwischen den Online-Anbietern. Ähnliches gilt für die zahlreichen Wetter-Apps für Smartphones. Dagegen sind die regionalen Wetterdaten, Klimawerte

Wer sichergehen möchte, misst die Temperatur selbst und verlässt sich nicht auf amtliche Angaben.

und Vorhersagen des Deutschen Wetterdienstes gründlich ermittelt und überprüft und zudem werbefrei.

AMTLICHER WETTERSERVICE: EINE FEINE SACHE

Um alle wichtigen Kenngrößen zum Bestimmen von Wetter und Klima regelmäßig zu erfassen, betreibt der Deutsche Wetterdienst (DWD) gut 180 hauptamtliche Wetterwarten und Wetterstationen. Dazu kommen in Deutschland rund 1750 ehrenamtlich betreute Messstationen. Zusätzlich liefern Bordwetterstationen meteorologische Daten von den Weltmeeren. Weitere Messstationen überwachen unter anderem die Treibhausgase in der Atmosphäre. Wetterradargeräte, Satelliten und meteorologische Observatorien helfen beim Optimieren von Wetterprognosen und beim Abschätzen der Klimaentwicklung. Medizinmeteorologen kümmern sich um Warnungen vor Hitzebelastung und hoher UV-Strahlung und tragen Vorhersagen zum Pollenflug bei.
Entsprechend gut organisierte Messnetze, Informationen und Prognosen bietet in Österreich die Zentralanstalt für Meteorologie und Geodynamik (ZAMG) und in der Schweiz das Bundesamt für Meteorologie und Klimatologie (Meteo).

Wettertipps für Gärtnerinnen und Gärtner

In Zusammenarbeit mit der Deutschen Gartenbau-Gesellschaft bietet der DWD einen praktischen Service für Freizeitgärtner an: mit Prognosen zum regionalen Gartenwetter sowie aktuellen Tipps und Infos, z. B. zu Frostgefahr, zur Bewässerung, zum Rasenschnitt und zum Bienenflug (→ Seite 237, Anhang).

Außerdem gibt es über 1000 phänologische Beobachtungsstellen von ehrenamtlichen Mitarbeiterinnen und Mitarbeitern, verstreut über das gesamte Bundesgebiet. Sie informieren über den natürlichen Jahreszeitenverlauf an verschiedenen Orten (→ Seite 54–55, »Gärtnern im Naturrhythmus«). So zeigt z. B. der Blühbeginn der Forsythie den Eintritt des Erstfrühlings an und damit einen guten Zeitpunkt für das erste Rasenmähen und den Rückschnitt der Beetrosen. Das kann je nach Region und Jahr schon Anfang März oder erst Mitte April der Fall sein. Deshalb ist dieser phänologische Kalender gerade in Zeiten des Klimawandels sehr hilfreich: Denn auf Fixtermine wie die Eisheiligen Mitte Mai, die sich nach dem Kalenderdatum richten, kann man sich immer weniger verlassen.

EIGENE WETTERMESSUNGEN

Ob Deutscher Wetterdienst oder andere gute Anbieter: Die Vorhersagen sind meist »nur« regional. Um das Gartenwetter und -klima vor der Haustür genauer abzuschätzen, empfehlen sich zusätzlich eigene Erkundungen und Messungen. Dafür reichen oft schon einfache Hilfsmittel wie ein gutes Gartenthermometer, ein Regenmesser und ein Windsack, eventuell ergänzt durch Barometer und Hygrometer. Mittlerweile gibt es aber auch viele »raffinierte« digitale Wetterstationen, mit diversen Zusatzfunktionen und oft zu erschwinglichen Preisen.

Thermometer

Im Garten platzierte Thermometer müssen wetterfest und wasserdicht sein. Besonders gut eignen sich ein Minimum-Maximum-Thermometer, von dem man nicht nur die aktuelle Temperatur, sondern auch die vorangegangene

Höchst- und Tiefsttemperatur ablesen kann. In größeren Gärten machen auch zwei oder mehr Thermometer in verschiedenen Gartenbereichen Sinn, beispielsweise eines in Nähe der Gemüsebeete und eines an der Terrasse.

Thermometer bringt man am besten an einem frei stehenden Pfosten im Schatten, an windgeschützter Stelle und ca. 2 m über dem Boden an, genauer: über einer Rasen- oder Wiesenfläche. Denn gepflasterte und betonierte Böden speichern Wärme und können das Messergebnis verfälschen. Um das zu vermeiden, ist auch eine möglichst große Entfernung zu Wärmequellen wie Hauswand oder Gewächshaus ratsam.

Regenmesser

Regenmesser bestehen meist aus Röhrchen aus transparentem Kunststoff, oben mit einem etwas breiteren Auffangtrichter. Sie werden rund 1 m über dem Boden auf einem Stab angebracht. Wie beim Thermometer empfiehlt sich ein windgeschützter, eher schattiger Platz, an dem weder Bäume noch hohe Hecken oder Gebäude die Niederschläge abfangen oder ablenken.

Achten Sie beim Kauf auf eine gut ablesbare Messskala. Diese zeigt die aufgefangene Wassermenge in Millimeter an – und hilft beim Abschätzen, ob die Pflanzen noch einige Zeit ohne Gießen auskommen. Die Skala reicht üblicherweise bis 35 oder 45 mm, bei einigen Modellen auch bis 120 mm. Die Umrechnung ist einfach: 1 mm = 1 Liter je m^2. Wichtig: Holen Sie den Regenmesser vorm Winter ins Haus: Im Freien kann er durch gefrierendes Wasser aufplatzen.

Barometer

Barometer messen den Luftdruck, der meist in hPa (Hektopascal) angegeben wird, seltener in mbar (Millibar). Hier gilt: 1 hPa = 1 mbar. Das Barometer muss nicht draußen hängen, sondern kann auch drinnen angebracht werden; allerdings besser nicht in der Nähe eines Heizkörpers. Die Bedeutung des Luftdrucks kennt jeder von den auf Karten angezeigten Hoch- und Tiefdruckzonen in den Wetterschauen.

Der Luftdruck schwankt in der Atmosphäre ständig und nimmt vor allem auch mit der Höhe ab: Geht es nach oben, vermindert er sich alle 8 m um 1 hPa. Deshalb müssen Sie das Barometer zunächst kalibrieren, das heißt, auf die Höhenlage Ihres Wohnorts einstellen: Als Bezugsgröße dient der sogenannte Normalluftdruck auf Meeresniveau, also in 0 m Höhe: Dieser beträgt 1013 hPA. Den aktuellen Luftdruck an Ihrem Standort können Sie im Internet nachsehen oder beim Deutschen Wetterdienst erfragen.

Tiefer Luftdruck (unter 1010 hPa) deutet oft auf feuchtes, bewölktes Wetter hin. Hoher, gleichbleibender Luftdruck (über 1020 hPa) signalisiert meist sonniges, trockenes Wetter. Im Herbst und Winter drohen dann aber auch Nachtfröste. Bei schnellen Zeigersprüngen des Barometers stehen meist nur kurzzeitige Wetteränderungen bevor. Ein starker Abfall des Luftdrucks kündigt häufig Gewitter, Sturm oder Hagel an.

Hygrometer

Diese Geräte messen die relative Luftfeuchte, das heißt die Wasserdampfsättigung der Luft. Weil die Luft bei höheren Temperaturen mehr Wasser aufnehmen kann, hängt die Luftfeuchte von der Wärme ab. Deshalb ist sie »relativ« und wird in Prozent angegeben. Bei einer Temperatur von 20 °C muss mehr als doppelt so viel Wasserdampf in der Luft sein, um dieselbe relative Luftfeuchtigkeit zu erreichen wie bei 10 °C.

Eine hohe relative Luftfeuchte kündet oft Niederschläge an, wird aber auch nach vorangegangenen Regenfällen angezeigt. Wie sich die relative Luftfeuchte bei verschiedenen Wärmegraden auf die »gefühlte« Temperatur auswirkt, ist auf Seite 8/9 beschrieben.

Ein Regenmesser dient zur tagesaktuellen Bestimmung des Niederschlags und zeigt, wann gegossen werden muss.

Windanzeige und Windmessung

Wie bei der Beschreibung des Barometers erwähnt: Sinkt der Luftdruck in kurzer Zeit kräftig ab, stehen oft Unwetter bevor, mit heftigen Winden bis hin zu Stürmen. Aber auch ein rasch und stark steigender Luftdruck kann zu Windböen führen. Solche Hochdruckstürme treten vor allem in Küstennähe auf. Ursache dafür sind Luftdruckunterschiede: zwischen großräumigen Hoch- und Tiefdruckgebieten in der Atmosphäre, aber auch kleinräumige Druckunterschiede. Um solche Differenzen auszugleichen, bewegt sich die Luft von Bereichen mit höherem Druck zu solchen mit tieferem Druck. Das macht sich als Wind bemerkbar und in Räumen mit offenen Fenstern als Zugluft.

Mit einem Barometer lassen sich Wetterwechsel zuverlässig im Voraus erkennen.

Wichtig ist zunächst einmal die **Windrichtung**, gerade auch für das Gartenwetter. Sie wird angezeigt durch Utensilien, die oft auch dekorativ wirken, so etwa ein gestreifter oder bunter Windsack, eine farbige Windfahne oder ein Wetterhahn. Empfehlenswert ist ein gutes Kugellager, damit sich die Anzeiger auch bei geringer Windgeschwindigkeit leicht drehen. Sie werden idealerweise 10 m über dem Boden angebracht, möglichst weit entfernt von hohen Gebäuden und Bäumen. Dafür bieten sich Dächer an oder auch hohe Masten. Will man einen Fahnenmast aufstellen, erkundigt man sich am besten bei der Gemeinde- oder Stadtverwaltung nach den Vorschriften. Vielerorts braucht man für Masten bis 10 m Höhe keine Genehmigung. In der Regel sind mindestens 2 m Abstand zum Nachbargrundstück vorgeschrieben.

Jeder Garten hat windige und weniger zugige Ecken. Mit einer Windfahne lässt sich der Wind gut beobachten.

Bei den Richtungsanzeigern geht es darum, »woher der Wind weht«: Flattert eine Windfahne beispielsweise gen Norden, zeigt sie Südwind an. Wetterhähne und manche Wetterfahnen sind mit einer Windrose mit den vier Haupthimmelsrichtungen ausgestattet. Meist zeigt dann auch eine Pfeilspitze die Windrichtung an. Ein Kompass hilft, die Windrose richtig einzustellen und bei Windsäcken die Richtung präzise »abzulesen«.

Bei uns weht der Wind überwiegend aus Westen und Südwesten, sehr selten dagegen aus dem Norden. Im Allgemeinen kann man die Windrichtungen folgendermaßen interpretieren:

- Wind aus West/Nordwest: bringt feuchte Luft, im Sommer eher kühl, im Winter mäßig kalt
- Wind aus Südwest: bringt feuchte Luft, im Sommer schwülwarm, im Winter mild
- Wind aus Ost/Nordost/Südost: bringt trockene Luft, im Sommer oft sehr warm, im Winter sehr kalt

Mit Südwinden kommt manchmal feuchte Luft vom Mittelmeer. Eine größere Rolle spielen aber trockene, warme Südwinde, die sich schon südlich der Alpen »abgeregnet« haben. Im nördlichen Alpenvorraum führen solche Südwinde zu typischem Föhnwetter: Das beschert eine hervorragende Fernsicht, kann aber auch Kopfschmerzen und Kreislaufprobleme verursachen. Zuweilen kommt es auch zu Föhnstürmen bis hin zu Orkanen.

Zum Messen der **Windstärke** reicht im Garten das Beobachten und ungefähre Abschätzen. Hier geht es vor allem um das Vermeiden von Wind- und Sturmschäden. An windgeplagten Standorten empfehlen sich deshalb Hecken oder andere Barrieren zum Abbremsen der

Profis installieren eine eigene Wetterstation, am besten mit WLAN-Anschluss und direkter Verbindung zum PC.

Windgeschwindigkeit (→ Seite 208, »Windschutzhecken und -barrieren«).

Rot-weiß gestreifte Windsäcke zeigen nicht nur die Windrichtung an, sondern auch die Windstärke nach der Beaufortskala, die von 0–12 reicht. Sie sind in drei rote und zwei weiße Ringe unterteilt. Bläht sich der Windsack nur schwach auf und knickt schon nach dem ersten weißen Ring ab, handelt es sich um eine leichte Brise (Stärkegrad 2–3); ist er voll aufgebläht, herrscht mindestens starker Wind (Grad 6). Bei Windstärke ab Grad 8 weht stürmischer Wind mit einer Geschwindigkeit von 62–74 km/h. Solche stürmischen Winde bis hin zu Orkanen treten bei uns vor allem im Winter auf.

Analoge Wetterstationen

In analogen Wetterstationen sind Thermometer, Hygrometer und Barometer miteinander kombiniert. Werden sie für den Außenbereich angeboten, empfiehlt sich das Anbringen an einem regen- und windgeschützten Platz. Dies besonders wegen des etwas empfindlichen Barometers. Aber auch die meisten Hygrometer sind nicht völlig wetterfest und wasserdicht. Deshalb werden solche Wetterstationen oft an einer Hauswand angebracht. Dann zeigt das Thermometer allerdings häufig höhere Temperaturen an, als sie tatsächlich im Garten herrschen.

Sollen Thermometer und Hygrometer realistischere Werte messen, kann man sie in einer kleinen Wetterhütte an einem 2 m hohen Pfosten unterbringen, wie an professionellen Wetterstationen üblich. So lassen sich diese Geräte im Garten an einem optimalen Standort platzieren. Wetterhütten sind überdachte Kästen aus weißem Holz oder Kunststoff mit lamellenartigen, luftdurchlässigen Seitenwänden. Sie schirmen die Messinstrumente ab gegen Regen, Wind und Sonne. Mit etwas handwerklichem Geschick kann man solche Kästen auch selbst bauen.

Digitale Wetterstationen

Sehr vielfältig ist das Angebot an digitalen Wetterstationen, die auf Displays Zahlen, einfache Symbole und – nicht immer verständliche – Abkürzungen anzeigen. Die kompakten Basisstationen mit den Displays werden in der Regel drinnen aufgestellt oder aufgehängt und zeigen dann auch die Temperatur und Luftfeuchte im Innenraum an. Oft lassen sich zudem die Minimum- und Maximumwerte der letzten 24 Stunden ablesen. Auch Datums- und Uhrzeitanzeigen gehören meist zum Standard. Stationen mit »Datenlogger« speichern außerdem die Messwerte vergangener Tage oder Wochen.

Im Freien bzw. im Garten werden die Außensensoren (Außensender) platziert. Bei Wetterstationen, die nur Temperatur, Luftfeuchte und Luftdruck messen, handelt es sich meist um rechteckige Kunststoffkästchen, oft mit kleinem Anzeigedisplay. Die Außensensoren leiten ihre Messwerte an die Basisstation weiter, meist per Funk. Manche Wetterstationen lassen sich bei Bedarf mit weiteren Sensoren nachrüsten.

Komplexere Wetterstationen messen zusätzlich Niederschläge, Windrichtung und -geschwindigkeit. Dafür brauchen sie Außensensoren mit verschiedenen Einzelgeräten auf einem gemeinsamen Standfuß oder mit einer Wandhalterung.

Auf die Reichweite achten

Die Basisstationen werden meist mit Batterien oder Akkus betrieben, manche haben auch ein Netzteil mit Stromanschluss. Die Außensensoren werden in der Regel mit Batterien versorgt, bei einigen Modellen auch über Solarpanels.

Achten Sie bei der Auswahl auf die Reichweite der Funkverbindung zwischen Basisstation und Außensensor. Sie kann zwischen 30 und 100 m variieren, seltener werden bis 150 m angegeben. Das ist allerdings die maximale Reichweite auf freier, offener Fläche: Dicke und wärmegedämmte Wände können die Übertragung der Funksignale ebenso beeinträchtigen wie große Gehölze, Geräteschuppen oder eine bewachsene Pergola. Überprüfen Sie deshalb vor der Montage der Sensoren die tatsächliche Reichweite.

Überlegen Sie auch mit Bedacht, wo die Basisstation und die Sensoren hinkommen sollen. Teils ist es knifflig, alles optimal zu platzieren. Die Standortwahl für komplexe Sensoren mit fünf oder gar sieben Einzelgeräten verlangt Kompromisse, die nicht unbedingt zu realistischen Messwerten führen: Windmesser sollten möglichst hoch angebracht werden, Regenmesser dagegen gerade mal 1 m über dem Boden, die meisten anderen Messgeräte dagegen in 2 m Höhe. Eine Befestigung auf dem Dach ist jedenfalls nicht zu empfehlen.

SPECIAL

Eintägige und hundertjährige Prognosen

Dank guter Datengrundlage und Hitech gelten heute Vorhersagen für die nächsten fünf Tage als recht zuverlässig. Der Deutsche Wetterdienst bietet mittlerweile sogar 10-Tage-Vorhersagen an. Er weist aber auch darauf hin, dass mit jedem Tag über den morgigen hinaus die Trefferquote abnimmt. Die Vorhersage längerfristiger Wettertrends kann durchaus schiefgehen, wenn man danach seine Gartenarbeiten plant.

Das gilt erst recht für den »Hundertjährigen Kalender«, der immer noch viele Fans hat. Dieses Kalendarium geht zurück auf die Wetteraufzeichnungen des Bamberger Abts Mauritius Knauer. Er begann mit ihnen im Jahr 1652 und führte sie bis 1659 fort. Danach war die Sache für ihn erledigt. Denn er war wie viele seiner Zeitgenossen davon überzeugt, dass der Weltenlauf und das Wettergeschehen durch siebenjährige Zyklen bestimmt werden.

Um das Jahr 1700 entdeckte der geschäftstüchtige Arzt Christoph von Hellwig eine Abschrift von Knauers Aufzeichnungen. Er rechnete sie auf 100 Jahre hoch, änderte sie für seine Zwecke munter ab – und landete damit einen Bestseller. Der wurde später durch weitere Bearbeiter auf andere Regionen übertragen.

KRÄHT DER HAHN AUF DEM MIST

... ändert sich das Wetter oder es bleibt, wie es ist. Im Prinzip hat jede Wettervorhersage eine 50-prozentige Eintrittswahrscheinlichkeit: Am 1. April wird es entweder regnen oder nicht. Regnet es am 1. April in vier von sieben Jahren, erhöht sich die Trefferquote auf 57 Prozent. Dass sich das in den nächsten sieben oder gar 100 Jahren genauso wiederholen wird, ist aber ausgesprochen unwahrscheinlich. Und selbst wenn das so wäre, würde es beispielsweise höchstens auf Bamberg und seine Umgebung zutreffen. Im regenreichen Alpenvorland oder auch an der Nordseeküste kann das wiederum ganz anders aussehen als im niederschlagsarmen Sachsen-Anhalt oder in trockenen Regionen wie Rheinhessen.

Meteorologie statt Hahnenrufe

Die heutige Meteorologie geht natürlich viel genauer vor und berücksichtigt bei ihren Prognosen den Zustand der Atmosphäre sowie die Wetterlage und die Wetterverläufe der vorangegangenen Jahrzehnte. Doch Vorhersagen für die nächsten 14 oder gar 30 Tage, wie man sie des Öfteren im Internet findet, sind stets mit Vorsicht zu genießen.

Besonders schwierig bleibt nach wie vor die Vorhersage von Niederschlägen, die für Gärtnerinnen und Gärtner oft besonders wichtig sind. Eine 40 %-ige Regenwahrscheinlichkeit für die nächsten Tage kann ein wenig optimistisch stimmen – vorsichtshalber sollte trotzdem ausreichend gegossen werden.

WETTER- UND GARTENTAGEBUCH

Wenn Sie Ihre Wettermessungen täglich notieren, verfügen Sie schon nach wenigen Jahren über einen guten Überblick zum Wetterverlauf in Ihrem Garten. Dadurch können Sie auch eventuelle Auswirkungen des Klimawandels genauer verfolgen und, wenn nötig, die Gartenpraxis und Bepflanzung frühzeitig daran anpassen. Am wichtigsten sind das Notieren der Temperaturen und Niederschlagsmengen sowie das Auftreten stärkerer Winde. Ergänzend können Sie deutliche Änderungen der Luftfeuchte und des Luftdrucks festhalten. Für die Gartenpraxis reicht es meist, die Temperatur einmal täglich zu notieren, jeweils ungefähr zum selben Zeitpunkt: am besten dann, wenn man üblicherweise in den Garten geht, etwa zum Gießen oder Ernten.

Wenn Sie außerdem regelmäßig aufschreiben, was Sie wann gesät, gepflanzt, gedüngt, geschnitten und geerntet haben, dann wird daraus ein komplettes Gartentagebuch. In diesem können Sie unter anderem auch vermerken:

- die gewählten Sorten, z. B. bei Gemüse und Sträuchern
- gelungene Anpflanzungen und Ernten, aber auch weniger erfolgreiche Versuche
- auffälligen Schädlings- oder Krankheitsbefall
- größere Anschaffungen mitsamt Preis, beispielsweise Motorgeräte oder Gewächshaus

Solche Aufzeichnungen erweisen sich oft als sehr nützlich für die künftige Planung. Praktisch ist das Festhalten mit einem Smartphone oder Notebook. Damit können Sie die Notizen prima durch Fotos und kleine Videos ergänzen: etwa von attraktiv blühenden Beeten und reich tragenden Obstbäumen, ebenso von Gartenfesten und schönen Abenden auf der Terrasse. Dann macht das nachträgliche Betrachten des (digitalen) Gartentagebuchs immer wieder Spaß. Mit Fotos lassen sich z. B. aber auch merkwürdige Blattkrankheiten dokumentieren, um sich notfalls von Fachleuten beraten zu lassen.

Das gute alte Notizbuch oder ein Jahresplaner haben dafür den Vorteil, dass die Aufzeichnungen oft übersichtlicher sind und sich z. B. auch Skizzen und Scribbles von Gestaltungsideen gut festhalten lassen – und dass auch mal etwas mehr Erde an den Gartenhänden haften darf.

Heute gibt es zuverlässigere Methoden der Wettervorhersage, als sich nach dem »krähenden Hahn« zu richten.

Wettervorhersagen basieren auf Wahrscheinlichkeiten. Sehr hilfreich sind Webseiten mit Regenradar.

EIN KLIMA WIE IM TREIBHAUS

Ohne die natürlichen Treibhausgase in der Atmosphäre wäre es auf unserem Planeten bitterkalt. Doch der menschliche Einfluss hat zu einer bedenklichen Erwärmung geführt.

Der natürliche Treibhauseffekt in der Atmosphäre ist grundsätzlich eine feine Sache: Er ermöglicht ein angenehmes Leben auf der Erde. Dank seiner Wirkung liegt die mittlere globale Temperatur bei 15 °C. Andernfalls hätten wir fast überall Dauerfrost von −18 °C. Dazu kommt der Wasserdampf, der zu den natürlichen Treibhausgasen gehört. Er bildet Wolken, die grelle Sonnenstrahlung dämpfen, sorgt für den unverzichtbaren Regen und eine wohltuende Luftfeuchte. Das Treibhausgas Kohlendioxid brauchen die Pflanzen, um bei der Fotosynthese Kohlenhydrate aufzubauen. Ohne diese Kohlenhydrate könnten sich tierische Pflanzenfresser kaum ernähren. Und damit würde auch den Fleisch- und Allesfressern (inklusive Menschen) die Nahrungsgrundlage fehlen.

Wie schon die Bezeichnung vermuten lässt, erinnert der globale Treibhauseffekt an die Verhältnisse in einem Gewächshaus. Hier werden die kurzwelligen Sonnenstrahlen durchgelassen und beim Auftreffen auf Pflanzen, Boden und Einrichtungsgegenstände überwiegend in langwellige Wärmestrahlen umgewandelt. Diese langwelligen Strahlen können die Gewächshausscheiben aus Kunststoff oder Glas kaum noch passieren. In der Folge verbleibt die Wärmestrahlung im Haus und fördert das Pflanzenwachstum.

EIN GASDACH, KEIN GLASDACH

Die Treibhausgase sorgen in der Atmosphäre für eine Art Sperrschicht, die ähnlich wirkt wie die Abdeckung eines Gewächshauses. Sie lassen die kurzwelligen Sonnenstrahlen weitgehend durch und absorbieren einen Großteil der langwelligen Wärmestrahlung, die von der Erdoberfläche zurückkommt. Durch diese Strahlung steigt die Temperatur in der unteren Atmosphäre und damit auch am Boden.

Die Treibhausgase bilden allerdings kein geschlossenes Dach wie bei einem Gewächshaus: Sie konzentrieren sich in unterschiedlichen Höhen unterhalb der Stratosphäre, die im Durchschnitt ab etwa 12 km Höhe beginnt. Und anders als ein Glasdach lässt diese Gashülle langwellige Wärmestrahlen auch nach oben durch: So kann überschüssige Wärmestrahlung ins Weltall entweichen. Dabei bewegen sich die Treibhausgase ständig auf und ab, hin und her – unter dem Einfluss von Temperatur, Luftfeuchte, Winden und Turbulenzen. Die Spurengase Kohlendioxid und Schwefeldioxid sind zwar schwerer als das restliche Luftgemisch, das sich hauptsächlich aus Stickstoff und Sauerstoff zusammensetzt. Aber ihnen bleibt überhaupt keine »Muße«, gemächlich abzusinken und sich am Boden abzusetzen. Denn sie werden immer wieder mit warmer Luft nach oben transportiert und durch die Luftzirkulation über die ganze Erdkugel verteilt.

Nach wie vor kann die Wärme in höhere Atmosphärenschichten entweichen. Aber durch die menschengemachte Zunahme der Treibhausgase reicht diese Abstrahlung nicht mehr aus, um das Ganze im Gleichgewicht zu halten.

EINE LUFTHÜLLE AUS GASEN

Die Atmosphäre, also die Lufthülle der Erde, besteht zu ungefähr 78 % aus gasförmigem Stickstoff und zu 21 % aus Sauerstoff. Das restliche Prozent nimmt hauptsächlich das Edelgas Argon ein. Nur etwa 0,1 % verbleiben für die sogenannten Spurengase. Das sind einerseits Edelgase wie Neon, andererseits die wichtigen Treibhausgase wie Kohlendioxid und Schwefeldioxid. Dazu kommt mehr oder weniger viel Wasserdampf. Er ist ein Spezialfall, weil sein Gehalt in der Atmosphäre je nach Region und Jahreszeit stark variieren kann (→ Seite 31). Obwohl die Treibhausgase nur in Spuren vorkommen, haben sie einen gewaltigen Einfluss auf das Klima in der erdnahen Atmosphäre. Die »Hauptgase« Stickstoff und Sauerstoff dagegen beeinflussen das Klima nur indirekt. Doch sie haben eine ganz entscheidende Bedeutung für das Leben auf der Erde.

Aus dem All sind die Krümmung der Erdoberfläche und die Schichtung der Atmosphäre gut zu erkennen.

Stickstoff: Baustoff des Lebens

Gärtnerinnen und Gärtner wissen, dass Stickstoff (N_2) ein wichtiger Pflanzennährstoff ist. Viele kennen ihn auch als unentbehrlichen Baustein von Proteinen, also von Eiweiß. Menschen und Tiere können Proteine nur über die Nahrung aufnehmen. Pflanzen dagegen holen sich Stickstoff mit den Wurzeln aus dem Boden und bauen daraus Eiweiße auf. Beim Zersetzen von Pflanzen- und Tierresten gelangt der Stickstoff wieder in den Boden, ebenso z. B. beim Düngen mit Pferdemist oder Brennnesseljauche.

Doch wie kommt der Stickstoff aus der Atmosphäre in den Boden? Das bewerkstelligen Bakterien, die den Luftstickstoff im Boden fixieren. Mikroorganismen bauen ihn dann in die organische Bodensubstanz ein. So wird der Stickstoff im Humus gespeichert und bei ausreichender Wärme und Feuchte wiederum durch Bakterien freigesetzt. Diese wandeln den Stickstoff schließlich in Nitrat (NO_3) um – und damit in ein Nährsalz, das die Pflanzen aus dem Bodenwasser aufnehmen. Eine weitere Bakteriengruppe, die Denitrifizierer, sorgt dafür, dass ungenutzter Stickstoff wieder als Gas in die Atmosphäre entweichen kann. So entsteht ein fortwährender Stickstoffkreislauf.

Manche Bakterien, die Stickstoff aus der Luft binden, gehen Symbiosen mit Pflanzen ein: Sie geben den Nährstoff an die Wurzeln ab und werden dafür mit Kohlenhydraten versorgt. Das bekannteste Beispiel sind die Knöllchenbakterien, die in der Wurzelrinde von Hülsenfrüchtlern leben. Deshalb brauchen Pflanzen wie Bohnen, Erbsen, Inkarnatklee und Wicken nur wenig Stickstoffdünger und eignen sich gut für eine Gründüngung (→ Seite 84).

Stickstoff lässt sich aber auch mit aufwendiger Technik aus der Atmosphäre holen, nämlich mit dem Haber-Bosch-Verfahren. Dabei wird aus Luftstickstoff und Wasserstoff synthetisches Ammoniak (NH_3) hergestellt. Es ist die Grundlage für mineralische Stickstoffdünger wie Ammoniumsulfat und Volldünger wie »Blaukorn«. Für die Ammoniaksynthese braucht es sehr hohe Temperaturen und Drücke. Deshalb gehört dieses Verfahren zu den größten industriellen »Energiefressern«. Außerdem trägt die Ammoniaksynthese weltweit zu 3 % der Kohlendioxid-Emissionen bei.

Eine 150 Jahre alte Buche produziert ca. 11 000 Liter Sauerstoff pro Tag – davon könnte ein Mensch 13 Jahre atmen.

Sauerstoff: Die Luft zum Atmen

Wenn die Pflanzen mithilfe von Bodenbakterien ihren Stickstoff selbst gewinnen und in Eiweiße umwandeln, brauchen sie viel Energie. Diese beziehen sie durch die Fotosynthese in allen grünen Pflanzenteilen direkt von der Sonne. So bauen sie als eigenständige »Kraftwerke« Kohlenhydrate auf. Dabei wird Sauerstoff frei, den die Pflanzen in die Umgebung und die Atmosphäre abgeben. Fast alle Lebewesen brauchen Sauerstoff (O_2). für die Atmung, denn nur damit können sie körpereigene Energie aufbauen. Das gilt auch für die Pflanzen. Doch diese atmen hauptsächlich nachts, tagsüber überwiegt die Fotosynthese. Unterm Strich erzeugen die Pflanzen mehr Sauerstoff, als sie selbst verbrauchen.

Pflanzen als Sauerstoffspender

Wälder, Parks und städtische Grünflächen werden zu Recht als »grüne Lungen« bezeichnet: Sie tragen wesentlich zum Erhöhen des Sauerstoffgehalts in der unteren Atmosphäre bei. Auch die Pflanzen in unseren Gärten haben daran ihren Anteil. Zu den wichtigsten Sauerstoffproduzenten gehören Bäume und andere große Gehölze. Schon ein Baum von nur etwa 20 m Höhe versorgt am Tag fünf bis zehn Menschen mit Sauerstoff; eine alte, 40 m hohe Buche sogar bis zu 50 Menschen. Mit einem Stammdurchmesser von einem halben Meter kann sie im Gegenzug bis zu 30 kg Kohlendioxid aus der Luft holen. Außerdem filtert ein Baum über seine Blätter im Jahr bis zu 100 kg Staub aus der Luft.

Der weltweite Baumbestand ist deshalb von großer Bedeutung für die Reinhaltung der Luft und das Bremsen des Klimawandels. Doch diese wichtigen »Klimahüter« sind zunehmend durch großflächige Waldrodungen, Waldsterben und Waldbrände gefährdet.

Ebenso wichtig ist das Phytoplankton in den Meeren, das aus Algen, Bakterien und Einzellern besteht: Die Ozeane nehmen ein Viertel aller Kohlendioxid-Emissionen auf und produzieren die Hälfte des Sauerstoffs, den wir atmen. Als besonders gute Kohlendioxid-Schlucker und Sauerstoffproduzenten gelten die Seegräser, die in Ufernähe und im Wattenmeer große, dichte Wiesen bilden.

TREIBHAUSGASE IM ÜBERMASS

Beim natürlichen Treibhauseffekt hat sich die Gashülle über Jahrtausende so entwickelt, dass eine angenehme Temperatur auf der Erde herrscht. Sammeln sich solche Gase jedoch übermäßig in der Atmosphäre an, wird es früher oder später unangenehm heiß. Das geht oft mit anhaltender Trockenheit einher, kann aber auch zum Gegenteil führen: Weil bei höheren Temperaturen mehr Wasser verdunstet, gelangt mehr Wasserdampf in die Atmosphäre – mögliche Folgen sind Starkregen und verheerende Hochwasserfluten, wie etwa 2021 im Ahrtal und in der Region im Umkreis der Erft.

Die wichtigsten natürlichen Treibhausgase sind Wasserdampf, Kohlendioxid, Methan, Lachgas (Distickstoffoxid) und Ozon. Dazu kommen künstlich produzierte Gase wie die schon länger verbotenen Fluorchlorkohlenwasserstoffe (FCKW), die in der Atmosphäre nur negative Wirkungen haben.

Wasserdampf: der Luftbefeuchter

Wasserdampf (H_2O) ist das wichtigste natürliche Treibhausgas. Er kommt in der Atmosphäre als Gas, Wasser, Schnee oder Eis vor. Wenn sich die Luft abkühlt, kondensiert der Wasserdampf, das heißt, er wandelt sich um in feine Tröpfchen. Dadurch bilden sich Wolken, Niederschläge, Nebel und in Bodennähe der Tau. Höhere Wasserdampfgehalte sind nur eine Nebenwirkung der Temperaturerhöhung durch andere Treibhausgase: Denn je wärmer die Luft ist, desto mehr Wasserdampf kann sie aufnehmen. Der sammelt sich aber nicht auf Dauer an, weil er bald wieder in Wolken und Niederschläge umgewandelt wird. Deshalb hat der Wasserdampf keinen direkten Einfluss auf die Klimaänderungen,

Die intensive Tierhaltung in Ställen ist einer der Hauptfaktoren bei der Erzeugung von Treibhausgasen.

kann aber zu Auswirkungen wie Überschwemmungen führen.

Kohlendioxid: einflussreiches Klimagas

Nach dem Wasserstoff hat Kohlendioxid (CO_2) den größten Anteil an den natürlichen Treibhausgasen. Zugleich ist es ein wertvolles, lebensnotwendiges Gas, das die Pflanzen für ihre Fotosynthese benötigen. Doch seit Beginn der Industrialisierung ist seine Konzentration in der Atmosphäre auf fast das Anderthalbfache angestiegen. Hauptursache ist das Verbrennen von fossilen Energieträgern wie Kohle, Erdöl und Kraftstoffen. Hohe Kohlendioxidgehalte zählen nicht nur zu den Hauptursachen für die Klimaerwärmung. Sie schaden auch der Gesundheit von Menschen und Tieren.

Kohlendioxid ist allerdings nicht das einzige Gas, das zur Erwärmung des Erdklimas beiträgt. Um das Ausmaß der negativen Wirkungen anderer Gase zu vergleichen, wird es als »Referenz« genommen: Die sonstigen Treibhausgase werden in CO_2-Äquivalente umgerechnet. So ist z. B. Methan 28-mal so schädlich wie dieselbe Menge an Kohlendioxid-Emissionen, auf 100 Jahre gerechnet. Methan entspricht also 28 CO_2-Äquivalenten.

Methan und Lachgas

Neben Kohlendioxid hat vor allem die Zunahme von Methan (CH_4) zur Klimaänderung beigetragen. Deutschland konnte immerhin seit 1990 die Methan-Emissionen um fast 60 % reduzieren. Allerdings drohen neue Gefahren: Durch die Erderwärmung tauen weltweit Permafrostböden auf, was zum Freisetzen von Methan führt – so etwa in den Alpen und in Grönland.

Das Einatmen von Lachgas (Distickstoffoxid,

N_2O) kann angeblich belustigen, doch in der Atmosphäre bietet dieser Stoff keinen Anlass zur Heiterkeit. Die Konzentration von Lachgas ist zwar noch gering, doch es verweilt mit 120 Jahren lange Zeit in der Atmosphäre. Und es ist mit rund 300 CO_2-Äquivalenten wesentlich klimaschädlicher als Kohlendioxid.

Tückische FCKW

Die industriell erzeugten Fluorchlorkohlenwasserstoffe (FCKW) hatte man schon seit den 1930er-Jahren vielfältig eingesetzt: als Kühlmittel in Kühlschränken, als Treibgase in Sprühdosen und als Lösemittel. Erst viel später wurde den Verantwortlichen klar, dass es sich dabei um starke Treibhausgase handelt, die sich nur extrem langsam abbauen. Deshalb sind die FCKW immer noch ein Thema, obwohl sie schon in den 1980er-Jahren weitgehend verboten wurden.

Der Anlass für das Verbot war aber nicht die Treibhauswirkung, sondern das bedrohliche Loch in der Ozonschicht über der Antarktis, zu dem der jahrzehntelange Gebrauch der FCKW geführt hatte. In der Folgezeit entwickelte die Industrie Ersatzstoffe ohne Chlor, die sogenannten F-Gase. Doch auch diese haben sich mittlerweile als Treibhausgase entpuppt.

GEFÄHRLICHE KLIMAGASE

Treibhausgas	Erhöhte Belastung durch ...
Kohlendioxid	Verbrennen fossiler Energieträger wie Kohle, Holz und Erdöl Fahrzeuge mit Verbrennungsmotoren Zement- und Baustoffherstellung
Methan	Lecks in Gasleitungen und Ölförderanlagen Massentierhaltung von Rindern Reisanbau in gefluteten Feldern (in Asien) Kohleabbau Abfalldeponien
Lachgas	mineralische Stickstoffdünger, Gülle und Mist Trockenlegen von Moorböden, Umbrechen von Grünlandböden Gärreste aus Biogasanlagen, Herstellung von Biokraftstoffen Produktion von Adipinsäure zum Herstellen von Nylon und anderen Kunststoffen, Lösemitteln und Weichmachern
F-Gase	Herstellung und Verarbeitung von Schaum- und Dämmstoffen Klima- und Kälteanlagen Aluminium- und Halbleiterproduktion Herstellung von Schallschutzfenstern Lösemittel in Lacken, Klebstoffen und Druckfarben

Ozon: schädlich und schützend

Ozon (O_3) besteht aus Molekülen aus drei Sauerstoffatomen. Anders als Sauerstoff (O_2) hat Ozon in hoher Konzentration einen scharfen, chlorähnlichen Geruch, der die Schleimhäute reizt. In Bodennähe wirkt Ozon als Treibhausgas, doch weiter oben in der Atmosphäre schützt es uns weitgehend vor der UV-Strahlung der Sonne. Rund 90 % des gesamten Ozons gehören zu dieser Schutzschicht, die sich in der Stratosphäre zwischen rund 12 und 50 km Höhe erstreckt.

Ozon als Treibhausgas

Das Ozon in der unteren Atmosphäre wird bei intensiver Sonneneinstrahlung aus sogenannten Vorläufergasen gebildet. Dazu gehören vor allem Stickstoffoxide aus dem Autoverkehr sowie aus dem Verfeuern von Brennstoffen. Wenn es draußen mehrere Tage recht heiß ist, muss man mit gefährlich hohen Ozonkonzentrationen rechnen. Diese belasten als Reizgase die Atemwege und Schleimhäute und machen körperliche Anstrengungen sehr mühsam, was durch die Hitze noch verstärkt wird. Manche Menschen leiden auch unter Augenbrennen und trockenem Husten, außerdem unter Kopfschmerzen. Ratsam ist in jedem Fall ausreichendes Trinken von Wasser, Tees oder Saftschorlen – und der Aufenthalt an schattigen, kühlen Plätzen, bei hohen Ozonwerten am besten drinnen.

Heute unabdingbar bei der Gartenarbeit: UV-Schutz und ein dichter Sonnenhut.

Ozonschäden an Pflanzen

Seit einiger Zeit werden an Pflanzen verstärkt Ozonschäden beobachtet, die auch mit der Klimaerwärmung zusammenhängen: an Nutzpflanzen wie Kartoffeln, Tomaten, Bohnen und Spinat ebenso wie an Wildpflanzen. Auch Bäume und Sträucher sind betroffen, besonders Esche, Buche, Hainbuche, Fichte, Lebensbaum *(Thuja)*, Schneeball-Arten *(Viburnum)*, Hasel und Hartriegel *(Cornus)*. Die Diagnose ist schwierig. Häufig wachsen die Pflanzen einfach schwächer oder »altern« ungewöhnlich früh. Wenn man überhaupt Symptome sieht, ähneln diese oft Hitze- und Dürreschäden oder Anzeichen von Nährstoffmangel. Meist zeigen die Blätter helle Flecken, merkwürdige Verfärbungen oder werden welk. Bei kurzlebigen Pflanzen wie Gemüse lässt sich kaum etwas retten. Gehölze dagegen können sich oft durch Neuaustrieb erholen.

Ozon als Schutzschild

Die Ozonschicht in der Stratosphäre bewahrt uns weitgehend vor der UV-C-Strahlung, der grellsten Variante der Sonnenstrahlen. Auch die

OZONALARM? EINFACH RELAXEN

- Wenn die Ozonwerte kritisch werden, gibt es entsprechende Warnungen in der Tagespresse, im regionalen Rundfunk und im Internet. Die Grenzwerte werden in µg/m³ (Mikrogramm pro Kubikmeter Luft) angegeben:
- Bis 180 µg/m3: Keine Einschränkungen nötig.
- 180–239 µg/m3: Gesundheitlich empfindliche Personen sollten auf anstrengende Tätigkeiten im Freien verzichten. Sportliche Ausdauerleistungen sollten ebenfalls vermieden werden.
- Über 240 µg/m3: Alle Personen sollten auf anstrengende Tätigkeiten im Freien verzichten.
- Die höchsten Ozonwerte treten gewöhnlich zwischen 14 und 17 Uhr auf – von Mai bis September, manchmal sogar schon im April.
- Genießen Sie an solchen Tagen besser einen entspannten Aufenthalt in kühlen Räumen – und verlegen Sie Gartenarbeiten möglichst in die Morgenstunden, notfalls auch in den späten Abend.

UV-B-Strahlung wird zum größten Teil herausgefiltert. Lediglich die langwellige UV-A-Strahlung kann sich ungehindert in die untere Atmosphäre verbreiten. Aber selbst bei leichter Bewölkung ist die UV-Strahlung immer noch so intensiv, dass sie nicht nur Sonnenbrand, sondern sogar Hautkrebs und grauen Star hervorrufen kann. Deshalb sollte man sich bei sonnigem Wetter stets mit einer guten Sonnencreme, Kopfbedeckung und Sonnenbrille schützen – und ebenso wie zur Vorkehr gegen das bodennahe Ozon in der Mittagszeit zwischen 11 und 15 Uhr am besten nur im Schatten aufhalten.

Natürlich hat es seine Reize, sonniges Gartenwetter im ärmellosen Shirt und in Shorts zu genießen. Auf Dauer ist es aber besser, mit luftiger, leichter Bekleidung möglichst viel Körperoberfläche zum Schutz vor UV-Strahlen zu bedecken. Das beugt nebenbei auch einem Zeckenbefall und Insektenstichen vor.

Gefährliches Ozonloch

Mitte der 1980er-Jahre wurde die Bedrohung durch krebserregende Sonnenstrahlen zu einem wahren Schreckgespenst: Denn britische Forscher hatten die Existenz eines riesigen Lochs in der Ozonschicht über der Antarktis rund um den Südpol nachgewiesen. Anfang 2020 entdeckte ein deutsches Meeresforschungsinstitut schließlich auch ein Ozonloch über der Arktis am Nordpol. Dass sich die Ozonschicht so stark ausgedünnt hatte, resultierte aus dem langjährigen Gebrauch von FCKW (→ Seite 33).

Durch das Verbot von FCKW-Gasen konnte die Vergrößerung der Ozonlöcher inzwischen gestoppt werden. Mittlerweile hat sich die Ozonschicht wieder etwas regeneriert. Doch bis die Löcher weitgehend geschlossen sind, wird es nach Einschätzung von Wissenschaftlern noch einige Jahrzehnte dauern.

Wespen ernähren sich von süßem Obst und Zucker, die Larven werden mit Insekten gefüttert.

Stechmücken lieben stehendes, modriges Wasser in Pfützen, Tümpeln und Gefäßen, in denen sie ihre Eier ablegen.

AUF SICH SELBST AUFPASSEN

Das wärmere Klima fördert auch das Auftreten verschiedener Lästlinge, die schmerzhafte Stiche verursachen und dabei teilweise sogar Krankheiten übertragen.

Was den Folgen intensiver Sonnenstrahlung vorbeugt, verringert auch die Gefahr, von stechenden oder beißenden Insekten und Zecken gequält zu werden: körperbedeckende Kleidung mit langen Ärmeln und Hosenbeinen samt Socken. Milde Winter und höhere Frühlings- und Herbsttemperaturen haben dazu geführt, dass Zecken mittlerweile fast das ganze Jahr über aktiv sind – und das nicht nur im Wald, sondern zunehmend auch in Gärten. Zecken leben bevorzugt an feuchten, schattigen Stellen in Bodennähe, z. B. im unteren Bereich von Hecken, Sträuchern und in hohen Gräsern; außerdem in Laub und Streu unter Gehölzen. Zur Vorkehr gegen Zecken empfiehlt sich deshalb auch festes Schuhwerk. Zudem sollte man die Hosenbeine unten mit Gummibändern befestigen oder in die Socken stecken.

Das Einsprühen freier oder nur dünn bedeckter Hautstellen mit Repellents kann Zecken und Stechmücken den Appetit verderben. Bewährt haben sich z. B. Mittel mit dem Wirkstoff Icaridin. Manche schwören auch auf Naturstoffe wie Geraniol-, Zitronen- oder Eukalyptusöl.

Vorsicht bei Zeckenstichen

Haben sich Zecken in der Haut eingehakt, sollten Sie diese möglichst schnell entfernen, z. B. mit einer Zeckenzange, Zeckenkarte oder Pinzette. Bleibt dabei der Saugapparat in der Haut stecken, empfiehlt sich ein Gang zur Ärztin bzw. zum Arzt – auch weil Zecken Krankheiten wie Borreliose oder FSME (Frühsommer-Meningoenzephalitis) übertragen können.

Wespen, Bienen & Co.

Nur weibliche Wespen, Bienen, Hummeln und Hornissen sind mit einem Giftstachel ausgestattet, zur Verteidigung und zur Abwehr von Brutparasiten. Vor allem Honigbienen, Wespen und Hornissen können schmerzhaft zustechen. Bei Wildbienen und Hummeln dagegen halten sich die »Stechfreude« und die Stichwirkungen meist in Grenzen.

Trockenheit und Wärme führen dazu, dass Wespen öfter schon ab Mitte Juli auf Nahrungssuche gehen. Andererseits sind sie teils noch bei mildem Herbstwetter unterwegs. Dadurch werden die Völker größer und die Wespen im August anscheinend noch aggressiver, weil sie verstärkt um Nahrung konkurrieren. Sie leisten aber auch in Garten und Natur wichtige Dienste. Sie sind ebenso fleißige Bestäuber wie die Bienen und sammeln zudem für ihre Brut Schädlinge wie Fliegen, kleine Raupen und Blattläuse. Die bis zu 3,5 cm großen Hornissen wirken zwar bedrohlich, gelten aber als recht friedfertig. Nur bei Störungen in der näheren Umgebung ihrer Nester versuchen sie ihr Volk und ihre Königin zu verteidigen. Sie ernähren ihre Brut ausschließlich mit Insekten, v. a. mit Wespen.

Wespen, Bienen und Co. aussperren

All diese Stechimmen stehen unter Naturschutz. Das gilt auch für Wespen und Hornissen, die ihre Nester z. B. im Rollladenkasten oder auf dem Dachboden angelegt haben. Entfernt man diese, drohen schlimmstenfalls hohe Bußgelder. Erkundigen Sie sich in so einem Fall bei der Unteren Naturschutzbehörde bzw. beim Umweltamt nach einer Genehmigung.
Damit es gar nicht erst so weit kommt, empfehlen sich Fliegengitter, Bürstendichtungen für Rollladenschlitze und Abdichten des Dachbodens. Um Wespen von der Wohnung und vom Kaffeetisch fernzuhalten, werden zahlreiche Hausmittel und Duftöle empfohlen. Als besonders wirksam gilt das direkte Besprühen der Tiere mit dem feinen Wassernebel eines Zerstäubers. Fallobst unter Bäumen und Sträuchern sollte besser früh entfernt werden: Es zieht Wespen magisch an, ebenso Hornissen.

Stechmücken & Co.

Stechmücken, umgangssprachlich auch Schnaken genannt, breiten sich hauptsächlich in der Nähe von stehenden Gewässern und Feuchtgebieten aus. Im Garten locken vor allem Regentonnen, andere Wasserbehälter sowie kleine Teiche und Wasserbecken Stechmücken an.

VORKEHR GEGEN SCHNAKENPLAGEN

- Wichtig ist das Abdecken von Regentonnen und anderen Sammelbehältern, ebenso der regelmäßige Wasserwechsel in Vogeltränken.
- Zur biologischen Bekämpfung der Larven in Regentonnen, Zisternen und Teichen gibt es Mittel auf der Basis von *Bacillus thuringiensis israelensis*.
- In naturnahen Teichen mit verschiedenen Tiefenzonen und vielfältiger Bepflanzung lässt der anfängliche Stechmückenbesuch bald nach, wenn alles gut eingewachsen ist. Oft siedeln sich dann Libellenlarven, Molche und Kaulquappen an, die Schnaken und ihre Larven als Leckerbissen schätzen.
- Zum Aussperren aus der Wohnung eignen sich Gaze-Mückengitter für Fenster und Türen, für ruhigen Schlaf sorgen Moskitonetze über dem Bett.

2

Schwierige Zeiten:

DAS KLIMA IM UMBRUCH

Dürre, Hitze, Überflutung: Das Wetter scheint nun öfter verrückt zu spielen. Aber zumindest im Garten kann man sich recht gut darauf einstellen – und das Klima vor Ort verbessern.

ERWÄRMUNG: EIN DEUTLICHER TREND

Bei all dem Zahlenwust von Hitzerekorden und Regenmengen kann einem der Kopf schwirren. Aber Messwerte geben nur wieder, was wir seit Jahren ganz real erleben und mitbekommen.

Ältere erinnern sich noch an den Sommer 1976, mit einer über Wochen anhaltenden Hitzewelle, Trockenheit und Dürre, die in weiten Teilen Europas zu Ernteausfällen führten. Damals galt das als »Ausnahmesommer« – ebenso wie die früherem Jahrhundertsommer von 1947 und 1983. Doch manche Wissenschaftler erkannten bereits, dass das kein Einzelfall war, sondern Ausdruck eines anhaltenden Wettertrends. Diesen hellen Köpfen war auch bewusst, dass der Temperaturanstieg menschengemacht war: durch das Verbrennen von Kohle, Erdöl und Kraftstoffen, besonders geballt in den großen Industriezentren.

In den 1990er-Jahren gab es in Deutschland bereits mehrere extreme Hitzewellen: allen voran der Rekordsommer 1992 in Norddeutschland, mit Spätsommertemperaturen von 38 °C. Norddeutschland und Nordrhein-Westfalen waren auch 1994 und 1995 von der Hitze am stärksten betroffen: Acker- und Futterpflanzen verdorrten, Tierärzte berichteten von Sonnenbrand bei Kühen. Dazu kamen heftige Unwetter, in manchen Regionen mit riesigen Hagelkörnern.

Sommerliche Dürreperioden, gefolgt von Starkregenereignissen, sind heute keine Seltenheit, sondern die Regel.

JAHRHUNDERTSOMMER ODER NATURKATASTROPHE?

Der sogenannte Jahrhundertsommer 2003 setzte noch drastischere Akzente: Das Hoch »Michaela« brachte eine gewaltige Hitzewelle im Spätsommer und neue Temperaturrekorde in weiten Teilen Europas. Im Südwesten Deutschlands stiegen die Temperaturen auf 40 °C an. Weitere markante Hitzewellen folgten im »WM-Sommer« 2006, in dem die Fußballweltmeisterschaft in Deutschland stattfand; im Jahr 2014 mit einer Gluthitze schon um Pfingsten und 2015 mit einem neuen Sommerrekord von 40,3 °C in Kitzingen in Unterfranken. Doch erst 2018 wurde wieder als wirklicher Jahrhundertsommer eingestuft. Es war bis dahin das wärmste Jahr seit 1881, als man in Deutschland mit regelmäßigen Wetteraufzeichnungen begonnen hatte. Vielerorts setzte schon ab Februar anhaltende Dürre ein, die sich bis in den November fortsetzte.

Nach einer Reihe sehr warmer, trockener Sommer zeigte sich der Klimawandel 2021 von einer anderen Seite, vor allem in Rheinland-Pfalz und Nordrhein-Westfalen: Im Juli brachte das Tief »Bernd« Regenmassen, die es zuvor noch kaum gegeben hatte – teils mit über 150 Liter pro m²! Damit fiel innerhalb von 24 Stunden mehr Wasser vom Himmel als im gesamten Jahrhundertsommer 2018: In diesem hatte es von Juni bis August nur knapp 130 Liter pro m² geregnet. Am schlimmsten traf es das von Weinbau geprägte Ahrtal in der Eifel und die Region im Umkreis der Erft.

Weitere Aussichten: heiß – und krass wechselhaft

Das Jahr 2021 bleibt vor allem wegen der schlimmen Sturzfluten im Ahrtal und Erfttal in trauriger Erinnerung. Ungewöhnlich waren aber auch die Temperatursprünge im Frühjahr: An den sonnigsten Tagen wurde es fast 40 °C wärmer als an den kältesten Frosttagen. Der Februar legte los mit starken Schneefällen und grimmigen Frösten mit teils bis zu –26 °C.

Dann geschah etwas, was uns Gärtnerinnen und Gärtnern wohl noch öfter das Loslegen erschweren wird: Fast überall zog schon gegen Ende März der Frühsommer ein. Wer sich nun freudig ans Säen und Pflanzen machte, wurde bald unangenehm überrascht. Denn darauf folgte der kälteste April seit 40 Jahren, mit strengen Nachtfrösten. Auch im Mai blieb es die meiste Zeit kühl, teils weiterhin mit Frösten. Erst in den letzten Maitagen wurde es so warm, wie man das vom »Wonnemonat« eigentlich erwartet.

Ähnliches wiederholte sich 2022. Das Jahr startete ausgesprochen warm und regenreich. Doch ab März fielen kaum noch Niederschläge. Danach galt wiederum, dass der April macht, was er will: Von tiefen Frösten über Stürme bis hin zu Sommertagen hatte er alles im wechselhaften Angebot.

Ab Frühsommer wurde 2022 zum bisher sonnenreichsten Jahr seit Beginn der Wetteraufzeichnungen. In Brandenburg und Sachsen traten bereits im Juni die ersten schlimmen Waldbrände auf. Bald darauf kam es zu mehreren regionalen Hitzerekorden, von der Norddeutschen Tiefebene bis an die Ostseeküste. Und fast überall herrschte Dürre. Erst der September brachte vielerorts Erleichterung mit kräftigen Regenfällen.

Das Jahr 2023 begann, wie auch schon viele Jahre zuvor, mit ausgesprochen milden Temperaturen, setzte sich fort mit einem warmen, sehr regenreichen März und, wie gehabt, einem recht wechselhaften Aprilwetter.

Dürre und Hitzeextreme

Seit dem ersten »Jahrhundertsommer« 2003 haben sich die Extremjahre gehäuft. Trockenheit und Sommerhitze führten zunehmend zu massiven Ernteausfällen. Selbst die Weinreben, die als Sonnenkinder und wahre Trockenkünstler gelten, begannen häufiger zu leiden. Im Dürresommer 2003 wurde deutschen Winzern erstmals erlaubt, in den Weinbergen zu bewässern. Aber auch Starkregen, Gewitterstürme und Hagel vermiesten häufiger die Ernte von Getreide, Feldgemüse und Weintrauben. Grüne Viehweiden verwandelten sich durch die Dürre in gelbbraune Steppen. In den Ställen mussten Landwirte vielerorts mit Ventilatoren und »Kuh-Duschen« für Abkühlung sorgen.

Die ohnehin schon angegriffenen Waldbäume wurden durch die Trockenheit und den zunehmenden Befall mit Borkenkäfern noch stärker geschädigt. Dazu kamen verheerende Waldbrände, besonders in Brandenburg, Sachsen-Anhalt und Bayern. Ebenso hatten Österreich und die Schweiz mit brennenden Wäldern zu kämpfen. Noch stärker traf es Waldflächen in Südeuropa und Südosteuropa. In Spanien verbrannten 2022 knapp 200 000 Hektar Wald – das entspricht rund 80 % der Fläche des Saarlands! In den Mittelmeerländern herrschen nun öfter Rekordtemperaturen um 45 °C. Aber auch in Großbritannien wurde 2022 erstmals seit Beginn der Wetteraufzeichnungen die Höchsttemperatur von 40 °C überschritten.

Im Jahr 2023 hat sich das Ganze dann noch verfrüht. Schon ab März traten in Spanien, Italien, Südfrankreich und Portugal Hitzewellen mit Temperaturen über 30 °C auf, auf den Kanarischen Inseln mit einem neuen Temperaturrekord von 37,8 °C! In Spanien brach bereits im März der erste große Waldbrand aus. Zu den schlimmen Folgen der vielen Brände zählt nicht zuletzt auch die Zunahme der Kohlendioxid-Emissionen, die die Atmosphäre noch stärker belasten.

Nicht vergessen sollte man bei alldem die erschreckende Anzahl an Hitzetoten in den letzten 20 Jahren. Nach allen bisherigen Untersuchungen und Statistiken starben in den überdurchschnittlich heißen Sommern auch überdurchschnittlich viele Menschen. In besonderem Maß traf es ältere Personen mit Vorerkrankungen und Herz-Kreislauf-Problemen. Schon im ersten Extremjahr 2003 waren das in Europa mehrere Zehntausend Menschen, darunter rund 3500 in Deutschland. Und ebenso wenig vergessen sollte man die noch viel höhere Zahl an Menschen in Südasien, Afrika und Südamerika, die der dort noch größeren Hitze und Dürre zum Opfer fallen.

Zunehmende Wasserknappheit

Regenarme Frühjahrs- und Sommermonate sind häufiger geworden, die Hitze verstärkt die Verdunstung und das Austrocknen der Böden. Landwirtschaft und Gartenbau müssen zunehmend bewässern, um die Pflanzen zu versorgen, und Kraftwerke brauchen mehr Kühlwasser. Glücklicherweise haben bei uns die Niederschlagsmengen in den Wintermonaten etwas zugenommen. Diese reichen aber nicht ganz zum Wiederauffüllen der Bodenwasservorräte, wenn es mehrere Jahre nacheinander von Frühling bis Spätsommer sehr wenig regnet. Dann fallen die Grundwasserstände ebenso ab wie die Flusspegel.

Im August 2022 sank z. B. der Rhein-Pegel in Kaub bei Koblenz unter 40 cm. Damit war er für Lastkähne, die Heizstoffe, Baumaterialien oder Getreide transportieren, kaum noch passierbar.

Die niedrigen Wasserstände erschwerten die Binnenschifffahrt und damit die Versorgung mit wichtigen Gütern. Im Bodensee bei Konstanz lag der Wasserpegel im Hochsommer 2022 um 90 cm tiefer als zu dieser Jahreszeit üblich. Dort wurde teils schon Ende Juli der Bootsverkehr eingestellt.

Bereits im Sommer 2019 wurde in einigen Gemeinden vorübergehend die Nutzung von Leitungswasser für manche Zwecke verboten: für das Gießen von Rasen- und Grünflächen, für das Befüllen privater Swimmingpools und Planschbecken, für das Abspritzen von Hofflächen sowie für das Autowaschen. Entsprechende Verbote wurden 2022 vermehrt erteilt, nun auch für ganze Stadtteile und Landkreise. Das kann in Zukunft noch öfter vorkommen. Viele Tipps zur Vorsorge und Vorbeugung finden Sie ab Seite 94 im Kapitel »Wasser: Das Lebenselixier«.

Die zunehmende Versiegelung der Landschaft führt bei Starkregen zu großflächigen Überschwemmungen.

Bei langen Dürreperioden sinkt der Wasserspiegel, sodass mancherorts die Schifffahrt eingestellt werden muss.

Wassernot am Mittelmeer

Noch stärker betroffen sind die ohnehin trockeneren Länder in Südeuropa. Dort wurde im Sommer 2022 vielerorts ein Wassernotstand ausgerufen. In Italien hatte sich der Po, der längste Fluss des Landes, in ein flaches Rinnsal verwandelt. In Frankreich musste für zahlreiche Kommunen Trinkwasser aus anderen Regionen herbeitransportiert werden. Für den Betrieb der zahlreichen französischen Atomkraftwerke ist viel Kühlwasser nötig. Das kommt aus Flüssen wie der Rhone und der Garonne und wird erwärmt zurückgeleitet. Sinken die Pegelstände so stark wie 2022, ist das Flusswasser schon so warm, dass es kaum noch zum Kühlen taugt. In dem aufgeheizten, sauerstoffarmen Nass sterben dann auch Fische und andere Wasserlebewesen. In Frankreich mussten deshalb die Atomkraftwerke stark zurückgefahren werden.

Bereits im folgenden, ungewöhnlich heißen Frühjahr wiederholte sich das Problem mit dem knappen Wasser. In einigen französischen Departements wurde schon im März 2023 das Nutzen von Leitungswasser z. B. für das Bewässern von Gärten und Sportanlagen verboten. In Südfrankreich veranstalteten Winzer Prozessionen, bei denen um Regen gebetet wurde. Und in Norditalien war der Gardasee an manchen Stellen so stark gesunken, dass man ihn zu Fuß durchwaten konnte.

SPECIAL

Gärtnern kann helfen!

Mittlerweile hat sich in der Politik und Wirtschaft schon einiges getan, um den Klimawandel aufzuhalten und den Ausstoß von Treibhausgasen zu reduzieren. Das scheint aber noch längst nicht auszureichen. An die Bevölkerung wird appelliert, Strom, Heizstoffe und Wasser zu sparen und möglichst auf erneuerbare Energien umzustellen.

Dabei wäre es eine gute Idee, auch Hobbygärtnerinnen und -gärtner zu unterstützen und zu fördern. Denn das Gärtnern kann für das Klima sehr viel bringen. Gehölze und ein humoser Boden entziehen der Atmosphäre überschüssiges Kohlendioxid. Pflanzen sind zudem wertvolle Sauerstoffspender und erhöhen durch ihre Verdunstung die Luftfeuchte. Schließlich wird ein vielfältig bepflanzter Garten auch zum Refugium für Vögel und Insekten, die durch den Klimawandel bedroht sind. Natürlich macht es noch keinen großen Unterschied, wenn ein einzelner Garten »klimagerecht« bepflanzt und gepflegt wird. Doch bei rund 17 Millionen Gärten in Deutschland gibt es hier ein gewaltiges Potenzial.

Gärten bieten viele unterschiedliche ökologische Nischen und bereichern die Artenvielfalt.

BEWUNDERNSWERTE BÄUME

Alle Pflanzen nehmen Kohlendioxid aus der unteren Atmosphäre auf. Die meisten krautigen Gewächse sterben allerdings im Herbst ab und geben dann das Kohlendioxid zum Großteil wieder frei. Nur wintergrüne Stauden, Gräser und Farne wie Bergenien, Seggen und Hirschzungenfarn können etwas mehr Kohlendioxid zurückhalten. Beim Gemüse entziehen wir immerhin einen Teil des Kohlendioxids mit der Ernte und bauen die Kohlenhydrate in unsere »Körpersubstanz« ein.

Dasselbe machen Bäume, und dies in beachtlichem Umfang – umso stärker, je dicker die Stämme werden. Im Gegenzug geben sie bei der Fotosynthese reichlich Sauerstoff ab und verbessern dadurch entscheidend die Atemluft.

Was z. B. eine ältere Buche konkret leisten kann, ist im Kapitel »Pflanzen als Sauerstoffspender« beschrieben (→ Seite 31). Aber auch Gehölze sterben früher oder später ab und geben dann wieder Kohlendioxid frei. Doch bis es so weit kommt, kann das bei großen Bäumen mehrere Hundert Jahre dauern und bei Sträuchern rund ein halbes Jahrhundert. Bis dahin können wieder neue Gehölze zu leistungsfähigen »Klima-Kurierern« heranwachsen.

Weil durch den Klimawandel lange Dürrezeiten zunehmen, sind trockenheits- und hitzeverträgliche Gehölze besonders zu empfehlen. Sehr gut eignen sich sogenannte Klimabäume, von denen es auch kleinere, gartentaugliche Arten und Sorten gibt (→ Seite 196-197, Übersicht). Wo zu wenig Platz zur Verfügung steht, helfen gut schnittverträgliche Klimabäume wie Feldahorn und Hainbuche weiter: Sie lassen sich auch prima für Hecken einsetzen. Winter- bis immergrüne Hecken aus Schwarzgrünem Liguster 'Atrovirens', Feuerdorn oder Eibe entziehen der Luft auch während der Heizperiode Kohlendioxid. Passende Pflanzen, auch für niedrige Einfassungen, werden im Kapitel »Beschirmende Hecken« vorgestellt (→ ab Seite 202).

Klimaschutz mit Gaumengenuss

Während Klimaschutz oft mit Verzicht einhergeht, kann man beim Gärtnern auch noch die Früchte seiner Arbeit genießen. Denn nicht nur ausgesprochene Klimabäume wie Bergkiefer und Eisenholzbaum reduzieren größere Mengen an Kohldioxid, sondern auch Obstgehölze. Beim Obst zeigt die Klimaerwärmung sogar eine positive Wirkung: Zum einen reifen beispielsweise späte Apfel- und Birnensorten besser aus, zum andern können nun wärmeliebende Weinreben, Quitten, Feigen oder Kakipflaumen in Regionen angepflanzt werden, in denen es früher zu kalt dafür war.

Der nordamerikanische Amberbaum *(Liquidambar styraciflua)* wächst in Auwäldern und ist daher perfekt an trockene Hitzeperioden und nasse Böden angepasst.

WERTVOLLER HUMUS

Gehölze sind nicht die einzigen »Gartenakteure«, die den Kohlendioxidgehalt in der Atmosphäre reduzieren. Bei einer Untersuchung der Humboldt-Universität zeigte sich, dass die vielen Kleingärten in Berlin der Luft doppelt so viel Kohlendioxid entziehen wie sämtliche Bäume in den Stadtparks – durch Einlagern in den seit Langem intensiv bearbeiteten Böden, genauer: in deren tief reichende Humusschicht. Eine gute Bodenpflege und Kompostnutzung können also sehr effektiv zum Reduzieren des Kohldioxidgehalts der Luft beitragen (→ ab Seite 70, »Der Boden: die fruchtbare Basis«).

KLIMAGERECHTE VORSORGE

An den Klimawandel angepasste Pflanzenwahl, Gestaltung und Pflege: Das ist richtig und wichtig. Man sollte dabei aber stets die speziellen Verhältnisse vor Ort im Auge behalten.

Viele Gartenmärkte und Pflanzenversender haben ihr Angebot an den Klimawandel angepasst und mit hitze- und trockenheitsverträglichen Gewächsen erweitert. Manche bieten mediterrane Pflanzenkombinationen an, andere führen sogenannte Klimabäume. Da gibt es viel Interessantes und Gutes zu entdecken. Aber je vollmundiger die Werbeversprechen, desto mehr empfiehlt sich etwas Skepsis. So manche gepriesene Neuheiten haben noch keine langjährige Praxistests in unseren Breiten absolviert. Und bei aller merklichen Erwärmung haben wir (noch) kein wirkliches Mittelmeerklima – was sich umso deutlicher zeigt, je stärker eine Region vom Kontinental- oder Gebirgsklima geprägt ist (→ Seite 10, »Klimazonen und Klimatypen«). Und selbst Fachleute sind immer wieder überrascht, wie unterschiedlich bestimmte Pflanzen auf die heutigen Wetterextreme reagieren. Am besten probiert man angeblich klimaresistente sowie mediterrane Pflanzen zunächst in kleinen Stückzahlen aus. Sehen Sie sich in den Gärten Ihrer Umgebung um, was dort gut wächst und Ihnen gefällt. Gartennachbarn geben meist auch gern Auskunft über ihre Erfahrungen. Internetforen von Hobbygärtnerinnen und -gärtnern bieten ebenfalls gute Möglichkeiten für einen Austausch. Nähere Infos und viele praktische Hinweise dazu finden Sie ab Seite 62 im Kapitel »Standort- und Pflanzenwahl«.

WEGE ZUR KLIMAFITNESS

Das Klima-Thema wird oft und völlig zu Recht als sehr »komplex« bezeichnet. So verhält sich das auch beim Gärtnern. Die Pflanzenauswahl allein macht den Garten noch nicht klimafest. Um sich auf Dauer an einer veränderten oder neuen Bepflanzung zu erfreuen, sollten auch alle Wachstumsbedingungen möglichst gut an den Klimawandel angepasst werden. Ausführliche Tipps zu allen wichtigen Grundlagen und Voraussetzungen bieten die folgenden Großkapitel:

- »Der Boden: die fruchtbare Basis« ab Seite 70
- »Wasser, das Lebenselixier« ab Seite 94
- »Plagegeister und Nützlinge« ab Seite 112

Besonderheiten je nach Pflanzengruppe, vom Gemüse über Ziergehölze bis zu Rasen, Wiese und Bodendeckern, sind dann ab Seite 222 beschrieben.

Fröste nicht vergessen

Wer angesichts der oft milden Winter freudig Freilandkamelien, einen Granatapfelbaum, einen Eukalyptus oder eine Säulenzypresse auspflanzt, kann selbst in wärmeren Regionen unangenehme Überraschungen erleben. Minustemperaturen zwischen Oktober und Mai gehören noch längst nicht der Vergangenheit an. Für kälteempfindliche Gehölze empfiehlt sich zumindest in den ersten Jahren ein guter Winterschutz, teils auch zeitlebens.

Ähnliches gilt für Stauden und Kräuter wie die Wolfsmilch-Arten *(Euphorbia)*, Schmucklilien *(Agapanthus)*, Rosmarin, Zitronenverbene; erst recht für noch kälteempfindlichere Schönheiten, z. B. Mittagsblume *(Delosperma congestum)* und Kronenanemone *(Anemone coronaria)*. Bei ihnen sind nicht nur Schutzabdeckungen gegen Fröste ratsam, sondern auch gegen winterlichen Dauerregen. Gerade sonnenliebenden und trockenheitsverträglichen Stauden und Kräutern macht anhaltende Winternässe meist schwer zu schaffen.

DIE WINTERHÄRTEZONEN

In Pflanzenkatalogen und auf Websites von Versandgärtnereien werden zu den angebotenen Gehölzen und Stauden oft die Winterhärtezonen angegeben, abgekürzt als WHZ. Häufig steht da auch vereinfacht »Klimazone« – ein Begriff, der in der Meteorologie etwas ganz anderes bezeichnet, nämlich die großräumigen Klimagebiete der Erde (→ Seite 10). Bei den Winterhärtezonen dagegen geht es um regionale Temperaturunterschiede – mit den tiefsten Minustemperaturen als »Knackpunkt«.

Die Auswahl trockenresistenter Stauden, Gräser und Gehölze ist riesig und erlaubt abwechslungsreiche Gestaltungen.

Die Winterhärtezonen werden nach den kältesten Temperaturen im langjährigen Durchschnitt unterteilt. Dieses System wurde ursprünglich für die USA entwickelt, mit Zonen von 1 (für Polarregionen) bis 13 (für tropische Regionen). Solche Extreme gibt es in Mitteleuropa nicht. Früher unterschieden deshalb die Fachleute für draußen überwinternde Pflanzen nur die Zonen 4 bis 8. Zwischen diesen Zonen besteht jeweils ein Temperaturunterschied von 5,5 °C. Sie wurden weiter unterteilt in sogenannte Halbzonen, z. B. 6a und 6b, um die kleinräumigen Klimaunterschiede genauer darzustellen. In neuerer Zeit kam aufgrund der Klimaerwärmung für Pflanzen im Freien die Zone 9 dazu. Andererseits müssen sich unsere Pflanzen kaum noch in der WHZ 4 bewähren: Sehr starke Fröste ab rund –30 °C treten höchstens noch vereinzelt in den Hochalpen auf.

Anfangs gab es die WHZ-Angaben nur für Gehölze, seit Längerem findet man sie auch für Stauden. Die meisten Stauden sind völlig winterhart, auch wintergrüne wie Bergenie und Christrose. Etwas Schutz ist dagegen beispielsweise ratsam für mehrere Steingartenstauden, für die Schneeheide *(Erica carnea)* und noch mehr für die Buschmalve *(Lavatera)*: Sie sind für WHZ 7a bzw. 8a ausgewiesen, können also bei

DIE WINTERHÄRTEZONEN IN MITTELEUROPA

Zone	Durchschnittlich kälteste Temperatur	Das vertragen z. B.:
5a	–28,8 °C bis –26,2 °C	Holunder *(Sambucus nigra)*
5b	–26,1 °C bis –23,4 °C	Maienseidelbast *(Daphne x burkwoodii)*
6a	–23,3 °C bis –20,5 °C	Buchsbaum *(Buxus sempervirens)*
6b	–20,4 °C bis –17,8 °C	Besenginster *(Cytisus scoparius)*
7a	–17,7 °C bis –15,0 °C	Roseneibisch *(Hibiscus syriacus)*
7b	–14,9 °C bis –12,3 °C	Abelie *(Abelia x grandiflora)*
8a	–12,2 °C bis –9,5 °C	Olivenbaum *(Olea europaea)*
8b	–9,4 °C bis –6,7 °C	Granatapfelbaum *(Punica granatum)*
9a	–6,6 °C bis –3,9 °C	Lorbeerbaum *(Laurus nobilis)*
9b	–3,8 °C bis –1,2 °C	Süße Duftblüte *(Osmanthus fragrans)*

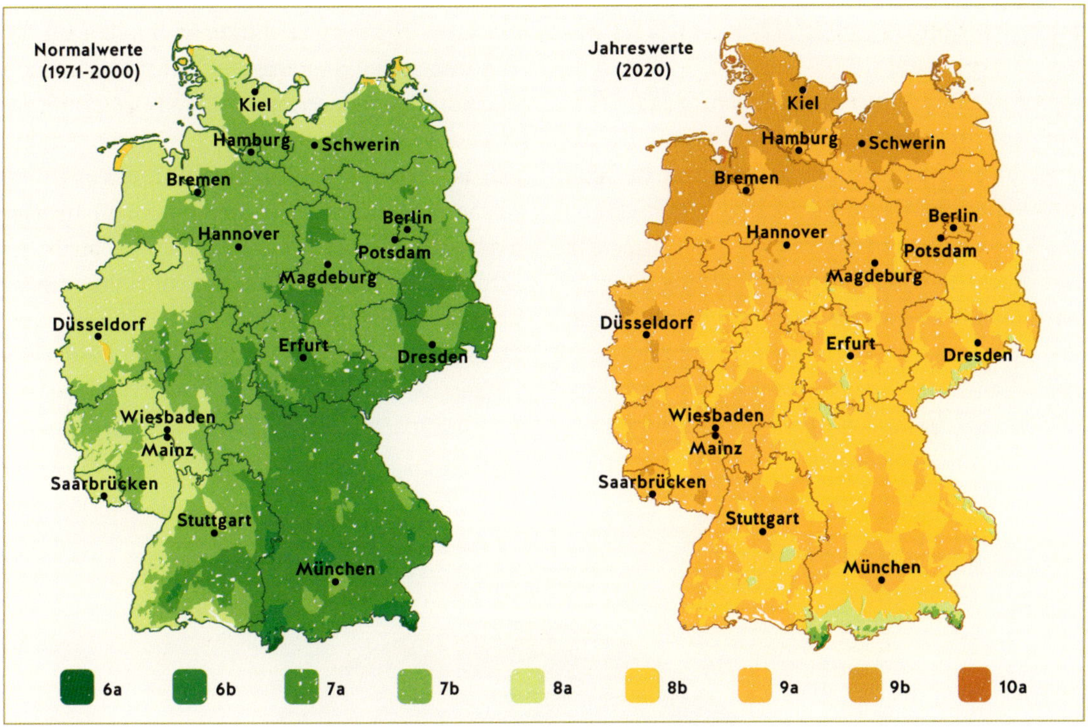

Die Grafik zeigt die Verschiebung der Winterhärtezonen in den letzten Jahren.

Minustemperaturen zwischen –10 °C und –15 °C Schaden nehmen.

Variable Leitlinien

Die Winterhärtezonen bieten nur ungefähre Anhaltspunkte. Denn innerhalb dieser regionalen Zonen gibt es teils starke Unterschiede im Lokalklima. In Städten z. B. kann die Zone 7a gelten, während das Umland als 6a eingestuft wird. Auch an einem geschützten Platz in Hausnähe sind die Gehölze deutlich weniger durch Fröste bedroht. Ausschlaggebend ist oft das Kleinklima an den verschiedenen Gartenstandorten, weniger die regionale Winterhärtezone. Schließlich kann man durch geeignete Schutzmaßnahmen und gute Pflege selbst empfindlichere Gewächse heil über kalte Winter bringen. So verbessert z. B. auch eine ausreichende Versorgung mit Kalium die Frosthärte. Dagegen wird sie durch übermäßige oder spät im Jahr verabreichte Stickstoffdüngung gemindert.

Die Einteilung in Winterhärtezonen kann auch etwas in die Irre führen. Denn wie gut die Pflanzen die kalte Jahreszeit überstehen, hängt nicht nur von der tiefsten Temperatur ab, die ohnehin oft nur wenige Tage auftritt. Gehen Gehölze mit gut ausgereiften Trieben in den Winter, sind sie weniger frostempfindlich. Fallen die Temperaturen dann noch allmählich ab, werden auch recht strenge Winter gut verkraftet. Gefährlicher sind plötzliche Kälteeinbrüche nach mildem Wetter, im Herbst ebenso wie im Frühjahr.

DER PHÄNOLOGISCHE KALENDER

Monats- und Datumsangaben für das Säen, Pflanzen und andere Gartenarbeiten sind als ungefähre Anhaltspunkte ganz hilfreich. Doch das Wetter und damit die Pflanzenentwicklung richten sich nicht nach fixen Kalenderterminen. Das macht sich besonders im Frühling bemerkbar. Nach dem Datumskalender beginnt er am 20. oder 21. März, wenn der Tag und die Nacht gleich lang sind. Pflanzen werden in ihrer Entwicklung zwar auch durch die Tageslängen beeinflusst. Doch noch stärker wirkt sich oft die Witterung aus. In manchen Jahren ist es am 20. März schon frühsommerlich warm, in anderen noch kühl oder gar frostig. Außerdem hängt es stark von der Region ab, wann der Frühling tatsächlich Einzug hält und wann im Herbst eventuell erste Fröste auftreten. Solche Unterschiede haben sich durch den Klimawandel noch verstärkt.

Das alles berücksichtigt der phänologische Kalender. Benannt ist er nach der Phänologie, der Lehre von den wiederkehrenden Erscheinungen

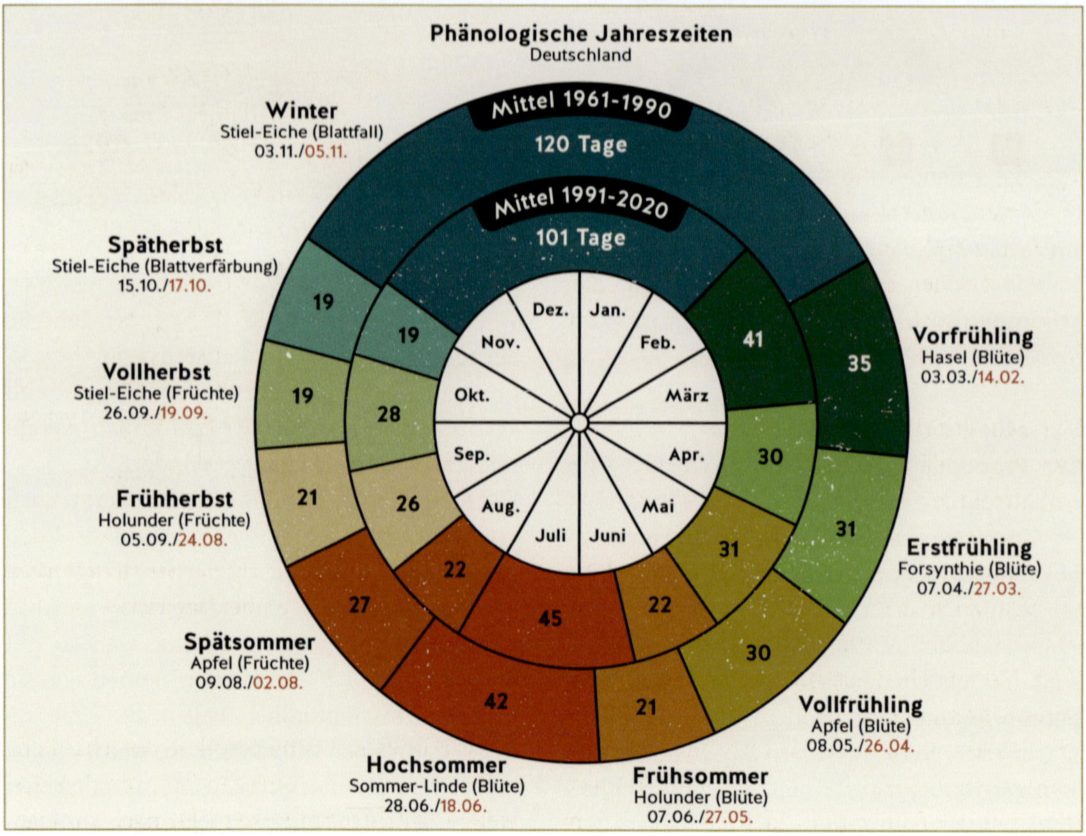

In den letzten 30 Jahren hat sich die Dauer der Vegetationsperiode um rund drei Wochen verlängert.

in der Natur. Anhand der Entwicklungsstadien bekannter Pflanzen unterteilt der phänologische Kalender das Jahr in zehn Jahreszeiten, wie auf den nächsten Seiten mitsamt den Kennpflanzen vorgestellt: vom Vorfrühling und Erstfrühling bis zum Spätherbst und Winter.

Das Erkunden der phänologischen Jahreszeiten gehört zu den Aufgaben und Leistungen des Deutschen Wetterdienstes (DWD). Dieser bietet auf seiner Website auch Garteninfos an, die sich nach den natürlichen Jahreszeiten richten (→ Seite 21, »Wettertipps für Gärtnerinnen und Gärtner«). Solche phänologische Beobachtungen werden europaweit durchgeführt und erfasst – teils mit etwas anderen Kennpflanzen, je nach landestypischer Vegetation etwas unterschiedlich gewählt.

Durch das Ausrichten am Wetterverlauf und an der Entwicklung der Pflanzen hilft der phänologische Kalender realitätsnah beim »Timing« im Garten. Konkrete Beispiele dafür finden Sie auf Seite 54-55. Und wenn man beim Gärtnern auf die Zeichen der Natur achtet, schärft dies außerdem auch das Gespür für die Lebensrhythmen der Pflanzen.

Die Jahreszeiten-Uhren

Aus den langjährigen Durchschnittswerten der Eintrittsdaten lassen sich die phänologischen Jahreszeiten für jede Region ermitteln. In einer sogenannten phänologischen Uhr werden dann die pflanzlichen Entwicklungsstadien ins Verhältnis zu den astronomischen Monaten gesetzt. Nebenstehend zeigen zwei solcher Jahreszeiten-Uhren, wie unterschiedlich dies je nach Regionalklima aussehen kann: Die Frühlings-Jahreszeiten begannen 2021 in Nordrhein-Westfalen deutlich früher als in Sachsen. Erst ab dem Hochsommer gleichen sich die Eintrittstermine an. Die links stehende Grafik veranschaulicht, wie stark sich die durchschnittlichen, bundesweiten Eintrittstermine seit 1991 nach vorn verschoben haben.

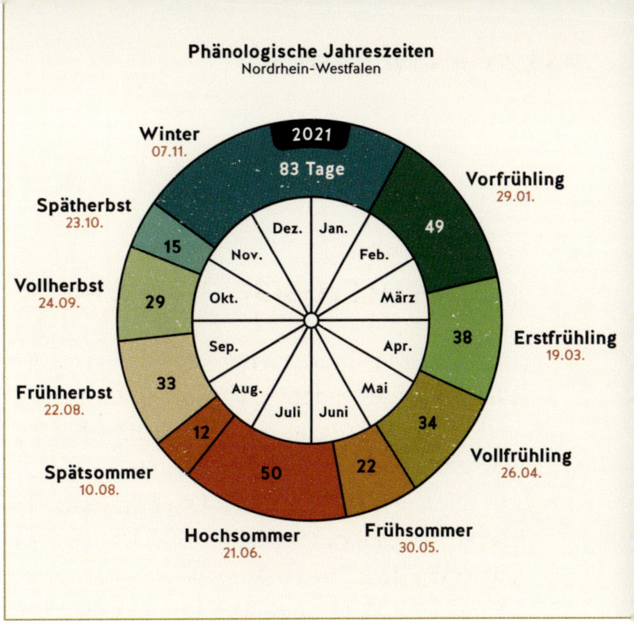

Je nach Region und Lage variiert der phänologische Kalender. Die Winter in Nordrhein-Westfalen sind kürzer ...

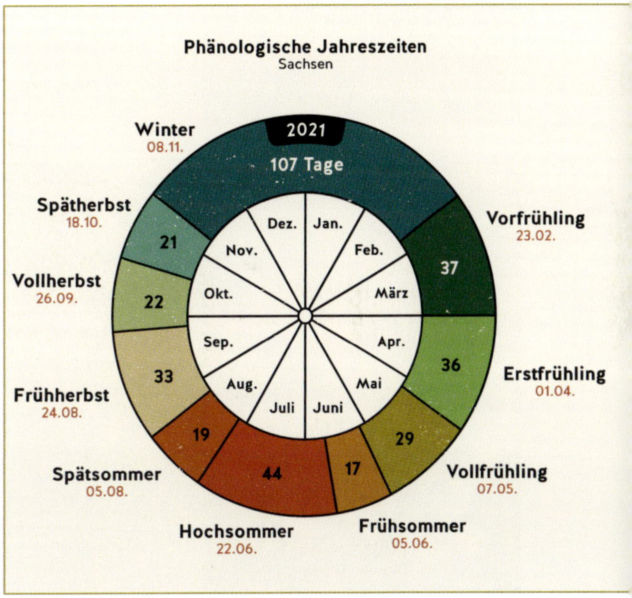

... als die in Sachsen, wo die kalte Jahreszeit im mehrjährigen Jahresmittel fast vier Wochen länger dauert.

ZEHN JAHRESZEITEN

Der phänologische Kalender

VORFRÜHLING

Naturereignisse: Blühbeginn der Hasel und des Schneeglöckchens

Eintrittstermin: zwischen 16.01 und 24.03. Im Durchschnitt am 01.02. Bisherige frühe Ausreißer: schon am 6.12.

ERSTFRÜHLING

Naturereignisse: Blühbeginn der Forsythie, Blattentfaltung der Stachelbeere

Eintrittstermin: zwischen 05.03. und 16.04. Im Durchschnitt am 21.03. Bisherige frühe Ausreißer: schon am 20.02.

VOLLFRÜHLING

Naturereignisse: Blühbeginn des Apfels (frühe Sorten wie 'Piros' und 'Retina'), Blattentfaltung der Stieleiche

Eintrittstermin: zwischen 09.04. bis 10.05. Im Durchschnitt am 24.04. Bisherige frühe Ausreißer: schon am 25.03.

FRÜHSOMMER

Naturereignisse: Blühbeginn des Schwarzen Holunders und der Robinie

Eintrittstermin: zwischen 20.04. und 21.05. Im Durchschnitt am 24.05.

HOCHSOMMER

Naturereignisse: Blühbeginn der Sommerlinde, Beginn der Fruchtreife bei Roter Johannisbeere
Eintrittstermin: zwischen 03.06. und 07.07. Im Durchschnitt am 16.06. Bisherige frühe Ausreißer: schon am 21.05.

SPÄTSOMMER

Naturereignisse: Beginn der Fruchtreife beim Apfel (frühe Sorten wie 'Klarapfel und 'Julka') und bei Eberesche
Eintrittstermin: zwischen 20.07. und 15.08. Im Durchschnitt am 02.08. Bisherige frühe Ausreißer: schon am 14.07.

FRÜHHERBST

Naturereignisse: Beginn der Fruchtreife beim Schwarzen Holunder und bei der Kornelkirsche
Eintrittstermin: zwischen 05.08. und 03.09. Im Durchschnitt am 19.08. Bisherige frühe Ausreißer: schon am 25.07.

VOLLHERBST

Naturereignisse: Beginn der Fruchtreife bei Stieleiche und Rosskastanie
Eintrittstermin: zwischen 07.09. und 25.09. Im Durchschnitt am 19.09. Bisherige frühe Ausreißer: schon am 22.08.

SPÄTHERBST

Naturereignisse: Laubverfärbung bei Stieleiche, Blattfall der Eberesche
Eintrittstermin: zwischen 15.10. und 23.10. Im Durchschnitt am 19.10. Bisherige frühe Ausreißer: schon am 24.09.

WINTER

Naturereignisse: Blattfall der Stieleiche und später Apfelsorten, Nadelfall der Lärche
Eintrittstermin: zwischen 02.11. und 12.11. Im Durchschnitt am 08.11.

Gärtnern im Naturrhythmus

Mithilfe des phänologischen Kalenders lassen sich Gartenarbeiten gut nach der wetter- und klimabedingten Entwicklung der Natur ausrichten. Hier ein Überblick über wichtige Gartenaktionen in den jeweiligen Jahreszeiten.

Mittlerweile spielen einem allerdings ungewöhnlich warme Winter öfter einen Streich: Selbst wenn schon um Weihnachten die Schneeglöckchen erscheinen, ist der Frühling noch nicht wirklich in Sicht. Dann kann man sich mit den Vorfrühlingsarbeiten Zeit lassen bis Mitte Februar. Auch ein sehr frühes Öffnen der ersten Forsythienblüten drängt noch nicht zur Eile. Da wartet man besser ab, bis keine stärkeren Fröste mehr auftreten.

Vorfrühling (ab Schneeglöckchenblüte)

- Warme Anzucht erster Gemüse und Sommerblumen
- Ab Mitte des Vorfrühlings robuste Gemüse aussäen und pflanzen
- Stauden zurückschneiden und teilen
- Sommer- und herbstblühende Sträucher sowie Obstbäume schneiden
- Gute Pflanzzeit für viele Sträucher und die meisten Obstgehölze

Erstfrühling (ab Forsythienblüte)

- Erster Rasenschnitt
- Warme Anzucht von Gemüse und Sommerblumen
- Beetsaat und Auspflanzen robuster Gemüse, Kräuter und Sommerblumen
- Stauden pflanzen
- Beet- und Edelrosen abhäufeln und zurückschneiden
- Gute Pflanzzeit für kälteempfindliche Obstgehölze, Rosen und Immergrüne

Vollfrühling (ab Blüte der Frühäpfel)

- Letzte Gemüse und Kräuter drinnen vorziehen
- Beetsaat der meisten Gemüse und robuster Sommerblumen
- Gegen Mitte des Vollfrühlings kälteempfindliche Gemüse wie Tomaten und die meisten Sommerblumen auspflanzen
- Gute Pflanzzeit für Obstgehölze im Container

Frühsommer (ab Holunderblüte)

- Zwischen Beetreihen, Stauden und Sträuchern mulchen
- Herbst- und Wintergemüse vorziehen oder ins Beet säen
- Kartoffeln, Kohl, Lauch, Tomaten, Gurken, Erbsen und Bohnen anhäufeln
- Frühblühende Polsterstauden wie Blaukissen zurückschneiden
- Frühjahrsblühende Sträucher wie Forsythien auslichten

Hochsommer (ab Sommerlindenblüte)

- Blumenwiese mähen
- Zwischen Beetreihen, Stauden und Sträuchern mulchen
- Kartoffeln, Kohl, Lauch, Tomaten, Gurken, Erbsen und Bohnen anhäufeln
- Herbstgemüse (Endivie, Chinakohl) vorziehen, ins Beet säen oder Jungpflanzen setzen
- Neue Erdbeeren pflanzen
- Kräuter zum Konservieren ernten

Spätsommer (ab Reife der Frühäpfel)

- Mulchschichten, wenn nötig, erneuern
- Herbst- und Wintergemüse wie Chinakohl und Winterlauch pflanzen
- Draußen letzte Radieschen, Salate, Kräuter säen
- Saatzeitbeginn für Feldsalat, Spinat und Winterzwiebeln

Frühherbst (ab Reife der Holunderbeeren)

- Gute Zeit für die Neueinsaat von Rasen und Blumenwiese
- Mulchschichten, wenn nötig, erneuern
- Letzte Spät- und Wintergemüse pflanzen
- Auf abgeernteten Beeten Gründüngung säen
- Erste Blumenzwiebeln sowie früh blühende Stauden pflanzen
- Gute Pflanzzeit für Obstgehölze im Container
- Letzte Düngung von Gehölzen und Kübelpflanzen

Vollherbst (ab Fruchtreife der Stieleiche)

- Mulchschichten, wenn nötig, erneuern
- Feldsalat, Spinat und Winterportulak unter Glas oder Vlies säen
- Letzte Wintersteckzwiebeln, Knoblauch, Bärlauch und Rhabarber pflanzen
- Auf abgeernteten Beeten Gründüngung säen
- Blumenzwiebeln, früh blühende Stauden und immergrüne Gehölze pflanzen

Spätherbst (ab Laubverfärbung der Stieleiche)

- Den Rasen nochmals mähen, bevor Fröste oder Dauerregen drohen
- Beet- und Edelrosen anhäufeln und mit Fichtenreisig oder Laub abdecken
- Hauptpflanzzeit für wurzelnackte und ballierte Rosen und andere Gehölze
- Unter Obstgehölzen neue und etwas dickere Mulchschichten ausbringen

Winter (ab Laubfall der Stieleiche)

- Gartengeräte säubern und einwintern
- Vogelnistkästen reinigen, neue anbringen
- Auf abgeräumten Beeten den Boden bearbeiten und verbessern
- Immergrüne Laub- und Nadelgehölze bei trockenem, frostfreiem Wetter gießen

Vorgetriebene Kartoffeln können ab dem Frühsommer ins Beet gesetzt werden.

Nach der Blüte der Sommerlinden werden Blumenwiesen das erste Mal gemäht.

Wenn die Blätter der Eichen fallen, ist es Zeit, Rosen durch Anhäufeln »winterfit« zu machen.

KLIMATAUGLICHE GARTENEINRICHTUNG

Je nach Gartengröße und -nutzung können bauliche Elemente und Einrichtungen bis zu einem Drittel der Fläche belegen. Großen Anteil haben feste Beläge für Wege, Terrassen, Gartensitzplatz, Abstellflächen und teils auch Gartentreppen. Dazu kommen Geräteschuppen, Komposter, Sichtschutzwände oder Zäune, evtl. Pergola, Gewächshaus, Kinderspielgeräte, Planschbecken oder Swimmingpools. Für einen angenehmen Aufenthalt braucht es natürlich auch bequeme Gartenmöbel. Was hat das alles mit dem Klima zu tun? Ziemlich viel, wenn man es näher betrachtet, besonders die verschiedenen Materialien, die im Garten Verwendung finden. Wobei man dazusagen muss: Wer die ganze Garteneinrichtung nach höchsten Ökostandards wählen will, braucht einen sehr gut gefüllten Geldbeutel. Da werden öfter Kompromisse nötig.

Beim Kauf von Pflanzen, Gartenzubehör, Dünger und Erden helfen Bio- und Umweltsiegel bei der Auswahl.

Umweltsiegel und »grüne« Labels

Die Folgen des Klimawandels beschäftigen viele Verbraucherinnen und Verbraucher, erst recht die gartenaktiven. Darauf haben sich Wirtschaft und Handel eingestellt: Alles Mögliche wird heute als klimafreundlich, klimaneutral und nachhaltig beworben. Oder als »Öko« und »Bio« – obwohl das nur bei Lebensmitteln geschützte Begriffe mit genau festgelegten Kriterien sind. Vieles ist zudem mit fantasievollen Umweltzeichen und -labels ausgezeichnet, die oft nur zum Kauf anreizen sollen. Recht zuverlässig und gut geprüft sind dagegen Produkte mit den folgenden Kennzeichen:

- »Blauer Engel«: z. B. für , Abfallsäcke aus Recyclingkunststoff, schadstoffarme Lacke und Lasuren, lärmarme Gartengeräte mit Elektromotor sowie Betonsteine mit recycelten Gesteinskörnungen.
- Die RAL-Gütezeichen: z. B. für Kompost, Substrate für Pflanzen, Dünger, Metallzauntechnik, Regenwassersysteme und imprägnierte Holzbauelemente.
- FSC-Siegel des Forest Stew.ardship Council: für tropische und heimische Hölzer aus nachhaltiger und sozialverträglicher Waldwirtschaft.
- PEFC-Siegel: ähnlich wie das FSC-Siegel, allerdings etwas umstritten wegen teils mangelnder Kontrollen.
- Naturland-Siegel für Holz: besonders strenge Anforderungen an nachhaltigen Waldbau, mit Erhalt natürlicher Biotope und nur mit standortheimischen Baumarten.

Behagliches Gartenklima

Zuallererst geht es darum, dass man sich in seinem »grünen Wohnzimmer« wohlfühlt. Denn Bodenbeläge, Mauern und Möbel, die sich in der prallen Sonne stark aufheizen, können einem öfter den Gartenspaß vermiesen. Sehr ungünstig sind in der Beziehung Aluminium, Kunststoffe, der Verbundwerkstoff WPC, Beton und Gesteine. Deutlich angenehmer sind Holz, Bambus und Weidengeflechte, z. B. für Zäune. Dabei spielt auch die Farbe eine Rolle. Auf einer dunklen Betonterrasse z. B. kann sich die Oberfläche im Hochsommer auf 50 °C und mehr erhitzen. Oft bleibt es dann auch bis zum späten Abend wärmer, als man es zum Erholen von der Tageshitze gern hätte. Weiße Betonwände und -beläge dagegen strahlen die Wärme ab. In ihrer näheren Umgebung kann es ebenfalls unangenehm heiß werden.

Unabhängig vom Material haben befestigte Wege und Freiflächen nachteilige »Nebenwirkungen«. Sie erschweren den Regenabfluss, sodass angrenzende Beete teils überschwemmt werden und bei Starkregen der halbe Garten unter Wasser stehen kann. Außerdem verkleinern sie die für das Gartenklima vorteilhaften Pflanzflächen.

Anders bei wasserdurchlässigen Belägen wie Rasengitter oder Rasenwaben, durch die Gräser wachsen. Hier haben Beton und Kunststoffe ihre Vorzüge, weil sie in Form von dünnen Rahmengittern die Flächen befestigen. Aus Beton bestehen auch sogenannte Ökopflaster mit wasserdurchlässigen Poren. Kleine Natursteine bilden die Grundlage für Schotterrasen, den man mit einer Wildkräutermischung begrünen kann, und Steinteppiche (Drainbeläge) mit festen, aber wasserdurchlässigen Oberflächen.

Weil der Boden unter solchen Belägen gut durchfeuchtet wird, verdunstet das Nass nach und nach und kühlt nach sommerlichen Regengüssen die Luft. Die Niederschläge können hier die Grundwasservorräte auffüllen, statt die Kanalisation unnötig zu belasten. Das honorieren viele Gemeinden mit reduzierten Abwassergebühren.

Zäune aus Weidenruten sehen gut aus und sind eine umweltfreundliche Alternative zu Kunststoffprodukten.

Rasengittersteine sind befahrbar und versiegeln im Gegensatz zu Pflaster- und Teerflächen den Boden nicht. Regenwasser kann an Ort und Stelle versickern.

Geschontes Großklima

Ein anderer Gesichtspunkt sind die Auswirkungen auf das globale Klima, nämlich die Kohlendioxidbilanz. Energieaufwendige Produktion kann ebenso deutlich zur Treibhausgas-Belastung beitragen wie Importe aus fernen Ländern mit Frachtschiffen, Flugzeugen oder LKWs. Das alles entfällt weitgehend bei heimischen bzw.

europäischen Hölzern, Natursteinen sowie Weiden-, Hasel- und Robinienruten.

Dagegen verursachen die Herstellung von Kunststoffen und die Zementherstellung für den Beton weltweit rund 18 % der Treibhausgasemissionen! Sehr viel Energie wird auch verbraucht für die Produktion von Aluminium und hart gebrannten Gesteinen wie Klinker.

Viele Hersteller in Europa bemühen sich, das zu verbessern, indem sie zunehmend erneuerbare Energien einsetzen und Reststoffe recyceln. Doch es wird wohl noch einige Zeit dauern, bis das Klima dadurch merklich entlastet wird.

In der Aluminium-Herstellung sind Länder mit Billigstrom führend; allen voran China, das seinen Strom hauptsächlich aus Kohlekraftwerken gewinnt, gefolgt von Indien und Russland. Somit wird die Atmosphäre zusätzlich durch die Abgase belastet, die bei den weiten Transporten nach Europa entstehen. Ebenso verhält es sich mit Tropenhölzern und Bambus. Auch Billig-Angebote von Natursteinen, Beton sowie Kunststoffen werden öfter von weit her importiert. Die niedrigen Preise resultieren oft aus schlechter Bezahlung der Arbeiter.

Holz ist ein nachhaltiger Rohstoff und ideal für Terrassendecks und Gartenmöbel.

Die Frage der Haltbarkeit

Was lang hält, erspart Ausgaben für Neuanschaffungen. Das reduziert auch die Umweltbelastung durch Produktion und Entsorgung. Natursteine, Klinker und Beton können einen normalerweise ein ganzes Gärtnerleben lang begleiten. Aber mit den Jahren werden sie öfter unansehnlich, durch die Witterungseinflüsse und z.B. durch Moos- und Flechtenüberzüge. Manchmal hat man sich daran auch einfach sattgesehen und will sie durch andere Materialien ersetzen. Das Entfernen und Entsorgen von Stein und Beton ist eine aufwendige Angelegenheit und auch recht kostspielig, wenn dafür eine Firma bzw. ein Containerdienst benötigt wird.

Bei allen anderen Materialien gibt es teils große Unterschiede in der Haltbarkeit. Bei Gartenmöbeln beispielsweise hängst das auch ab von der Unterbringung oder Abdeckung über Winter und bei längeren Regenphasen. Mit des Öfteren aufgetragenen Schutzanstrichen lässt sich die Lebensdauer vieler Einrichtungsgegenstände verlängern. Metalle inklusive Aluminium können Jahrzehnte halten. Bei Kunststoffen variiert das sehr stark, je nach Qualität und Preis. Terrassendielen aus WPC halten zwischen 15 und 30 Jahre. Zäune aus Bambus, Weiden-, Hasel- oder Robinienruten halten je nach Einbau und Pflege im Schnitt ungefähr 6–12 Jahre.

Holz: Natur pur

Holz lässt sich im Garten sehr vielseitig verwenden und auch von ungeübten Heimwerkern recht einfach bearbeiten. Einrichtungen aus Holz wirken warm und wohnlich. Im Außenbereich ist oft die Haltbarkeit der »Knackpunkt«, weil Holz mehr oder weniger stark verwittert. Noch heikler sind Nässe und Kontakt mit feuchter Erde. Das kann auf Dauer zu Fäulnis führen. Holzdielen und Holzfliesen, z.B. auf der Terrasse, sollten von unten her durch einen sorgfältig angelegten Unterbau gegen Feuchtigkeit isoliert werden. Zaunpfähle und Pfosten lassen sich vor der Bodenfeuchtigkeit schützen, indem man sie in Pfostenschuhe aus Metall setzt. Wichtig ist aber auch die Wahl der Holzarten, die sich in ihrer Witterungsbeständigkeit deutlich unterscheiden können.

Weichhölzer, vor allem Fichte und Kiefer, werden häufig für Stützpfähle, Palisadeneinfassungen und Kompostboxen verwendet. Sie sind meist kesseldruckimprägniert. Für Lärche und Douglasie ist das nicht nötig: Sie liegen sozusagen an der Grenze zu den Harthölzern und haben eine Haltbarkeit von bis zu 15 Jahren. Als Schutz reichen oft schon Öle oder Lasuren. Diese Hölzer gibt es auch als Terrassen- und Wegbeläge, für Treppen und Gewächshausrahmen.

Harthölzer haben eine Lebensdauer zwischen 15 und 30 Jahren. Besonders dauerhaft sind Tropenhölzer wie Teak und Bangkirai. Sie sind aber recht teuer und werden fast nur als Terrassendielen, Wegbeläge und für Außentreppen genutzt. Mit Robinienholz (im Handel oft als »Akazie« bezeichnet) gibt es eine ähnlich dauerhafte Alternative aus europäischen Wäldern, also ohne gewaltige Langstrecken-Importe. Stieleiche, Traubeneiche und Edelkastanie halten fast ebenso lang. Daraus werden z.B. auch gut haltbare Stützpfähle, Zäune und Kompostboxen gefertigt.

Bei **Thermohölzern** handelt es sich um heimische Weichhölzer, deren Haltbarkeit durch eine thermische Behandlung deutlich erhöht wurde. Recht häufig findet man im Handel z.B. Dielen aus Thermoesche, -kiefer, -fichte und -buche.

Recycling mit Hindernissen

Einen ökologischen Nachteil hat das Holz im Garten, selbst wenn es völlig unbehandelt und aus heimischer Herkunft ist: Anders als Holz aus Innenräumen kann es nicht recycelt werden, da es von Wertstoffhöfen meist nicht angenommen wird. Es muss in die Müllverbrennungsanlage. Ebenso verhält es sich mit Weidenruten und Bambus. Dagegen lassen sich Gesteine und Betonteile recht gut recyceln.

In Deutschland wird mehr als die Hälfte aller Kunststoffabfälle recycelt, beim Aluminium sind es sogar über 90 %. Dabei handelt es sich aber überwiegend um Verpackungen, die in der gelben Tonne landen. Größere Einrichtungsgegenstände aus dem Garten müssen über den Sperrmüll entsorgt werden. Teilweise kann man sie auch zu Wertstoffhöfen bringen. Doch die sind oft »wählerisch«: Manche nehmen z.B. keine Gartenmöbel aus Polyrattan und kein Hart-PVC an, fast alle keine Verbundstoffe aus Kunststoff und Metall.

Einrichtungsgegenstände und Produkte für den Garten gibt es bereits aus Recycling-Kunststoff, so etwa Tische, Gartenbänke, Zäune, Komposter und Rasenkanten. Doch unterm Strich erscheint das alles positiver, als es tatsächlich der Fall ist. Denn zur deutschen Recycling-Quote wird auch gerechnet, was zum Recyceln ins Ausland exportiert wird, nämlich rund ein Sechstel der Abfälle. Hauptabnehmer sind derzeit Malaysia und die Türkei. Dort sind die Umweltstandards fürs Recyceln nicht immer optimal. Generell droht bei allen Kunststoffen, die nicht ordnungsgemäß entsorgt werden, eine gefährliche Belastung von Meeren und Böden mit Mikroplastik.

3

Umsichtig:

ANGEPASSTE GARTEN-PRAXIS

Der Klimawandel führt zu neuen Herausforderungen bei der Gartengestaltung und -pflege. Das eröffnet aber auch neue, reizvolle Möglichkeiten, die alles andere sind als »Notlösungen«.

STANDORT- UND PFLANZENWAHL

Ob Zier- oder Obstgehölze, Stauden, Rasen oder Gemüse: Früher bewährte Standortempfehlungen passen immer weniger. Zum Teil sind auch neue Pflanzenarten und -sorten gefragt.

Wollte man früher einen Garten anlegen, bereitete es oft Verdruss, wenn zu wenig sonnige Plätze vorhanden waren. Der Schattenwurf hoher Gebäude und Bäume in der Umgebung oder eine Ausrichtung nach Norden: Solche nicht veränderbaren Tatsachen verdarben so manchen die Vorfreude auf ihr grünes Paradies. Für viele beliebte Gartenbereiche war ganztägiger Sonnengenuss angesagt: für Rasen und Blumenwiese ebenso wie für Rosen und Prachtstaudenbeete, den Steingarten, den Gemüse- und Obstgarten und fürs Gewächshaus. Auch auf der Terrasse und am Gartensitzplatz genoss man gern die wärmenden Sonnenstrahlen.

Mittlerweile wird der sonnig gelegene Rasen im Sommer oft braun. Rittersporn, Phlox, Azaleen und Deutzien kümmern, selbst wenn man sie häufig gießt. Im Gemüsebeet wächst manchmal nur noch »Schrumpelsalat« und selbst Tomaten und Zucchini zeigen Anzeichen von Hitzestress. Manche Zier- und Oststrauchblüten vertrocknen, Früchte bleiben klein, Äpfel bekommen Sonnenbrand. Und der Aufenthalt auf einer prallsonnigen Terrasse ist nicht nur unangenehm, sondern birgt auch Gesundheitsgefahren (→ Seite 35, »Ozonalarm? Einfach relaxen«).

Nach den immer häufiger gewordenen Hitzewellen treten oft Unwetter mitsamt Sturm und Hagel auf. Diese können Blütenpracht, Gemüse- und Obsternten schädigen – und für Gärtnerinnen und Gärtner gefährlich werden, wenn Äste und Dachziegel herabfallen. Und nicht zuletzt macht die zunehmende Winternässe Steingartenpflanzen ebenso zu schaffen wie mediterranen Kräutern.

DEN GARTEN KLIMAFIT MACHEN

Einen bereits gut eingewachsenen Garten will und muss man nicht gleich komplett neu anlegen. Durch Umpflanzen besonders hitzeempfindlicher Gewächse an schattigere Plätze lässt sich so manches retten. Vorbeugend und nachhaltig hilft alles, was das Garten- und Kleinklima verbessert, durch Beschattung mit Gehölzen und Hecken und Erhöhen der Luftfeuchte, etwa mit einem Teich. Dazu gehört auch vieles, was im Kapitel »Klimagerechte Vorsorge« (ab Seite 46) beschrieben ist. Doch vorrangig ist zunächst einmal die praktische Gartenarbeit mit einer guten Bodenpflege, Mulchen und wassersparendem, aber effektivem Gießen. Das kann schon recht schnell gute Wirkung zeigen.

Das Umgestalten und Anpassen der Gartenpraxis braucht Zeit. Wenn ein Hitzesommer wie im Jahr 2022 die halbe Bepflanzung schwer in Mitleidenschaft zieht, verliert man leicht die Geduld. Doch im Herbst desselben Jahres folgte vielerorts anhaltender Regen. Dadurch konnten sich manche Pflanzen, die man schon aufgegeben hatte, erstaunlich gut erholen.

Deshalb lohnt es sich, zunächst eine Art Bestandsaufnahme zu machen und danach Prioritäten zu setzen: Was sollte am dringendsten geändert werden – und was lässt sich andererseits relativ einfach und schnell realisieren? Der nachfolgende Tipp zeigt beispielhaft, wie man dabei vorgehen kann.

DEN GARTEN SCHRITT FÜR SCHRITT ANPASSEN

- Zuerst die Gehölze, Stauden und mehrjährigen Kräuter genau begutachten, die in der Hitze am meisten gelitten haben. Wenn sie nicht völlig vertrocknet sind, lohnt sich oft das Umsetzen an einen schattigeren Standort.
- Den Aufenthalt auf stark besonnten Terrassen und Sitzplätzen mit Sonnenschirmen, Sonnensegel oder Markise erträglicher machen. Längerfristig mit Kletterpflanzen über einer Pergola oder durch sogenannte Dachbäume beschatten (→ Seite 193).
- Kränkelnde Stauden in Beeten sowie in Rabatten durch trockenheits- und hitzeverträgliche Arten ersetzen (→ Seite 220).
- Nässeempfindliche Stauden und Steingartenpflanzen bei anhaltendem Regen mit dicht gewebten Schutzvliesen abdecken.
- Neben oder zwischen hitzegeplagte Beete Laubsträucher oder kleine Klimabäume pflanzen, die nach und nach für mehr Schatten sorgen (→ Seite 196).
- Einen naturnahen Teich anlegen, der für mehr Luftfeuchte und ein kühleres Kleinklima sorgt (→ Seite 221).
- Für den Nutzgarten kann sogar ein komplettes »Umsiedeln« nötig werden: an einen Platz, der über die Mittagszeit vor der intensivsten Sonne geschützt ist (→ Seite 132).
- Verwüstete Rasenflächen ersetzen durch trockenheitsverträgliche Gras- und Kräutermischungen oder begehbare Bodendecker (→ Seite 230).
- Eine vorteilhafte Maßnahme ist schließlich das Ersetzen versiegelter Flächen und Wege durch wasserdurchlässige Ökopflaster, Steindecken oder Rasengittersteine (→ Seite 57).

Präriestauden vertragen Hitze und Trockenheit genauso gut wie Nässe und Kälte. Sie verlangen einen sonnigen Standort.

DIE SONNENEINSTRAHLUNG BEOBACHTEN

Wie viel oder wie wenig Sonne verschiedene Standorte abbekommen, ist in Zeiten der Klimaerwärmung besonders wichtig geworden. Das entscheidet noch mehr als früher darüber, ob sich neu gesetzte Pflanzen oder neu gestaltete Bereiche gut entwickeln. Der Sonneneinfall ändert sich natürlich im Jahres- und Tagesverlauf. Am besten beobachtet man das an ein paar Tagen zwischen Mitte Juni und Mitte August: Denn zum kalendarischen Sommeranfang am 21. Juni erreicht die Sonne ihren höchsten Stand, darauf folgen meist die heißesten Wochen. So kann man gut erkennen, wo die grelle Mittagssonne erbarmungslos »hinknallt«, wo nur die mildere Vormittagssonne hinscheint und wo überwiegend Halbschatten oder Schatten herrscht.

Angaben der Lichtansprüche

Zu den Lichtansprüchen der Pflanzen finden Sie in Katalogen und auf Anbieter-Websites meist nur die Angaben: Sonne, Halbschatten oder Schatten.
Dies üblicherweise mit den folgenden Symbolen:
☼ Sonne
◑ Halbschatten
● Schatten

Wollte man alle weiteren Nuancen sonniger und halbschattiger Standorte angeben, bräuchte man sechs bis acht verschiedene Symbole. Das wäre sehr unübersichtlich und wenig hilfreich. Schließlich sind die Übergänge oft auch fließend. Entsprechend werden viele Pflanzen z. B. für »Sonne bis Halbschatten« oder für »Halbschatten bis Schatten« ausgewiesen. Trotzdem lohnt es sich, darauf zu achten, ob ein Standort in der vollen Sonne liegt oder ob er zwar hell, aber nicht prall besonnt ist. Das kann bei der mittlerweile oft intensiven Sonneneinstrahlung und Sommerhitze einen Unterschied machen.

Ebenso verschieden sind die Verhältnisse im Halbschatten mit Nachmittagssonne und im Halbschatten mit Vormittagssonne.

Von vollsonnig bis absonnig

Vollsonnige Standorte werden den ganzen Tag über fast pausenlos beschienen. Sie sind nach Süden, Südwesten oder Südosten ausgerichtet und kaum von Bäumen oder Gebäuden beschattet. Hier gedeihen am besten sehr hitze- und trockenheitsverträgliche Pflanzen: »Klimabäume« wie Eisenholzbaum und Feldahorn, Sträucher wie Ginster und Bartblume, Stauden und Steingartenpflanzen wie Bart-Iris, Bergaster und Schleifenblume, Obst wie Birne und Weinrebe, Kräuter wie Oregano. Alles andere muss hier recht häufig gegossen werden und leidet zuweilen unter Stress – spätestens wenn an sehr heißen Sommertagen die Temperaturen über 35 °C steigen.

Sonnige Standorte werden im Sommer mindestens von 11–17 Uhr direkt beschienen, also wenigstens 6 Stunden lang. Sie weisen hauptsächlich nach Süden und sind zum Osten und/oder Westen hin leicht beschattet. Pflanzen, die mit Symbolen für Sonne oder Sonne bis Halbschatten ausgewiesen sind, eigneten sich bisher gut für solche Standorte. Doch die zunehmend kräftige Mittagssonne und anhaltende Trockenheit machen vielen von ihnen das Leben schwer. In diesem Fall sind lichter Schatten oder Halbschatten besser geeignet. Zu diesen Kandidaten gehören z. B. Deutzie, Pfingstrose, Johannis- und Stachelbeere und Beetstauden wie Phlox und Indianernessel.

Von lichtem Schatten spricht man, wenn Laubbäume den Sonneneinfall abmildern, aber für die darunter oder daneben wachsenden Pflanzen noch recht viel Licht durchlassen; so z. B. Zierapfel, Felsenbirne und Robinie. Der lichte Schatten in ihrem Umfeld ist ein günstiger Standort für viele Sonnen- und Halbschattenstauden, für Zwiebel- und Knollenpflanzen sowie niedrige Sträucher wie die anspruchslose, robuste Mahonie. Die Pflanzplätze im Bereich von Baumwurzeln sind allerdings oft trocken. Sollen hier beispielsweise kleine Rhododendren, Hortensien, Glockenblumen oder Taglilien *(Hemerocallis)* wachsen, empfehlen sich das Aufschütten humoser Erde, außerdem Mulchen und etwas häufigere Wassergaben.

Ein Anblick, der zukünftig seltener wird. Ball-Hortensien vertragen weder Trockenheit noch Hitze besonders gut.

Absonnige Standorte sind hell, bekommen aber kaum direkte Sonne ab – höchstens rund 2 Stunden am Vormittag. Solche Pflanzplätze finden sich an der Nord-, Nordost- oder Ostseite …

- eines Gebäudes oder einer hohen Mauer. Helle Wände bzw. ein weißer Anstrich reflektieren das Licht, sodass hier auch viele Sonnenpflanzen gedeihen.
- von Strauch-, Baumgruppen und Hecken. Das sind gute Standorte für viele Stauden wie Eisenhut, Frauenmantel, Anemone und Primeln sowie für Lilien, Alpenveilchen und Krokusse; ebenso für Gehölze wie Seidelbast, Scheinzypresse, Fichten und Tannen.

Solche Standorte sind meist ebenso trocken wie die im lichten Schatten. Pflanzen mit höherem Wasserbedarf sollten auch hier etwas öfter gegossen sowie gemulcht werden.

Von halbschattig bis schattig

Gerade der für viele Pflanzen empfohlene Halbschatten ist eine diffizile Angelegenheit. Er steht dem Namen nach für Plätze, die ungefähr einen halben Tag im Schatten und einen halben Tag in der Sonne liegen. Nur manchmal liest man dazu konkrete Zeitangaben: Sie reichen von 3–6 Stunden Sonnengenuss pro Tag.

Doch viel entscheidender als die Dauer des Sonneneinfalls ist der Zeitpunkt:

- Die mildere Vormittagssonne wird von vielen Halbschattenpflanzen besser vertragen als die kräftige Nachmittagssonne.
- Die höchste Strahlungsintensität hat die Sonne im Sommer zwischen 11 Uhr und 15 Uhr: Sie steht bei uns gegen 13.30 Uhr am höchsten. Das macht nicht nur Halbschattenpflanzen zu schaffen, sondern, wie erwähnt, auch manchen Sonnenpflanzen. Wird der Einfachheit halber von »Mittagshitze« gesprochen, ist damit oft diese Zeit der intensivsten Sonneneinstrahlung gemeint.
- Am heißesten wird es im Sommer aber erst danach, zwischen 16 Uhr und 18 Uhr. Denn nach ihrem Höchststand heizt die Sonne den Boden noch weiter auf. Unter dieser brütenden Hitze am späten Nachmittag und frühen Abend leiden viele Halbschattenpflanzen.

Deshalb empfiehlt sich meist Folgendes:

- An Standorte, die zwischen 11 Uhr und 15 Uhr direkte Sonne abbekommen, bevorzugt Pflanzen für vollsonnige Plätze setzen.
- Ausdrücklich nur für Halbschatten ausgewiesene Pflanzen dort unterbringen, wo vormittags die Sonne scheint, oder sie an lichtschattige und absonnige Standorte setzen.

Pflanzen für den Schatten kommen mit dem geringen Lichtangebot unter dicht belaubten, immergrünen Laubgehölzen und Nadelbäumen zurecht; ebenso vor Mauern und Hauswänden, die zusätzlich durch höhere Vorpflanzungen beschattet werden. Auch dafür hat die Vielfalt der Stauden allerhand zu bieten, z. B. den imposanten Waldgeißbart, das zauberhafte Salomonssiegel *(Polygonatum)*, aparte Funkien, attraktive Elfenblumen, hübsche Bodendecker wie Taubnessel, Immergrün und Waldmeister sowie reizvolle Farne. Für alle gilt: je sonniger der Standort, desto höher der Wasserbedarf. Eine Übersicht mit attraktiven und zugleich trockenheitsverträglichen Schattenstauden finden Sie auf Seite 220.

Robuste Gehölze, die im Schatten ebenso wachsen wie in der Sonne, sind z. B. Heckenkirsche *(Lonicera ledebourii)*, Alpenjohannisbeere *(Ribes alpinum)* und Eiben (→ Seite 201).

Testlauf im Kübel

Fällt es schwer, den passenden Standort für ein neues Gehölz auszuwählen, kann man die Jungpflanzen zunächst in Töpfe setzen. So lässt sich einfach ausprobieren, ob sie besser in der vollen Sonne oder im Halbschatten stehen. Die Gefäße sollten so groß sein, dass die Wurzeln bequem darin Platz finden – aber auch nicht viel größer, weil das unnötiges Gießen erfordert und außerdem zu Staunässe am Topfboden führen kann. Spätestens jedoch, wenn ein Umtopfen nötig wäre, sollte man den »Kübeltest« beenden und das Gehölz an einen geeigneten Platz auspflanzen, damit sich das Wurzelwerk im Boden gut entwickeln kann.

Trockene und nasse Extreme

Nicht nur die niederschlagsarmen, heißen Sommertage haben zugenommen, sondern vielerorts auch die Regenmengen im Winter. Gerade die trockenheitsverträglichen Stauden und Steingartenpflanzen werden dadurch stark strapaziert. Die allermeisten ziehen zwar über Winter ein. Doch im dauernassen Boden können ihre Wurzeln und Überwinterungsorgane Schaden nehmen, schlimmstenfalls komplett verfaulen. Tipps zum »Schutz vor Winternässe« finden Sie auf Seite 217.

Auch junge Gehölze sind zum Teil bedroht, vor allem, wenn sie gerade erst im Herbst gepflanzt wurden – besonders, wenn sie von trockenen Naturstandorten stammen, so beispielsweise der Wollige Schneeball *(Viburnum lantana)* und der Blasenstrauch *(Colutea arborescens)*. In allen Fällen ist es wichtig, auf eine gute Dränage in den Pflanzlöchern und -gruben zu achten, und zwar mithilfe von Sand, Kies oder Lavagrus, die der Aushuberde vor dem Wiedereinfüllen untergemischt werden.

Seidelbast *(Daphne mezereum)* mag einen absonnigen Standort ohne direkte Sonne, verträgt aber Trockenheit.

Hasenglöckchen *(Hyacinthoides hispanica)* brauchen im Frühjahr feuchten Boden, im Sommer ziehen sie ein.

Schattenstauden wie Funkien *(Hosta)*, Salomonssiegel *(Polygonatum)* und Farne brauchen ganzjährig feuchten Boden.

WER SIND DIE HITZE-SPEZIALISTEN?

Ausgeprägte Hitzetage mit Temperaturen über 30 oder gar 35 °C sind in den letzten Jahren häufiger geworden. Da liegt es nahe für mehr Schatten im Garten zu sorgen, durch das Pflanzen von Bäumen, hohen Sträuchern und Hecken. Doch bis die Gehölze herangewachsen sind, dauert es seine Zeit. Zudem nehmen sie recht viel Platz in Anspruch. Deshalb werden Pflanzen, die auch ohne Beschattung mit heißen Tagen zurechtkommen, zunehmend wichtiger.
Solche Hitzespezialisten und »Trockenkünstler« finden sich vor allem unter den mehrjährigen Stauden ebenso wie unter den Sträuchern. Sie sind an entsprechend warmen, regenarmen Naturstandorten zu Hause, was sich häufig schon an der Form und Farbe ihrer Blätter zeigt.

Hohe Fetthenne, viele Astern und Wollziest vertragen Trockenheit und Hitze gut.

Kennzeichen von Trockenkünstlern

- Trockenheitsverträgliche Pflanzen erkennt man oft an Blättern mit silbrig grauer bis graugrüner Farbe, die das Sonnenlicht reflektiert, z. B. bei Lavendel, Blauraute *(Perovskia)* und Fingerstrauch *(Potentilla)*.
- Vorteilhaft sind auch feine, helle Härchen, die an der Blattoberfläche die Lichtstrahlen brechen, so etwa bei Salbei, Königskerze und Wollziest.
- Immergrüne Hartlaubgewächse wie Lorbeer-, Olivenbaum und Stechpalme schützen sich mit ledrigen, steifen Blätter vor hoher Verdunstung.
- Kleine, stark gefiederte oder fast nadelartige Blätter reduzieren ebenfalls die Verdunstung, beispielsweise bei Bergaster, Schafgarbe und Tamariske.
- Dickblattgewächse wie Fetthenne, Wolfsmilch und Hauswurz können in ihren Blättern Wasser speichern.
- Verbreitet ist auch ein »geduckter«, bodennaher Wuchs, z. B. bei Felsensteinkraut, Schleierkraut und Mauerpfeffer.
- Gehölze wie Bergkiefer, Rosen und Ginster überstehen längere Trockenzeiten mit ihrem tief reichenden, teils auch stark verzweigten Wurzelwerk.

PERMAKULTUR – DIE IDEALE LÖSUNG?

Das Konzept der Permakultur wurde ursprünglich in den 1970er-Jahren von den Australiern Bill Mollison und David Holmgren entwickelt. Ähnliches entwarf etwa um dieselbe Zeit der Japaner Masanobu Fukuoka. Sie strebten eine nachhaltige, an natürlichen Kreisläufen ausgerichtete Landwirtschaft an: eine »permanent agriculture« mit stets bedecktem und genutztem Boden. Später wurde daraus die griffige Bezeichnung »Permakultur«.

Zu den Zielen gehört bis heute, z. B. in Entwicklungsländern eine sichere, gesunde Selbstversorgung zu ermöglichen. Deshalb spielen auch soziale Grundsätze wie eine gemeinsame Teilhabe eine wichtige Rolle. Ebenso zentral sind Energie- und Wassersparen sowie weitgehendes Recycling, nicht nur zum Vermeiden von Abfällen, sondern auch zum Einsparen von Kosten. All diese Prinzipien sind in Zeiten des Klimawandels besonders wertvoll und hilfreich.

Ein Grundprinzip ist die Aufteilung der Anbauflächen in 5 Zonen, plus eine »Zone 0«:

- Zone 0: Das Haus, z. B. für Anzuchten auf der Fensterbank, aber auch für die Verwertung von Gemüse und Obst aus dem Garten.
- Zone 1: Direkt am Wohnbereich, für häufig zu versorgende und öfter beerntete Schnittsalate und Kräuter sowie auch für Frühbeete.
- Zone 2: Der Gemüsegarten, zum Haus hin mit Arten wie Kopfsalat, Spinat, Tomaten und Gurken, die häufiger gepflegt und/oder geerntet werden. Weiter hinten z. B. Erbsen, Bohnen, Wurzel- und Zwiebelgemüse. Wer mag, kann hier auch Hühner und Laufenten halten.
- Zone 3: Die landwirtschaftliche Zone mit Gemüse und Getreide, das nur mäßig Pflege braucht, z. B. Kartoffeln, Bohnen und Kürbisse und Mais.
- Zone 4: Obstbäume und -sträucher auf einer Wiese, gern auch mit Bienenstöcken, einem Naturteich sowie Schafen oder Ziegen.
- Zone 5: Die »Wildnis«, die sich am besten ganz frei entwickeln kann, mit Totholz-, Steinhaufen und Insektenhotels zum Unterstützen von Nützlingen.

Dieses Konzept konnte in kleineren Bauernhöfen und in großen Gemeinschaftsgärten schon recht erfolgreich umgesetzt werden. In Gärten üblicher Größe und mit unterschiedlichen Grundrissen wird es jedoch sehr schwierig. Zudem braucht man anfangs viel Geduld, weil sich alles mit wenig Eingriffen von selbst einpendeln soll. Schlechtere Böden werden kaum verbessert, erst recht nicht umgegraben. Stattdessen vertraut man auf eine ständige Bodenbedeckung nach dem Vorbild von Naturstandorten. Doch man kann daraus für den eigenen Garten zahlreiche gute Anregungen übernehmen – z. B. die Kräuterspirale, die die Permakultur-Pioniere nach dem Naturvorbild eines Schneckenhauses konzipiert haben. Bei einem »richtigen« Permakulturgarten müssen die Nachbarn allerdings auch tolerieren, dass das Ganze auf den ersten Blick recht wild und etwas chaotisch wirkt.

Im Permakulturgarten bleibt kein Flecken Erde unbedeckt und wird zum Anbau in Mischkultur genutzt.

DER BODEN: DIE FRUCHTBARE BASIS

Ein humoser, gut gepflegter Boden kann optimal Wasser und Nährstoffe speichern und an die Wurzeln abgeben. Das ist die beste Voraussetzung für ein gesundes Pflanzenwachstum.

Pflanzen können nicht nur im Boden oder in Blumenerde wachsen, sondern auch in anderen »Materialien«. Das kennen z. B. Zimmergärtner von der Hydrokultur in Blähtonkügelchen. Im professionellen Gewächshausanbau werden Gemüse und andere Pflanzen oft auf Steinwolle oder Kokosfasersubstrat angebaut. Denn die Böden sind hier stark strapaziert und teils auch mit Krankheitserregern belastet. In den als Hydroponik bekannten Anbauverfahren hängen die Wurzeln teils sogar ohne festes Substrat in einer Nährlösung. Die Hydroponik wird hauptsächlich für den Anbau von Kräutern und Salaten genutzt und meist in Gewächshäusern oder Räumen mit Kunstlicht durchgeführt. Solche Methoden ermöglichen ein sehr kontrolliertes Wachstum und verbrauchen weit weniger Wasser als ein Erdanbau. Doch dafür ist viel Technik nötig, was zu einem hohen Stromverbrauch führt.

Für den Garten ist das alles viel zu umständlich. Die Bodenbearbeitung und -verbesserung verlangt zwar auch einigen Aufwand, verhilft aber zu gedeihlichen Standorten für alle Pflanzen. Der Boden ist weit mehr als »praktischer Dreck«: Das Gemenge aus mineralischen und organischen Teilchen schützt die Samen und unterstützt ihre Keimung, es gibt den Wurzeln Halt und fördert ihr Wachstum. Ein guter Boden speichert Wasser und Nährstoffe und macht diese für die Pflanzen verfügbar. Ein vielfältiges Bodenleben sorgt für eine luftige Struktur und für den Umbau von Pflanzenresten zu wertvollem Humus.

Zudem können Böden dem Klimawandel entgegenwirken: Sie speichern weltweit ungefähr fünfmal soviel Kohlenstoff wie die oberirdische Biomasse und doppelt so viel wie die Atmosphäre! So reduzieren humose Böden die Belastung durch das Treibhausgas Kohlendioxid. Allerdings haben mit dem Klimawandel auch die Anforderungen an den Gartenboden zugenommen: Er wird durch anhaltende Trockenheit, Hitze und andererseits durch heftige Regenfälle stärker beansprucht. Solche Extreme soll der Boden möglichst gut abpuffern.

Die Humusschicht ist gut an der dunklen Farbe in den oberen Erdschichten erkennbar.

BODENTYPEN UND BODENARTEN

Wenn vom Gartenboden die Rede ist, meint man meist nur dessen oberste Schicht von 20–30 cm, die sich mit Spaten und Grabegabel bearbeiten lässt. In diesem auch als Krume bekannten Oberboden konzentrieren sich die meisten Pflanzenwurzeln. Bei manchen Pflanz- und Bauarbeiten erhält man tiefere Einblicke. Soll z. B. Boden für einen Terrassenbau oder für einen Teich ausgehoben werden, kommt der Spaten an seine Grenzen: Dann hilft oft nur noch ein Bagger weiter. Manche Gartenböden wurden schon vor längerer Zeit oder nach einem Neubau meterweise aufgeschichtet. Wenn dies nicht der Fall ist, stößt man beim Graben in die Tiefe häufig auf das feste Ausgangsgestein – aus dem sich der Boden im Lauf von Jahrtausenden entwickelt hat.

Bodentypen: Längsschnitte mit Profil

Wird ein natürlich gewachsener Boden 1,5–2 m tief aufgegraben und senkrecht abgestochen, erkennt man mehr oder weniger deutlich drei übereinanderliegende Hauptschichten, die sogenannten Bodenhorizonte:

- Das Ausgangsgestein bildet den mineralischen Untergrund oder C-Horizont. Er besteht je nach Region z. B. aus Granit, Basalt, Tonschiefer oder Sandstein. Es gibt aber auch feinkörnige Ausgangsgesteine wie Löss.
- Darüber steht der Unterboden oder B-Horizont an, aus stark verwittertem Ausgangsgestein. Er ist oft hell- oder graubraun, manchmal auch rötlich oder ausgebleicht.
- Obenauf liegt der Oberboden oder A-Horizont: Er besteht aus zerkleinerten mineralischen Teilchen aus dem Unterboden, ist durch Humus dunkel gefärbt und oft von zahlreichen Bodenorganismen bevölkert.

Die Bodenhorizonte gehen meist fließend ineinander über. Nach ihrer Entstehung, Ausprägung und Färbung unterscheidet man die Bodentypen. Häufige Bodentypen in unseren Breiten sind die Braunerden und Parabraunerden, die sehr fruchtbaren Schwarzerden, z. B. in der Magdeburger Börde, und die fruchtbaren Auenböden in Flusslandschaften. Weit verbreitet sind auch Pseudogleye. Sie neigen zu einem starken Wechsel zwischen Nässe und Austrocknung, eignen sich aber oft gut für Wälder und Wiesen. In einem lange und gut bearbeiteten, mit Mist und Kompost versorgten Gartenboden kann der Oberboden 40–50 cm tief sein. In der Schicht darunter werden mineralische und organische Bodenbestandteile von Bodenlebewesen stark durchmischt. So entsteht ein sehr fruchtbarer Unterboden, durchzogen von Regenwurmgängen.

Bodenarten: große und kleine Körnchen

Bei den Bodenarten geht es – anders als bei den Bodentypen – nur um die oberste Bodenschicht, die direkten Einfluss auf das Pflanzenwachstum hat. Genauer gesagt, geht es um die Größe der mineralischen Körnchen. Der Oberboden setzt sich fast zur Hälfte aus mineralischen Bestandteilen zusammen. Ebenso groß ist der Anteil an Hohlräumen und Poren, die mit Luft oder Wasser gefüllt sind. Dazu kommen 5–10 % organische Substanz: die Pflanzenwurzeln, die Bodenorganismen und der Humus, der von großer Bedeutung für die Bodenqualität und Bodenfruchtbarkeit ist.

Doch erst einmal bestimmen die mineralischen Bestandteile die Struktur des Oberbodens. Hierzu gehören auch größere mineralische Teile wie Steine, Kies und Grus. Für die Bestimmung der Bodenart spielen aber nur Körnchen bis 2 mm Durchmesser eine Rolle: Sie werden nach ihrer Größe als Sand, Schluff oder Ton eingestuft. Eine weitere Bodenart ist der Lehm, den man nicht mit dem schwierigeren Ton verwechseln sollte: Denn beim Lehm handelt es sich um ein sehr vorteilhaftes Korngemisch, das sich zu etwa gleichen Teilen aus Sand, Schluff und Ton zusammensetzt.

In der nebenstehenden Übersicht sind die Merkmale und Eigenschaften dieser Bodenarten zusammengefasst. Weil ein Boden jedoch selten ausschließlich aus Sand-, Schluff- oder Tonkörnchen besteht, gibt es in der Praxis feinere Unterscheidungen wie etwa schluffiger Sand und sandiger Ton.

Eine Fingerprobe erlaubt die Bestimmung der Bodenart im »Handumdrehen«.

Fingerprobe zum Bestimmen

Mit einer einfachen Fingerprobe können Sie die Bodenart schon ungefähr bestimmen. Entnehmen Sie dazu genug Boden, um eine dünne Wurst daraus zu rollen, und feuchten Sie ihn leicht an. Versuchen Sie dann, die Probe ungefähr in Bleistiftstärke auszurollen. Aufschlussreich ist auch das Reiben und Kneten zwischen Daumen und Zeigefinger.

Die vorherrschende Bodenart erkennen Sie an folgenden Anzeichen:

- **Sandboden:** nicht ausrollbar, auch wenn stärker angefeuchtet. Fühlt sich körnig an, haftet nicht oder kaum in den Fingerrillen.
- **Schluffboden:** nur dünn ausrollbar, zerbröckelt aber schnell. Fühlt sich samtig-mehlig an, Feinsubstanz haftet in den Fingerrillen.
- **Lehmboden:** ausrollbar, wird aber bald rissig. Samtartig stumpfe Reibflächen, Feinsubstanz haftet in den Fingerrillen.
- **Tonboden:** gut zu festen Röllchen formbar. Mit glänzender Oberfläche, auch beim Quetschen, haftet deutlich in den Fingerrillen.

BODENARTEN UND IHRE EIGENSCHAFTEN

Bodenart	Wasser- und Nährstoffhaushalt	Weitere Eigenschaften
Sandboden (Korngrößen von 0,06–2,0 mm Ø)	Geringes Speichervermögen, schnelles Austrocknen, leichte Nährstoffauswaschung; gute Wasserführung	Schnelle Erwärmung und Abkühlung; gute Durchlüftung und Durchwurzelung; leichte Bearbeitung
Schluffboden (Korngrößen von 0,002–0,06 mm Ø)	Recht gutes Speichervermögen, zugleich auch gute Abgabe von Wasser und Nährstoffen; gute Wasserführung	Mittelschnelle Erwärmung und Abkühlung; gute Durchlüftung und Durchwurzelung; mittelschwere Bearbeitung
Tonboden (Korngrößen von unter 0,002 mm Ø)	Hohes Speichervermögen, aber auch Festhalten von Wasser und Nährstoffen; schlechte Wasserführung, neigt zum Vernässen	Langsame Erwärmung und Abkühlung; schlechte Durchlüftung und Durchwurzelung; neigt zum Verdichten; schwere Bearbeitung
Lehmboden (zusammengesetzt aus rund ⅓ Sand, Schluff und Ton)	Gutes Speichervermögen, zugleich auch gute Abgabe von Wasser und Nährstoffen; gute Wasserführung	Mittelschnelle Erwärmung und Abkühlung; gute Durchlüftung und Durchwurzelung; mittelschwere Bearbeitung

WERTVOLLER HUMUS

Die organische Substanz im Oberboden (Krume) besteht zum größten Teil aus Humus. Er wird durch die unzähligen Bodenorganismen gebildet, die abgestorbene Reste von Pflanzen und anderen Bodenlebewesen abbauen und umbauen. Humus speichert Nährstoffe und erhöht das Wasserspeichervermögen. Dies wird in Zeiten zunehmender Sommertrockenheit immer wichtiger: Ein humoser, tiefgründiger Boden kann bis zu 200 Liter Wasser pro m² speichern.

Nähr- und Dauerhumus

Manche organischen Reste lassen sich einfach zersetzen und werden dann zu Nährhumus. Er kann leicht weiter abgebaut werden und gibt dabei seine Nährstoffe für die Pflanzenwurzeln frei. Schwerer zersetzbare Substanzen werden in stabile Huminstoffe umgewandelt, die den Dauerhumus bilden und die Krume dunkel färben. Der Dauerhumus verbessert die Bodenstruktur und damit die Wasser- und Nährstoffspeicherung sowie die Durchlüftung des Bodens. Zudem fördern Nähr- und Dauerhumus die Aktivität der Bodenlebewesen, was auch dem Überhandnehmen von Schaderregern vorbeugt.

Den Humusanteil Ihres Bodens können Sie durch Kompostgaben, Mulchen und Gründüngung erhöhen und stabilisieren. Denn auch der Dauerhumus ist keine »feste Größe«: Er wird zwar langsamer abgebaut als der Nährhumus, schwindet aber mit der Zeit ebenfalls und trägt dann zur Nährstoffversorgung der Pflanzen bei. In einem gut versorgten, belebten Boden stellt sich ein Gleichgewicht zwischen Humusaufbau und -abbau ein – meist mit einem Humusgehalt von etwa 3–5 %. Dieser bescheidene Anteil ist völlig ausreichend für einen gesunden, fruchtbaren Boden.

Günstiges Krümelgefüge

Die Huminstoffe sind gerade mal so groß wie die winzigen Tonkörnchen. Sie finden sich nicht nur in Ton- und Lehmböden, sondern häufig auch in Schluffböden. Regenwürmer und andere Bodenorganismen können dafür sorgen, dass sich die Ton- und Humusteilchen miteinander verbinden: Sie verkleben sie mit ihren Ausscheidungen und Stoffwechselprodukten zu wertvollen Ton-Humus-Komplexen. Diese wiederum werden oft mit größeren Schluff- und Sandteilchen zu lockeren Krümeln verbunden. So entsteht ein stabiles Krümelgefüge mit vielen feinen Poren, das für den Wasser-, Nährstoff- und Lufthaushalt im Boden optimal ist. Damit das auch in einem Sandboden möglich wird, kann man ein Tonmineral wie Bentonit einarbeiten.

Bodenleben: fleißiges Gewimmel

In einem belebten Boden sind unzählige Organismen unterwegs, von Regenwürmern bis hin zu winzigen Bakterien: Eine Handvoll fruchtbaren Bodens enthält bis zu 10 Milliarden Lebewesen! Diese wirken nicht nur am Humusaufbau und der Nachlieferung von Nährstoffen mit: Sie

Feinkrümelig und humusreich: die ideale Erde für nährstoffhungrige Stauden und Gemüse.

»entsorgen« auch auf natürliche Weise Tier- und Pflanzenreste und hemmen die Ausbreitung schädlicher Organismen, die ebenfalls im Boden vorkommen.

In einem humosen Oberboden können rund 100 Regenwürmer pro m^2 leben. Sie reichern den Boden mit ihren fruchtbaren Häufchen an, tragen zum Bilden eines guten Krümelgefüges bei und dämmen außerdem schädliche Bodenpilze ein. Weitere relativ große, für uns noch sichtbare Bodentiere sind z. B. Asseln, Tausendfüßer, Springschwänze und Spinnen. Manche helfen wie die Regenwürmer beim Lockern und Durchmischen des Bodens. Andere zersetzen organische Abfälle oder zerkleinern sie so weit, dass Mikroorganismen den Rest übernehmen können.

Zu den in großer Zahl vorkommenden Winzlingen, die nur unter einem guten Mikroskop zu sehen sind, gehören Wimper- und Geißeltierchen sowie Bakterien und Pilze, die organische Substanz ab- und umbauen. Schon in 1 g Boden lebt teils über 1 Million Bakterien. Es gibt zwar auch schädliche Bodenbakterien, doch die meisten sind ausgesprochen nützlich. Sie wirken kräftig daran mit, abgestorbene Reste im Boden zu zersetzen und Nährstoffe für die Pflanzen verfügbar zu machen.

Regenwürmer leisten einen unschätzbaren Beitrag bei der Bodenverbesserung und Humusanreicherung.

Springschwänze gehören zur Heerschar winziger Bodenorganismen, die organische Stoffe zersetzen.

DIE NÄHRSTOFFE UND DER PH-WERT

Anders als die Bodenart gehören die Nährstoffgehalte und der pH-Wert zu den »inneren Werten« eines Bodens, die man ausschließlich mit chemischen Analysen erfassen kann.

Die Nährstoffe sind im Boden in mineralischer oder organischer Form gespeichert und werden durch die Bodenorganismen in Verbindungen umgewandelt, die die Pflanzenwurzeln aufnehmen können.

In einem ausreichend mit Kompost und naturnahen Düngern versorgten Boden fehlt es kaum an Nährstoffvorräten. Trotzdem kommt es manchmal zu einem Mangel an bestimmten Nährstoffen, wenn das Gleichgewicht im Boden nicht stimmt. So kann beispielsweise ein Phosphorüberschuss die Aufnahme von Stickstoff, Eisen und Zink behindern. Einen Einfluss hat außerdem der pH-Wert (Säuregrad) des Bodens. Ist der Boden recht sauer, wird beispielsweise Magnesium schlecht aufgenommen. Noch stär-

Ein typisches Symptom von Calciummangel bei Tomaten ist die sogenannte Blütenendfäule.

Eisenmangel zeigt sich durch die Gelbverfärbung von jungen Blättern und Trieben, hier an einer Himbeere.

ker wirkt sich der pH-Wert auf die Verfügbarkeit von wichtigen Spurennährstoffen wie Kupfer und Zink aus.

Die Hauptnährstoffe

Die Hauptnährstoffe werden von den Pflanzen in größeren Mengen benötigt. So braucht beispielsweise eine prächtige Strauchrose rund 18 g Stickstoff, 15 g Kali und 4 g Phosphat im Jahr. Zu einer guten Kartoffelernte verhelfen ungefähr 23 g Stickstoff, 38 g Kali und 9 g Phosphat pro m^2 – wobei Gartenböden oft schon mehr als ausreichend mit Phosphat versorgt sind.

Stickstoff (N) steuert als Baustein des Chlorophylls und der Eiweiße das Wachstum und sorgt für kräftige Triebe und sattgrüne Blätter. Die Pflanzen nehmen Stickstoff hauptsächlich als Nitrat auf, auch bei organischer Düngung, und wandeln es recht schnell in Eiweiße um. Wenn es an Stickstoff mangelt, bleibt der Wuchs kümmerlich, die Blätter sind klein, verblassen und vergilben. Aber auch ein Zuviel an Stickstoff hat deutliche Symptome: Dann wachsen die Blätter zwar üppig, jedoch mit weichem, schwammigem Gewebe. Die Standfestigkeit der Stängel leidet und die Pflanzen werden anfälliger für Schaderreger und Frostschäden.
Beim Gemüse kann es durch überhöhte Düngung zu einer Nitratanreicherung kommen, z. B. in Salat, Spinat und Roten Beten – besonders beim Gewächshausanbau in den lichtarmen, kühlen Monaten. Nitrat ist nur für Babys gefährlich, nicht für Erwachsene. Es wird aber beim Verzehr zu Nitrit umgewandelt, aus dem krebserregende Nitrosamine entstehen können. Außerdem droht bei überhöhten Stickstoffgaben eine Belastung des Grundwassers.
Phosphor (P), von den Pflanzen als Phosphat aufgenommen, fördert die Blüten- und Fruchtbildung sowie das Wurzelwachstum und ist sehr wichtig für den Energiestoffwechsel. Phosphormangel führt zu gehemmtem, oft auffällig steifem oder gestauchtem Wuchs und beeinträchtigt die Fruchtentwicklung. Auch Rüben und Knollen bleiben klein. Die Blätter verfärben sich dunkel- bis schmutzig grün oder auch rötlich violett. Phosphate können bei Bodenabschwemmung die Gewässer stark belasten.
Kalium (K) bzw. seine Düngeform **Kali** hat große Bedeutung für die Regulierung des Wasserhaushalts der Pflanzen und für den Stofftransport. Durch Festigen des Pflanzengewebes

erhöht Kalium die Standfestigkeit und die Widerstandsfähigkeit gegen Frost, Schädlinge und Krankheiten. Bei Kaliummangel verbräunen Blattspitzen und -ränder. Die Blätter krümmen sich oder rollen sich ein, die Pflanzen wirken schlaff und welk.

Magnesium (Mg) ist ein wichtiger Baustein des Chlorophylls (Blattgrüns), fördert den Eiweißaufbau, die Atmung und andere Stoffwechselvorgänge. Bei einem Mangel färben sich erst zuerst die älteren Blätter von der Mitte her gelb, dann bräunlich. Die Blattadern bleiben mitsamt einem schmalen Saum lange grün.

Calcium (Ca) – auch Kalzium geschrieben – festigt die Zellwände, verbessert den Wasserhaushalt der Pflanze und ist an wichtigen Stoffwechselprozessen beteiligt. Calciummangel führt zum Vergilben und Verbräunen junger Blätter. Teils knicken Blütenstiele und Triebspitzen hakenförmig ab. Wird gelegentlich Kalk im Garten ausgebracht, deckt das nebenbei auch den Calciumbedarf der Pflanzen.

Häufiger tritt ein indirekter Calciummangel bei Fruchtgemüse wie Tomate, Paprika und Zucchini auf. Das heißt, Calcium ist zwar ausreichend vorhanden, seine Aufnahme und Weiterleitung zu den Früchten wird aber behindert. Mögliche Ursachen sind ein Kalium- oder Magnesiumüberschuss im Boden, überhöhte Stickstoffgaben, Hitze, Trockenheit oder sehr hohe Luftfeuchtigkeit. Ein Symptom, das in den letzten Jahren häufiger beobachtet wurde, ist die Blütenendfäule an Tomaten: mit einem anfangs wässrigen, später schwarzbraunen bis grauen Fleck an der Blütenansatzstelle.

Schwefel (S) ist ein wichtiger Baustein von Eiweißen und Enzymen. Ein Schwefelmangel hat ähnliche Symptome wie ein Stickstoffmangel, zeigt sich jedoch zuerst an den jüngeren Blättern. Teils sind die Blätter rötlich verfärbt und die Blattadern aufgehellt.

Die Spurennährstoffe

Diese Nährstoffe werden tatsächlich nur in »Spuren« von wenigen Milligramm benötigt. Sie sind aber ebenso unverzichtbar wie die Hauptnährstoffe. Lediglich Eisen (Fe) wird in etwas größeren Mengen aufgenommen. Weitere Spurennährstoffe sind Bor (B), Kupfer (Cu), Mangan (Mn), Molybdän (Mo) und Zink (Zn).

Spurennährstoffe aktivieren und regulieren die pflanzeneigenen Enzyme oder sind wichtige Bestandteile solcher Biokatalysatoren. Ein Mangel führt deshalb zu den unterschiedlichsten Stoffwechselstörungen, deren Diagnose oft schwierig ist. Die meisten Böden enthalten ausreichende Mengen an Spurennährstoffen, aber deren Aufnahme hängt stark vom pH-Wert (Säuregrad) des Bodens ab. Mit Ausnahme des Molybdän sind all diese Nährstoffe umso schlechter verfügbar, je höher der pH-Wert bzw. Kalkgehalt des Bodens liegt. Dieses Phänomen wird verstärkt durch Bodenverdichtung und anhaltende Trockenheit.

Recht häufig tritt vor allem Eisenmangel auf, z. B. an Rhododendren, Rosen, Magnolien, Hortensien, Obstbäumen, Beerenobst und Weinreben. Eisenmangel führt zu einer Aufhellung und Gelb- bis Weißfärbung der Blätter – aber die Blattadern bleiben grün. Die Aufhellung beginnt an den jüngsten Blättern. Auch die Blätter von Erdbeeren, Tomaten, Gurken und Kohl zeigen öfter solche Symptome. Kurzfristig kann ein spezieller Eisendünger helfen. Kommt es häufiger zu solchen Mangelsymptomen, sollte man den Boden allmählich etwas »ansäuern«, um die Verfügbarkeit zu verbessern (→ Seite 83, »Langfristiges Verbessern«).

Fast alle Rhododendron-Arten und -Sorten vertragen keinen hohen pH-Wert und bevorzugen saure Böden.

Zierkirschen lieben kalkhaltige Böden und bevorzugen einen höheren pH-Wert.

Säuregrad und pH-Wert

Der pH-Wert ist eine Maßzahl für den Säuregrad einer wässrigen Lösung und damit auch des Bodenwassers, mitsamt den darin enthaltenen Stoffen. Die pH-Wert-Skala reicht von 0 (extrem sauer) über 7 (neutral) bis 14 (extrem alkalisch bzw. basisch). Die pH-Werte von Gartenböden sind weniger extrem: Sie reichen von pH 4,5 (sauer) bis ungefähr pH 8,5 (alkalisch). Der pH-Wert hängt indirekt mit dem Kalkgehalt zusammen: Saure Böden sind in der Regel kalkarm. Der Säuregrad eines Bodens, auch Bodenreaktion genannt, bestimmt hauptsächlich, wie gut die Pflanzen Nährstoffe aus dem Boden aufnehmen können, und hat auch Einfluss auf das Bodenleben.

Die meisten Gartenpflanzen wachsen am besten bei pH-Werten zwischen 6 und 7, also im schwach sauren bis neutralen Bereich. In Sandböden kann der Wert etwas niedriger, in Tonböden etwas höher liegen. Es gibt aber auch Pflanzen, die nur auf sauren Böden gedeihen oder die sich umgekehrt auf alkalischen Böden am besten entwickeln.

Hier die wichtigsten »Spezialisten«:

- Sauren Boden mit pH 4,5–5,5 brauchen: Heidelbeere, Preiselbeere und Cranberry; Berglorbeer *(Kalmia latifolia)*, Lavendelheide *(Pieris japonica)*, Rhododendren und Azaleen, Kamelie, Besenginster *(Cytisus scoparius)*, Besenheide *(Calluna vulgaris)*, Skimmie *(Skimmia japonica)*, Maiglöckchen und die meisten Farne.
- Leicht sauren, kalkarmen Boden mit pH 5,5–6,5 bevorzugen: Erdbeere, Himbeere, Brombeere und Kartoffel; Salweide *(Salix caprea)*, Eisenholzbaum *(Parrotia persica)*, Amberbaum *(Liquidambar styraciflua)*, Magnolie *(Magnolia)*, Fächerahorn *(Acer palmatum)*, Zaubernuss *(Hamamelis)*, Hortensie *(Hydrangea)*, Mahonie *(Mahonia aquifolium)*, Fuchsie, Elfenblume *(Epimedium)*, Dahlie, Astilbe, Lupine, Pelargonie *(Geranie)*, Petunie.
- Kalkhaltigen Boden mit pH um 7,5 mögen: Oregano, Salbei, Bohnenkraut, Lavendel und andere mediterrane Kräuter sowie Süßkirsche; Kornelkirsche *(Cornus mas)*, Mehlbeere *(Sorbus aria)*, Blutpflaume *(Prunus cerasifera* 'Nigra'), Zierkirsche *(Prunus serrulata)*, Goldregen *(Laburnum)*, Liguster, Buchsbaum, Glockenblume *(Campanula)*, Sommersalbei *(Salvia nemorosa)*, Gelber Fingerhut *(Digitalis*

lutea), Bart-Iris *(Iris-barbata*-Hybriden), Christrose *(Helleborus)*, Garten-Alpenveilchen *(Cyclamen)*.

Wie Sie den pH-Wert des Bodens beeinflussen und entsprechend den Bedürfnissen der Pflanzen anpassen können, erfahren Sie auf Seite 83 (→ »Langfristiges Verbessern«).

Die Bodenwerte untersuchen

Für das Bestimmen des Säuregrads und anderer Kenngrößen gibt es im Fachhandel ganz brauchbare Boden-Testsets. Aber gerade vor der Umgestaltung oder Neuanlage eines Gartens empfiehlt sich das Beauftragen eines professionellen Labors, um zuverlässige Ergebnisse zu erhalten. Später sind besonders im Nutzgarten wiederholte Untersuchungen im Abstand von etwa 3–5 Jahren hilfreich. Angeboten werden solche Analysen von Landwirtschaftlichen Untersuchungs- und Forschungsanstalten (LUFAs) sowie von Garten- und Landhandelsmärkten. Geeignete Labors können Sie auch über das Internet finden.

PROFESSIONELLE BODENUNTERSUCHUNG

- Zu einer Standarduntersuchung für rund 30 € gehören das Ermitteln der Bodenart, des pH-Werts und der wichtigsten Nährstoffe. Der Stickstoff wird allerdings meist nicht erfasst, weil sein Gehalt im Jahresverlauf und je nach Witterung stark schwankt.
- Teilweise wird auch der Humusgehalt untersucht. Andernfalls kann man das zusätzlich beauftragen, ebenso wie die Analyse von Spurennährstoffen und das Überprüfen auf eine eventuelle Bodenbelastung mit Schadstoffen.
- Oft geben die Labors schon bei der Anfrage Hinweise, wie die Proben entnommen, verpackt und beschriftet werden sollen.
- Die Bodenproben entnimmt man am besten im Spätherbst oder im zeitigen Frühjahr. Dabei gilt: von jedem einheitlich genutzten Gartenbereich, also z. B. aus dem Gemüsegarten oder den Staudenbeeten, jeweils 10–20 Teilproben entnehmen, und zwar gleichmäßig über die Fläche verteilt.
- Bei Rasen genügt eine Entnahmetiefe von rund 10 cm, ansonsten geht man 30 cm tief.
- Bei der Entnahme mit dem Spaten eine Scholle ausheben und die Probe entlang des Einstichs von unten nach oben mit einem Löffel abschaben. Alternativ einen Bohrstock verwenden.
- Die Teilproben des jeweiligen Gartenbereichs gründlich vermengen und dann 250–500 g der Mischprobe in eine Kunststofftüte geben.
- Die gut verschlossene Tüte beschriften und samt Auftragsformular ans Labor schicken (→ Seite 237).

Die Anlage oder Ergänzung von Beeten kann gleichzeitig zur Bodenverbesserung genutzt werden.

DEN BODEN NACHHALTIG VERBESSERN

Bei der Anlage eines neuen Gartens ist der vorhandene Boden selten so beschaffen, dass man ihn nur noch lockern und mit ein wenig Kompost versorgen muss. Aber auch in schon lange genutzten Gärten sind die Böden nicht immer in bester Form. Manche wirken eher ausgelaugt; andere sind stellenweise so verdichtet, dass nach jedem Regen Pfützen stehen bleiben. Hier rächen sich teils auch »Sünden der Vergangenheit« wie eine übermäßige Verwendung von Torf oder Dünger. In solchen Fällen empfiehlt sich wie beim Neuanlegen eine gezielte, nachhaltige Bodenverbesserung. Das kann mehrere Wochen oder Monate dauern, wenn z.B. eine Gründüngung gesät und später eingearbeitet wird. Aber Geduld und Aufwand lohnen sich.

Problematische Bodenverhältnisse

Beim Hausbau wird der Boden oft durch schwere Baumaschinen verdichtet, teils auch mit Bauschutt durchsetzt. Hier sollte man die Baufirma in die Pflicht nehmen, den Schutt zu beseitigen, Verfestigungen gründlich aufzulockern und den Boden fachgerecht zu rekultivieren. Andernfalls bleibt einem nur, große Mengen an Mutterboden zuzukaufen. Der muss dann mindestens 30–40 cm hoch aufgeschüttet werden.

Ist allerdings der Unterboden verdichtet, ob von Natur aus oder durch Bauarbeiten, wäre eine wenigstens doppelt so hohe Aufschüttung nötig. Andernfalls können sich tief wurzelnde Pflanzen nicht ausreichend nach unten ausdehnen. Bei verdichtetem Unterboden ist oft auch das Verlegen von Dränagerohren ratsam. Befindet sich im Unterboden eine völlig undurchlässige Sperrschicht, können Ansammlungen von Regen- und Gießwasser im Wurzelbereich zu Fäulnis führen. Dann helfen selbst Dränagerohre nur begrenzt. Besser ist das Beauftragen eines Fachbetriebs, der mit entsprechendem Spezialwerkzeug die Verdichtungen aufbricht.

Noch aufwendiger kann das Ganze werden, wenn der Boden mit Schadstoffen belastet ist.

Diese Gefahr droht vor allem in der Nähe stark befahrener Straßen und im Einflussbereich von Industriegebieten, auch in der Umgebung längst stillgelegter Anlagen. Hier kann die Schadstoffbelastung mit Schwermetallen wie Cadmium und Blei so hoch sein, dass manche Zierpflanzen leiden und Gemüse und Obst aus dem Garten die Gesundheit gefährdet. Im Zweifelsfall sollte man Bodenproben durch ein Labor untersuchen lassen. Schlimmstenfalls wird ein tief reichender Bodenaustausch nötig. Weniger aufwendig ist das Verlagern des Nutzpflanzenanbaus in Hochbeete oder große Töpfe und Kübel.

Den Boden fit machen

Müssen keine gravierenden Probleme gelöst werden, geht es als Erstes an das gründliche Lockern der künftigen Pflanzflächen: durch Umgraben mit dem Spaten oder mit einer leistungsstarken Motorhacke – mit einer Arbeitstiefe von mindestens 30 cm. Solche Geräte kann man in Baumärkten und im Landmaschinenhandel ausleihen. Nach dem Lockern empfiehlt sich das sorgfältige Entfernen von Wildkrautwurzeln und großen Steinbrocken. Das ist auch dann vorteilhaft, wenn nachher zugekaufter Mutterboden aufgeschüttet werden soll. In diesem Fall wird der bereits vorhandene Boden zu einem gut gelockerten Unterboden.

Ist die Fläche mit Wiese oder Rasen bewachsen, schält man als Erstes die Grasnarbe ab, indem man den Spaten in flachem Winkel unter der Oberfläche einsticht, die Wurzeln durchtrennt und die Grassoden abhebt. Sie eignen sich prima, um den ersten Kompost aufzusetzen. Gräbt man die Grasnarbe stattdessen unter, dauert es lange, bis der Wurzelfilz komplett zersetzt ist.

Geht es im Frühjahr an eine letzte gründliche Lockerung, kann man auch gleich Kompost einarbeiten. Am Anfang steht meist noch kein eigener Kompost zur Verfügung. Für einen Zukauf empfiehlt sich besonders Kompost mit dem RAL-Gütezeichen für geprüfte Qualität, z. B. auch aus regionalen Kompostwerken.

GÜTEZEICHEN KOMPOST RAL

Bei der Neuanlage von Beeten wird die Grasnarbe mitsamt den Beikräutern komplett entfernt.

Kompost kann alle Standorte nachhaltig verbessern – mit Ausnahme von Böden mit zu hohem pH-Wert: Dafür ist sein Kalkgehalt normalerweise zu hoch. Man bringt ihn nicht im Herbst, sondern im Frühjahr aus und arbeitet ihn oberflächlich ein (→ Seite 92, »Den Kompost verwenden«). Dasselbe gilt für Stallmist, den man am besten vorher kompostiert.

Sagenhafte Terra preta

Als Alternative oder Ergänzung zum Kompost bietet sich teils Terra preta an, um die schon sei Jahren ein regelrechter Hype herrscht. Diese »Wundererde« wird nach dem Vorbild der menschengemachten Schwarzerde im Amazonasgebiet hergestellt. Die originale Terra preta erfanden vor vielen Jahrhunderten die südamerikanischen Ureinwohner. Damit gelang es ihnen, intensiv Nutzpflanzen anzubauen – was sonst in den feuchten Tropen kaum möglich ist, weil die Böden schnell verwittern und unfruchtbar werden.

Die Terra preta entstand vermutlich durch Eingraben von Erde, die mit Küchenabfällen, Fäkalien, Tiermist, Kohle und Asche durchsetzt war. Das alles wurde so abgedeckt, dass unter Luftabschluss anaerobe Bakterien die organischen Stoffe fermentierten. So wurde die Biomasse durch Milchsäuregärung konserviert und blieb als Dauerhumus erhalten. Selbst über 1000 Jahre alte Terra-preta-Böden, z. B. in Brasilien, haben bis heute ihre Fruchtbarkeit bewahrt. Sehr wichtig ist dabei der hohe Anteil an Pflanzenkohle. Diese kann mit ihrer porösen Struktur sehr gut Wasser speichern. Dafür sorgen vor allem die Mikroorganismen, die sich in den Poren ansiedeln, den Nährstoffgehalt erhöhen und zudem der Atmosphäre viel Kohlendioxid entziehen. In Zeiten zunehmender Trockenheit und hoher Treibhausbelastung sind das besonders wertvolle Eigenschaften.

Steppensalbei *(Salvia nemorosa)* und Rote Spornblume *(Centranthus ruber)* gehören zu den kalkliebenden Stauden.

Man kann Terra-preta-Substrate in Garten- und Baumärkten als abgepackte Bodenverbesserungsmittel kaufen oder versuchen, sie selbst herzustellen. Es sollte aber klar sein, dass dabei nicht ganz dasselbe herauskommt, was im Regenwald unter völlig anderen Klimabedingungen über viel längere Zeiträume entstanden ist. Die Qualität solcher »Imitate« ist teils auch sehr unterschiedlich.

Fachleute forschen schon seit Längerem zum Thema Terra preta und kamen öfter zu dem Schluss: In einem bereits gut mit Kompost versorgten, humosen Gartenboden führt die »Wundererde« kaum zu Verbesserungen. Für Gewächse mit geringem Nährstoffbedarf kann sie sogar nachteilig sein, z. B. auch für Gemüsejungpflanzen; ebenso für kalkscheue Pflanzen wie Rhododendren. Dagegen eignen sich gute Terra-preta-Produkte hervorragend zum Verbessern magerer Sandböden, als Kompostzusatz sowie für Starkzehrer-Gemüse wie Tomaten und Kohl.

Langfristiges Verbessern

Ausreichend Geduld und Vorarbeit ist besonders ratsam bei Böden mit hohem Tonanteil, bei sehr sandigen Böden, bei ausgelaugten, schlecht strukturierten Böden sowie bei zu niedrigem oder zu hohem pH-Wert.

Tonböden und tonreiche Lehmböden gehören zu den schwierigsten Kandidaten. Der Klimawandel hat das noch verstärkt. Durch Starkregen im Sommer und anhaltendem Regen im Winter vernässen solche Böden stark. Andererseits neigen Tonböden bei Trockenheit so sehr zum Verdichten, dass sie sich kaum noch mit einer Hacke aufbrechen lassen. Und das Wiederanfeuchten wird dann besonders schwer. Für Tonböden empfiehlt sich häufiges und möglichst tiefgründiges Lockern. Neben Kompost hilft mehrmaliges Einarbeiten von reichlich Sand, feinem Kies oder zerkleinertem Lavagestein. Auch Kalkgaben können Tonböden verbessern. Sehr vorteilhaft ist eine Gründüngung mit Tiefwurzlern wie Ölrettich oder Lupinen.

Sandböden sind gut durchlüftet, aber oft nährstoffarm und sehr trocken. Zudem wird leicht die oberste Schicht abgeschwemmt oder durch kräftige Winde abgetragen. Beim Verbessern helfen Kompostgaben sowie Mulchen, außerdem das Einarbeiten von tonhaltigen Gesteinsmehlen wie Bentonit oder von Terra preta. Gute Gründüngungspflanzen für sandige Böden sind z.B. Serradella, Esparsette, Blauer Lein, Sommer- und Winterwicke.

Humusarme, ausgelaugte Böden sind ein Fall für richtig hohe Kompostgaben, die man sonst besser vermeidet. Hier kann man durchaus einmal 25–50 Liter je m^2 ausbringen. Das genügt dann aber für mindestens 4 Jahre. Gründüngung und Mulchen tragen dazu bei, solche Böden wieder fit zu machen, ebenso gute Terra-preta-Substrate.

Ungeeignete pH-Werte

Zu saure Böden mit niedrigem pH-Wert unter 7 können z.B. Süßkirsche, mediterrane Kräuter sowie Bart-Iris und andere trockenheitsverträgliche Stauden beeinträchtigen. Hier sorgen Kalkgaben im Herbst oder zeitigen Frühjahr für Abhilfe, mit langsam wirkenden Düngern wie kohlensaurem Kalk, Algen- oder Dolomitkalk. Weil die Böden in unseren Breiten zum Versauern neigen, ist besonders im Gemüse- und Obstgarten alle 3–4 Jahre eine – zurückhaltende – Erhaltungskalkung ratsam. Nebenbei fördert Kalk die Regenwürmer, die saure Böden scheuen.

Zu kalkhaltige Böden mit hohem pH-Wert über 6 oder 7 machen z.B. Heidelbeeren und Rhododendren das Wachstum schwer. Bei kalkscheuen Arten führt das häufig zu Eisenmangel, bei dem sich die Blätter gelb bis weißlich verfärben (→ Seite 77, »Die Spurennährstoffe). Auf das früher oft gepriesene Einarbeiten von saurem Torf sollte man unbedingt verzichten: Der Torfabbau hat schon viele Moorlandschaften zerstört.

Ist der pH-Wert zu hoch, hilft Folgendes:

- Für kleine Pflanzflächen den Boden tief ausheben und durch (torffreie) Rhododendronerde ersetzen.
- Für größere Gartenbereiche über einige Jahre wiederholt Rhododendronerde, Nadel-, Laub- oder Rindenkompost einarbeiten.
- Weitere ansäuernde Hilfsstoffe zum Einarbeiten sind Traubentrester, Kaffeesatz in größeren Mengen sowie reiner Schwefel.
- Zum Gießen möglichst nur das leicht saure Regenwasser verwenden.

GRÜNDÜNGUNG: DIE BODENKUR

Eine Gründüngung hilft in neu angelegten Gärten und Gartenbereichen, den Boden grundlegend zu verbessern. Im Gemüsegarten kann sie öfter eingesetzt werden, um die durch die Ernte verringerten Nährstoffvorräte wieder aufzufüllen. Als Gründünger werden schnellwüchsige, blattreiche Pflanzen ausgesät. Sie schließen mit ihren Wurzeln den Boden auf und bewahren zeitweilig leere Beete vor Bodenabtrag und Wildwuchs. Nach dem Absterben reichern sie den Boden mit Humus und Nährstoffen an und aktivieren das nützliche Bodenleben.

Schmetterlingsblütler wie Lupinen und Winterwicke sammeln zudem mithilfe von Knöllchenbakterien Stickstoff, der nachfolgenden Pflanzen zugutekommt. Manche Ölrettich- und Senfsorten sowie Studentenblumen *(Tagetes)* und Ringelblumen bekämpfen schädliche Nematoden (Älchen) im Boden. Bei Verwendung in Gemüsebeeten ist es ratsam, auf die Pflanzenfamilien der Gründünger zu achten. So sollten z. B. auf Kreuzblütler wie Gelbsenf und Ölrettich keine Kohlgewächse oder Rettiche folgen, die zur selben Familie gehören (→ Seite 136).

Neben den in der Übersicht vorgestellten Pflanzen lassen sich z. B. auch Spinat, Feldsalat, Ackerbohnen und Sonnenblumen als Gründüngung nutzen. Dazu kommen vorteilhafte Saatgutmischungen wie das »Landsberger Gemenge« (Inkarnatklee, Winterwicke und Weidelgras).

Gründüngung mit Kamille, Bienenfreund *(Phacelia)* und Inkarnatklee *(Trifolium incarnatum)*.

Die Gründüngungspraxis

Gründüngungspflanzen werden am besten breitwürfig ausgesät. Meist genügt es, die Samen einzuharken und z. B. mit einer Rasenwalze etwas anzudrücken. Größere Leguminosensamen werden besser noch mit Erde überstreut. Wichtig ist dann gleichmäßige Feuchtigkeit, bis sich die Pflänzchen gut entwickelt haben.

Die meisten Gründüngungspflanzen können Sie schon nach 6–8 Wochen abmähen, spätestens aber vor der Samenbildung. Wenn Sie die Pflanzen lang genug wachsen lassen, erscheinen oft hübsche Blüten, die gern von Bienen, Hummeln und anderen Nützlingen besucht werden. Winterharte Arten wie Inkarnatklee und Winterroggen können bis zum Frühjahr stehen bleiben. Nicht winterfeste Spätsaaten lässt man einfach über Winter abfrieren – oder mäht sie im Frühling ebenfalls ab, wenn die Fröste ausbleiben.

Lassen Sie die Pflanzenreste ein paar Tage anwelken, bevor Sie sie flach in den Boden einarbeiten. Dann dauert es 4–8 Wochen, bis alles gut verrottet ist und man säen oder pflanzen kann. Abgemähte Stängel und größere Blätter lassen sich auch als Mulch oder im Kompost nutzen.

Die besten Gründünger

Name	Saatzeit	Hinweise
Familie: Schmetterlingsblütler		
Blaue Lupine *(Lupinus angustifolius)*	April bis August/ September	Nicht winterhart; Tiefwurzler, vor allem für sandige bis mittelschwere Böden
Inkarnatklee *(Trifolium incarnatum)*	April bis September	Winterhart; gute Lockerung durch verzweigte Wurzeln; anspruchslos
Luzerne *(Medicago sativa)*	Ende März bis August	Winterhart; Tiefwurzler, auch für trockene Böden, hohe Stickstoffanreicherung
Winterwicke, Zottelwicke *(Vicia villosa)*	August bis Anfang Oktober	Winterhart; gute Bodenbedeckung, tief reichende Wurzeln; reichert viel Stickstoff an
Familie: Korbblütler		
Ringelblume *(Calendula officinalis)*	Mitte März bis August	Nicht winterhart; guter Bodendecker, lang blühende Bienenweide
Tagetes, Studentenblume *(Tagetes patula)*	Mai bis Mitte Juli	Nicht winterhart; guter, hübsch blühender Bodendecker, Bienenweide
Aus anderen Pflanzenfamilien		
Buchweizen *(Fagopyrum esculentum)*	Mai bis August	Nicht winterhart; trockenheitsverträglich, auch für sandige Böden
Blauer Lein *(Linum usitatissimum)*	April bis Juli	Nicht winterhart; Tiefwurzler, gute Lockerung, anspruchslos, trockenheitsverträglich
Phacelia, Bienenfreund *(Phacelia tanacetifolia)*	Mitte März bis September/ Oktober	Nicht winterhart; für fast alle Böden geeignet; wertvolle Bienenweide
Winterroggen *(Secale cereale)*	September bis Oktober	Winterhart; Tiefwurzler, robust; letztmögliche Gründüngungssaat im Herbst

Im Frühjahr kann es sinnvoll sein, den Boden im Gemüsegarten nicht gleich zu mulchen. So erwärmt er sich besser.

VORTEILHAFTE BODEN-BEARBEITUNG

Nach einer gründlichen Bodenverbesserung vor einer Neuanlage oder Umgestaltung wird das Bearbeiten Jahr für Jahr einfacher. In einem gut gelockerten, mit Kompost versorgtem Boden nehmen einem die nützlichen Bodenorganismen schon viel Arbeit ab. Dazu kann das Mulchen den Aufwand für das Entfernen von Wildkräutern und das Gießen verringern (→ Seite 88, »Segensreiches Mulchen«). Im Frühjahr allerdings beginnt eine überwiegend mulchfreie Zeit: Dann sind häufiges Bodenlockern und Entfernen von Wildkräutern angesagt.

Mulchfreie Zeiten

Sobald im Frühling die ersten Pflanzen sprießen, sollten winterliche Bodenbedeckungen weitgehend entfernt werden. So kann sich der Boden schneller erwärmen und Schnecken finden weniger Möglichkeiten, sich zu verstecken und ihre Eier abzulegen. Selbst die zunehmende Frühjahrstrockenheit hält die gefräßigen Weichtiere nicht ganz fern. Gemüse- und Blumensaaten sowie frisch gesetzte Jungpflanzen müssen zwangsläufig gegossen werden. Das reicht den feuchteliebenden Nacktschnecken oft schon, um sich nachts über die Beete herzumachen. Die große, meist rotbraune Spanische Wegschnecke wird sogar als »Klimawandel-Gewinner« eingestuft: Sie verträgt Sonne und Trockenheit besser als andere Arten. So kann sie sich fast konkurrenzlos verbreiten, zumal sie wegen ihres bitteren Schleims von Igeln und anderen Fressfeinden verschmäht wird.

Ebenso sollte unter früh blühenden Obst- und Ziergehölzen der Boden zunächst frei bleiben: ab Beginn des Austriebs bis zu den letzten Spätfrösten, die noch im Mai auftreten können. Denn so kommt die nächtliche Wärmeabstrahlung des Bodens empfindlichen Knospen, Blüten und Jungtrieben zugute. Dass mittlerweile oft schon der Vorfrühling warm daherkommt, regt viele Baum- und Strauchobstarten zu vorzeitiger Blüte an, ebenso Ziersträucher wie Blutjohannisbeere, Sternmagnolie und Forsythie. Vor allem bei früh blühendem Obst empfiehlt sich zusätzlich ein Abdecken mit Vliesen, wenn die Gehölze nicht allzu groß sind (→ Seite 161, »Vorsicht, Spätfröste!«).

Hacken, lockern, jäten

Unbedeckte Bodenflächen zwischen den Pflanzen sollten des Öfteren gelockert werden. Dafür eignen sich ein Grubber mit drei oder fünf gebogenen Zinken, ein Kultivator (ähnlich wie der Grubber, aber mit verbreiterten Spitzen) oder eine Hacke mit schmalem Metallblatt. In Beeten sind auch Hand- oder Kleingeräte mit kurzen Stielen sehr hilfreich, um schonend zwischen den Pflanzen zu arbeiten.

Das regelmäßige Lockern sorgt für eine gute Durchlüftung des Bodens und fördert außerdem seine Aufnahmefähigkeit für Regen- und Gießwasser. Zudem zerstört es die zahlreichen hauchfeinen Röhrchen (Kapillaren) im Boden, über die das Wasser nach oben steigt und verdunstet. Somit hilft das Hacken auch beim Wassersparen.

Wichtig ist zudem das Entfernen von Wildkräutern, auch bekannt als Unkräuter. Dies besonders im Frühling, wenn die Nutz- und Zierpflanzen erst langsam in die Gänge kommen. Denn Vogelmiere, Kreuzkraut, Ehrenpreis & Co. starten zeitig durch, sind wuchsfreudig und können noch zarte Kulturpflanzen überwuchern. Je früher und gründlicher Wildkräuter gejätet werden, desto leichter sind sie auf Dauer im Zaum zu halten. Hartnäckige Unkräuter wie etwa Giersch, Quecke, Ackerwinde und Ackerkratzdistel sollten möglichst mitsamt allen Wurzeln entfernt werden. Dabei kann ein guter Unkrautstecher helfen. Andernfalls lohnt sich die Mühe, solche Pflanzen komplett auszugraben.

Die Blüten der Sternmagnolie *(Magnolia stellata)* sind spätfrostgefährdet.

Giersch ist ein Wurzelunkraut, dessen Bekämpfung viel Geduld und Mühe erfordert.

SEGENSREICHES MULCHEN

Unter Mulchen versteht man das Abdecken freier Bodenoberflächen und Pflanzenzwischenräume. Das geht zwar grundsätzlich auch mit anorganischen Materialien wie Steinen, Kies, Mulchfolien und Mulchvliesen. Doch den größten Nutzen haben organische Mulchmaterialien. Sie reichern beim Verrotten den Boden mit Humus und Nährstoffen an und fördern die nützlichen Bodenorganismen. So eine Mulchschicht unterdrückt den Wildkrautaufwuchs und reduziert auch die Verdunstung. Sie schützt die Oberfläche vorm Verkrusten und Verschlämmen sowie vor Bodenabtrag durch Wind und Wasser. Mulch bewahrt zudem den Wurzelbereich vor starken Temperaturschwankungen, vor extremer Sommerhitze ebenso wie vor Kälte und Frost.

Eine Mulchschicht aus Stroh verhindert die Austrocknung des Bodens und schützt zarte Früchte vor Feuchtigkeit.

Tipps zur Mulchpraxis

Bei allen Vorteilen ist diese Bodenbedeckung nicht immer sinnvoll: Vor allem im Frühjahr empfehlen sich »Mulchfreie Zeiten« (→ Seite 86). Infolge der Klimaerwärmung steht der als Mulchmaterial geschätzte Rasenschnitt seltener zur Verfügung, weil das Gras im Sommer kaum noch wächst. Wer garteneigenen Mulch nutzen will, muss sich deshalb eventuell an zerkleinerte Gartenabfälle auf dem Boden gewöhnen.

Werden Rasen-, Wiesenschnitt und ähnliche Überreste für späteres Mulchen gesammelt, sollte man sie an einem schattigen Platz in dünner Lage ausbreiten. Denn in aufgeschichteten Haufen kommt es leicht zu Fäulnis und Schimmelbildung. Laub wird am besten in einem luftigen Drahtkorb gesammelt. Man kann es aber auch – nach dem Vorbild der Natur – einfach unter Bäumen, Sträuchern und Hecken liegen lassen.

Lockern Sie den Boden nochmals, bevor Sie die Mulchschichten ausbringen. Ziehen Sie bei jungen Pflanzen den Mulch noch nicht ganz an die Basis heran, sondern lassen Sie besser ein paar Zentimeter Abstand. Je nach Mulchmaterial, Pflanzengröße und Jahreszeit dürfen die Schichten 2–8 cm hoch sein. In der Wachstumszeit ist es allerdings günstiger, dünnere Schichten auszubreiten und diese öfter zu erneuern. Höhere Auflagen eignen sich vor allem als Winterschutz bei etwas frostempfindlichen Gehölzen. Hier müssen Sie jedoch aufpassen, dass sich darunter keine Wühl- oder Feldmäuse einnisten.

Beim Zersetzen von Rindenmulch, Gehölzhäcksel und Stroh wird recht viel Stickstoff verbraucht: Mischen Sie deshalb öfter ein paar Handvoll Ackerbohnenschrot oder Hornspäne unter. Vor dem Verteilen von Rindenmulch und Nadelholzhäcksel empfiehlt sich außerdem das Ausstreuen von etwas Kohlen- oder Algenkalk.

SPECIAL

Geeignete Mulchmaterialien

- **Rasenschnitt:** Nicht zu dick aufschichten, am besten mit Gehölzhäcksel vermischen; muss häufig erneuert werden.
- **Wiesenschnitt:** Beim ersten Abmähen gegen Ende Juni gut geeignet, solange die Blumen und Stauden noch kaum Samen ausgebildet haben.
- **Falllaub:** Gut als Kälte- und Frostschutz über Herbst und Winter. Ungeeignet sind stark gerbsäurehaltige Blätter von Eiche, Walnuss, Kastanie und Platane.
- **Zerkleinerte Gartenabfälle:** Vor allem für nährstoffliebende Gemüse; ebenso zerkleinerte Beinwell- und Brennnesselblätter. Kompost und andere Düngung reduzieren.
- **Abgeschnittene Gründüngung:** Blätter und Stängel von schnellwüchsigen Gründüngungspflanzen wie Gelbsenf, Buchweizen und Perserklee. Kompost und andere Düngung entsprechend reduzieren.
- **Stroh:** Vernässt nur wenig und trocknet bald ab. Eignet sich gut, um am Boden reifende Früchte wie Erdbeeren, Gurken und Kürbisse vor Verschmutzen und Fäulnis zu schützen. Unbehandeltes Stroh aus Biobetrieben bevorzugen. Stickstoffausgleich nötig.
- **Laubholzhäcksel:** Selbst gehäckselt oder aus dem Fachhandel. Wie Stroh ein trockenes Mulchmaterial und für denselben Zweck geeignet; auch zum Mulchen anderer Pflanzen. Teils Stickstoffausgleich nötig.
- **Nadelholzhäcksel:** Selbst gehäckselt oder aus dem Fachhandel. Hat ähnliche Eigenschaften wie Rindenmulch. Stickstoffausgleich und Kalkzugabe nötig.
- **Rindenmulch:** Käuflicher Mulch aus Fichten- oder Kiefernrinde. Enthält wuchshemmende Stoffe und wirkt leicht versauernd. Nur für robuste Gehölze und Stauden sowie zum Abdecken von Wegen. Stickstoffausgleich und Kalkzugabe nötig.
- **Pinienrindenmulch:** Käuflicher Mulch, von Pinien im Mittelmeerraum; rotbraun, duftend. Pflanzenverträglicher als normaler Rindenmulch, aber geringere Wildkrautunterdrückung. Leichte Stickstoffergänzung ratsam.
- **Miscanthusmulch:** Käuflicher Mulch aus Chinaschilf, meist aus hiesigem Anbau. Pflanzenverträglicher als Rindenmulch, kann sogar Schnecken fernhalten.
- **Holzfasermulch:** Käuflicher Mulch aus Holzfasern und Holzhackschnitzeln. Pflanzenverträglich; bleibt selbst in Hanglagen, bei starkem Wind und Regen liegen. Leichte Stickstoffergänzung ratsam.
- **Kakaoschalen- und Kokosfasermulch:** Gelten als gut pflanzenverträglich; Schalen auch als schneckenabwehrend, Fasern als wasserspeichernd. Runde Kokosmatten sind praktisch für Baumscheiben und Kübelpflanzen. Nachteil: weite Transportwege; teils fragwürdige Herkunft (Regenwald-Plantagen).

Kompostmieten lassen sich einfach aus alten Holzlatten bauen.

RUND UM DEN KOMPOST

Als Kompostplatz eignet sich am besten eine leicht beschattete Gartenecke, die über einen ausreichend breiten Weg gut zugänglich ist. Der Kompostplatz sollte aber nicht direkt am Nachbarzaun angelegt werden: In den meisten Bundesländern sind 50 cm Mindestabstand zum Nachbargrundstück vorgeschrieben. Als Standort empfiehlt sich unbefestigter, gut durchlässiger Boden, damit Regenwürmer und andere Bodenlebewesen beim Zersetzen kräftig mithelfen. Grundsätzlich kann man 3–4 m^2 Kompostierfläche für 100 m^2 Gartenfläche veranschlagen. Das reicht für drei bis vier Kompostboxen: eine zum Sammeln des Materials, eine zum Aufsetzen, eventuell eine weitere zum Umsetzen und schließlich eine Box für den fertigen Kompost. Ist die Gartenfläche größer, genügen meist 1–2 zusätzliche Boxen pro 100 m^2.

Dazu kommen am besten weitere 2–3 m^2, um beispielsweise bequem mit einer Schubkarre hantieren oder auch einen Häcksler aufstellen zu können.

Sie können den Kompost auch in hügelähnlichen Mieten aufsetzen. Doch mit Kompostboxen aus Holz, Metall, Recycling-Kunststoff oder gemauerten Wänden lässt sich die Fläche besser nutzen. Rundum geschlossene Thermokomposter aus Kunststoff bewirken eine recht schnelle Zersetzung und sparen etwas Platz. Bei ihnen gibt es allerdings öfter Probleme mit gehemmter Verrottung oder sogar mit Fäulnis, falls man nicht auf eine gute Durchmischung der Materialien und auf eine ausreichende Belüftung achtet.

Was darf auf den Kompost?

Zum Kompostieren eignen sich fast alle organischen Garten- und Küchenabfälle. Äste, Zweige, kräftige Gemüse- und Blumenstängel sollten vor dem Aufsetzen zerkleinert werden. Rasenschnitt lässt man flach ausgebreitet etwas anrotten, bevor man ihn auf den Kompost gibt. Größere Mengen an Herbstlaub werden besser getrennt aufgesetzt.

Durch die anfängliche Hitzeentwicklung in seinem Kern kann ein gut aufgesetzter Kompost so manche Krankheitskeime und Unkrautsamen unschädlich machen. Im Zweifelsfall ist es aber sicherer, kranke Pflanzenteile sowie vermehrungsfreudige Wildkräuter über den Biomüll zu entsorgen. Denn im normalen Gartenkompost wird es meist nicht heiß genug, um alles unschädlich zu machen.

Den Kompost aufsetzen

Den Kompost können Sie vom Frühjahr bis zum Spätherbst aufsetzen. Zuunterst empfiehlt sich eine Lage Holzhäcksel, die das Sickerwasser und die darin enthaltenen Nährstoffe aufsaugt. Darüber kommt eine 20–30 cm hohe Schicht aus zerkleinertem Gehölzschnitt oder sperrigen Stängeln, die für eine gute Dränage sorgt.

Dann folgen die weiteren Abfälle, grobe und feinere Materialien möglichst gut miteinander vermischt. Streuen Sie beim Aufschichten etwa alle 20 cm eine dünne Lage aus humosem Boden oder bereits fertigem Kompost dazwischen: Die darin enthaltenen Mikroorganismen fördern den Rottevorgang. Vorteilhaft ist zudem dünnes Ausstreuen von Algen-, Dolomit- oder kohlensaurem Kalk, Terra preta oder etwas Gesteinsmehl zwischen den Schichten.

Der Haufen sollte max. 150 cm hoch werden. Überziehen Sie ihn zum Schluss mit einer etwas dickeren Schicht Erde bzw. Gartenboden und decken Sie ihn mit Rasenschnitt oder Laub ab.

GEEIGNETE UND UNGEEIGNETE ABFÄLLE

- **Geeignete Materialien:** fast alle pflanzlichen Gartenabfälle; auch Erde aus Anzuchtschalen, Töpfen usw.; fast alle pflanzlichen Küchenabfälle, auch Kaffee- und Teesatz samt Filtertüten sowie zerkleinerte Eierschalen; Komposttüten aus Papier
- **Nur in kleineren Mengen geeignet:** Zitrus- und Bananenschalen (aus Bioanbau auch in größeren Mengen); Rinden- und Holzabfälle; Holzasche; Stroh; Kleintierstreu (nur von Pflanzenfressern); Stallmist
- **Ungeeignete Gartenabfälle:** kranke Pflanzen; samentragende Wildkräuter und hartnäckige Wurzelunkräuter wie Quecke und Giersch; Reste von Pflanzenschutzmitteln
- **Ungeeignete Küchenabfälle:** Verschimmelte Lebensmittel und alle gekochten Speisereste; Fleisch- und Fischabfälle sowie Knochen; Öle und Fette
- **Ungeeignete Haushaltsabfälle:** Asche von Grill-, Stein- und Braunkohle; farbig bedrucktes Papier, z. B. von Zeitschriften, sowie Hochglanzpapier; Windeln; Katzenstreu, Haustierkot; Inhalt von Staubsaugerbeuteln; Zigarettenkippen

Sackt der Komposthaufen nach ein paar Wochen deutlich zusammen, können Sie ihn umsetzen, um alles nochmals gut zu durchmischen und zu belüften.

Bei anhaltender Trockenheit ist es durchaus sinnvoll, den Haufen gelegentlich zu gießen. Umgekehrt bewahrt eine bei Dauerregen aufgelegte Folie das Kompostmaterial vor übermäßigem Vernässen. Ein neben den Haufen bzw. die Kompostbox gepflanzter Kürbis kann solche Maßnahmen ersparen: Leitet man die Ranken über die Kompostoberfläche, schützen die großen Blätter das Rottematerial vor praller Sonne und vor Austrocknen.

Je nach Jahreszeit und Beschaffenheit der Abfallstoffe dauert es 6–12 Monate, bis man den Kompost verwenden kann. Wird über Sommer für genügend Feuchtigkeit gesorgt, reichen teilweise auch 4–5 Monate.

Den Kompost verwenden

Wer neue Pflanzflächen vorbereiten oder den Boden unter gut eingewachsenen Gehölzen mulchen will, muss nicht unbedingt die Kompostreife abwarten. Dafür lässt sich auch erst halb zersetzter Frischkompost verwenden. Dieser eignet sich allerdings nicht für zarte und junge Pflanzen, da er noch reichlich »aktive« Umbaustoffe enthält. Auch die meisten Gemüse, Blumen und Stauden reagieren auf Frischkompost recht empfindlich.

Völlig zersetzter Reifekompost wird dagegen von fast allen Pflanzen gut vertragen – mit Ausnahme von »Spezialisten« für bodensaure Standorte wie Rhododendren und Heidelbeeren. Guter Reifekompost ist feinkrümelig, dunkel und riecht angenehm nach Waldboden.

Reifekompost lässt sich zum Düngen, zur Bodenverbesserung und zum Vorbereiten neuer Pflanzflächen verwenden. Sie können ihn auch beim Pflanzen von Gehölzen nutzen, indem Sie den Kompost dem Aushub untermischen, mit dem die Grube wieder gefüllt wird. Vermengt mit Gartenboden und Sand, lässt sich Kompost als Topferde verwenden – hier allerdings höchstens mit einem Anteil von einem Drittel, weil das Gemisch sonst zu nährstoffreich wird. Für solche Zwecke und zum Abdecken von Aussaaten im Beet siebt man die groben Bestandteile am besten vorher ab.

In Beeten und Pflanzflächen wirkt Kompost optimal, wenn er nur ausgestreut und leicht eingearbeitet wird, beispielsweise mit einem Rechen, einem Kultivator oder einem Grubber. Dies geschieht am besten kurz vor dem Säen oder Pflanzen, vom Frühling bis zum Spätsommer. Das Vermischen mit dem Boden übernehmen dann Regenwürmer & Co. Im Spätjahr dagegen begibt sich das Bodenleben allmählich in die Winterpause: Dann nützt der Kompost wenig und winterliche Regenfälle waschen einen Teil der Nährstoffe aus.

Wie viel Kompost ausbringen?

Kompost ist nicht übermäßig nährstoffreich; deshalb sollte man ihn teils auch durch stickstoff- und kaliumhaltige Dünger ergänzen. Zudem handelt es sich um einen wertvollen Naturstoff, der den Boden mit Humus versorgt. So nehmen viele Gärtnerinnen und Gärtner an, dass man damit nichts falsch machen kann.

Doch bei professionellen Bodenuntersuchungen hat sich gezeigt, dass Gartenböden oft überdüngt sind – auch wenn sie jahrelang nur mit Kompost versorgt wurden. Vor allem stellt man häufig einen Überschuss an Phosphor fest, nicht selten auch an Kalium und Magnesium. Sind solche Nährstoffe im Übermaß vorhanden, drängeln sie sich sozusagen im Boden vor. Dadurch wird die Aufnahme anderer wichtiger Nährstoffe blockiert, sodass Mangelerscheinungen auftreten. Phosphorüberschuss kann beispielsweise zu Stickstoff-, Eisen- und Kupfermangel führen. Kalium und Magnesium blockieren die Calcium-Aufnahme und verdrängen sich gegenseitig, je nachdem, welcher Nährstoff überwiegt.

Deshalb ist es ratsam, den Kompost nur in dünnen Schichten auszubringen. Relativ hohe Kompostgaben zwischen 3 und 5 Liter pro m^2 empfehlen sich für die Starkzehrer unter den Gemüsen, z. B. Tomaten und Kartoffeln, für große Obstbäume sowie für üppig wachsende Rosen. Rund 2 Liter pro m^2 reichen für Beerensträucher sowie Pracht- und Beetstauden, z. B. Rittersporn, Sonnenhut und Chrysanthemen. Für andere Stauden sowie Kräuter genügt sogar 1 Liter pro m^2.

Das heißt konkret: Mit dem Kompost in einem 10-Liter-Eimer können Sie ein 3 m^2 großes Kartoffelbeet oder eine 5 m^2 große Staudenrabatte mit größeren, anspruchsvollen Schönheiten gut versorgen. Umgerechnet auf die Schichthöhe entspricht 1 Liter Kompost gerade einmal einer hauchdünnen Auflage von nur 1 mm. Deutlich höhere Kompostgaben empfehlen sich nur für sehr humusarme oder stark ausgelaugte Böden (→ Seite 83, »Langfristiges Verbessern«).

Ganz penibel und auf den Millimeter genau muss man das nicht handhaben, zumal die Nährstoffgehalte im selbst hergestellten Kompost stark schwanken können. Aber viel höher sollte der Kompost tatsächlich nicht ausgestreut werden. In jedem Fall empfiehlt sich vor allem im Nutzgarten alle 3–5 Jahre eine Bodenuntersuchung, um zu überprüfen, ob der Nährstoffhaushalt noch im Gleichgewicht ist.

Kürbis liebt nährstoffreiche Böden und gedeiht auf reifen Komposthaufen ideal.

Durch Sieben wird grobes Material von feinem, bereits verrottetem Kompost getrennt.

Kompost ist nährstoffreich und wird nur dünn auf der Erdoberfläche verteilt und dann locker eingearbeitet.

WASSER, DAS LEBENSELIXIER

Wasser ist die Grundlage allen Lebens. Trockene Sommermonate machen uns bewusst, wie wertvoll das Nass vom Himmel ist – und wie wichtig es ist, sparsam damit umzugehen.

Nach seiner bekannten chemischen Formel H_2O setzt sich Wasser aus Wasserstoff (H) und Sauerstoff (O) zusammen. Damit dient es Menschen, Tieren und Pflanzen als Quelle für zwei unverzichtbare Elemente: Wasserstoff und Sauerstoff spielen in vielen Stoffwechselvorgängen eine tragende Rolle. Die Pflanzen benötigen Wasser zudem für die Fotosynthese, mit der sie Kohlenhydrate aufbauen können. Und sie brauchen es als Lösungs- und Transportmittel für Nährstoffe und organische Verbindungen. Zugleich übt das Wasser in den Zellen einen Druck aus, der das Pflanzengewebe festigt. Mithilfe der Verdunstung über die Blätter vermögen die Pflanzen zudem die Temperatur zu regulieren. Von daher überrascht es nicht, dass Pflanzen auf Wassermangel sehr empfindlich reagieren. Sie können zwar die winzigen Spaltöffnungen in ihren Blättern weitgehend geschlossen halten, um die Verdunstung zu reduzieren. Dadurch nehmen sie aber auch weniger Kohlendioxid für die Fotosynthese auf. So wachsen sie schwächer, setzen teils keine Blüten an oder bilden höchstens kleine Früchte. Durch die zu-

Ohne Wasser kein Pflanzenwachstum. Gemüsepflanzen wie diese Erbsen müssen regelmäßig gewässert werden.

nehmende Sommertrockenheit wurde die Wasserversorgung zu einem der wichtigsten Gartenthemen: Sie entscheidet oft über Erfolg oder Misserfolg, Spaß oder Verdruss beim Gärtnern. Dadurch gewinnen auch Hitzespezialisten an Bedeutung. Solche Pflanzen haben besondere Vorkehrungen entwickelt, um mit wenig Wasser auszukommen: so beispielsweise Stechpalme, Olivenbaum, Ginster, Lavendel, Königskerze und Schafgarbe (→ Seite 69, »Kennzeichen von Trockenkünstlern«).

GÄRTNERN OHNE GIESSEN?

In den sogenannten Jahrhundertsommern verloren manche Gärtnerinnen und Gärtner komplett die Lust am Gießen. Schon im Jahr 2003 war es von März bis September vielerorts so trocken, dass man mit der Wasserversorgung kaum noch nachkam. Noch schlimmer wurde es 2018, als über zehn Monate kaum Niederschläge fielen. Und 2022 herrschte in vielen Regionen von Mai bis August eine extreme Dürre. In manchen Kommunen wurde zeitweise das Beregnen des Rasens untersagt. Aber auch andernorts war die Grasdecke eher braun als grün: Viele wollten ihre Wasserrechnung nicht durch ständiges Rasensprengen in die Höhe treiben. In dermaßen trockenen Jahren reichen auch gespeicherte Regenwasservorräte oft nicht aus, um alles heil über die dürren Monate zu bringen.
Manche Gärtnerinnen und Gärtner reagieren darauf sehr konsequent: Sie verzichten auf jede Bewässerung. Was mit den wenigen Sommerniederschlägen auskommt, kann wachsen – was verdorrt, wird entfernt. Einige Naturschützer empfehlen, einfach den Wildwuchs zuzulassen, der auch bei anhaltender Trockenheit gedeiht. Das sieht gut aus, wenn sich beispielsweise Natternkopf und Adonisröschen von selbst ansiedeln. Auch Klatschmohn, wilde Glockenblumen, Gänseblümchen und Löwenzahn bieten etwas fürs Auge. Das Bild wird aber dann doch ziemlich eintönig, wenn sie sich im Übermaß ausbreiten; ebenso wie z.B. Wegerich, Ackerkratzdistel und Efeu. Letztendlich führt das oft dazu, dass ein paar robuste Pflanzen wie Acker- und Zaunwinde oder wilde Brombeere alles andere überwuchern.

Trockenheitsverträgliche Bepflanzung

Will man seinen Garten nicht ganz der »Wildnis« überlassen, pflanzt man besser nach und nach mehr trockenheitsverträgliche Stauden und Gehölze. Dazu finden Sie zahlreiche Empfehlungen und Tipps im Kapitel »Abwechslung im Ziergarten« ab Seite 173 – inklusive sogenannter Klimabäume, die sich auch für kleinere Gärten eignen (→ Seite 196). Mit mäßig durstigen Obstarten, Wildobst und mediterranen Kräutern müssen Sie auch nicht auf Gaumengenüsse verzichten, wenn Sie möglichst wenig bewässern wollen (→ Seite 148).
Aber selbst trockenheitsverträgliche Pflanzen benötigen von Zeit zu Zeit Wassernachschub. Und sie brauchen wie alle anderen Gewächse nach dem Einpflanzen oder Aussäen erst einmal regelmäßig Feuchtigkeit, bis sich das Wurzelwerk gut entwickelt hat.
Für eine stets sattgrüne Rasenfläche reicht das allerdings nicht: In einem heißen, trockenen Sommer müssen die Gräser bis zu dreimal in der Woche beregnet werden, damit sie nicht vertrocknen. Will man den Garten klimagerecht und wassersparend gestalten, empfiehlt sich das Umsehen nach Alternativen: von Landschaftsrasen für Trockenlagen bis zu begehbaren Bodendeckern wie Thymian oder Kamille. Infos

Viele hitze- und trockenheitsverträgliche Pflanzen vertragen keine Nässe und brauchen einen durchlässigen Boden.

dazu finden Sie im Kapitel »Begehbare Bodendecker« ab Seite 230.

Anders als beim Rasen gibt es für den Gemüsegarten kaum wassersparende Alternativen. Die meisten Gemüse muss man in trockenen Zeiten wenigstens ein- bis zweimal pro Woche gießen. Infos zu Möglichkeiten, hier den Wasserverbrauch zu senken, finden Sie ab Seite 146.

Ein »Sonderfall« ist der Gartenteich. Bei ihm ist der Wasserverbrauch durch Verdunstung ja geradezu erwünscht, weil das für ein luftfeuchtes, kühleres und damit sehr angenehmes Kleinklima im Garten sorgt. Dafür kann es allerdings in heißen Sommermonaten nötig werden, jede Woche mehrere Hundert Liter Frischwasser nachzufüllen.

Knackpunkt Winternässe

Hat man den Anteil wassersparender Bepflanzung erfolgreich erhöht, kann der verflixte Klimawandel wieder einen Strich durch die Rechnung machen: Denn die Winter sind zwar milder, aber auch nasser geworden. Die durchschnittlichen Niederschlagsmengen in den Wintermonaten haben in den letzten Jahrzehnten um rund 20 % zugenommen. Wenn es über Winter wochenlang regnet, leiden viele trockenheitsverträgliche Pflanzen, so beispielsweise Rosmarin, Salbei, Wolfsmilch, Wollziest und Chrysanthemen. Vorbeugende Maßnahmen gegen eine übermäßige Bodenvernässung werden bei den Kräutern und den Stauden beschrieben (→ Seite 217).

Klimabäume dagegen kommen mit fast allem zurecht, nachdem sie einmal gut eingewachsen sind: mit Trockenheit und zeitweiliger Nässe ebenso wie mit Hitze und Kälte. Und unter ihrem Blätterdach sind außerdem auch Kleingehölze und Stauden besser vor anhaltendem Winterregen geschützt.

SPECIAL

Faustzahlen zum Wasserverbrauch

Ob und wie viel bewässert werden muss, hängt natürlich zunächst einmal von den Niederschlagsmengen und ihrer Verteilung über die Monate ab. Das kann je nach Jahr und Region sehr unterschiedlich sein. Ein drastisches Beispiel war 2021, das Jahr der Flutkatastrophen in Rheinland-Pfalz und Nordrein-Westfalen, mit gewaltigen Niederschlagsmengen im Juli und August. In den Jahren 2018 und 2022 dagegen fielen von März bis August, also über 6 Monate, nur 270 Liter pro m^2. Außerdem gibt es zunehmend mehr Hitzetage mit Temperaturen über 30 °C. An dermaßen heißen Tagen verdunsten pro Quadratmeter Gartenfläche 4–8 Liter Wasser! Da kann ohne Nachhilfe mit Kanne oder Schlauch manches gar nicht gedeihen.

Einen großen Einfluss haben auch die Lage zur Himmelsrichtung, die Beschattung sowie die Bodenart: Ist der Garten ganz der intensiven Mittagssonne ausgesetzt oder haben die Böden einen hohen Sandanteil, muss recht viel gegossen werden. Schließlich spielt auch die Gartennutzung eine wichtige Rolle: Gemüse-, Blumen- und Prachtstaudenbeete, Rasenflächen sowie ein Teich können den Wasserverbrauch deutlich erhöhen.

Aus all diesen Gründen kursieren sehr unterschiedliche Angaben zum durchschnittlichen Wasserverbrauch im Garten. Die nachfolgenden Zahlen sind deshalb nur ungefähre Richtwerte, bieten aber brauchbare Anhaltspunkte.

ÜBER DEN DAUMEN GEPEILT

- Verbreitet ist die Faustregel: 15–25 Liter Wasser pro m^2 Gartenfläche und Woche, und das über die 5 regenärmsten Monate.
- Man geht allerdings besser von 7 Monaten mit zusätzlichem Bewässerungsbedarf aus, nämlich von März bis September. Denn mittlerweile ist oft schon das Frühjahr ziemlich trocken und gerade die Saaten und Jungpflanzen müssen gleichmäßig feucht gehalten werden.
- Rechnet man durchschnittlich mit 20 Liter Wasser pro Woche auf jeden Quadratmeter, sind das im Verlauf von 7 Monaten rund 600 Liter Wasser pro m^2.
- Das entspricht für 100 m^2 Gartenfläche einem jährlichen Wasserverbrauch von etwa 60000 Liter, also von 60 Kubikmeter.
- Durch einen höheren Anteil an trockenheitsverträglichen Pflanzen, durch Mulchen und durch weitere wassersparende Maßnahmen lässt sich das – grob geschätzt – auf ein Drittel bis ein Viertel reduzieren: also auf rund 15–20 Kubikmeter Wasser pro 100 m^2 Fläche und Jahr.
- Demnach müsste man für einen ungefähr 300 m^2 großen Garten mit einem jährlichen Gießwasserbedarf von mindestens 45–60 Kubikmeter rechnen – wenn es weiterhin so wenig regnet wie mittlerweile in fast jedem zweiten Jahr.

DIE RESSOURCEN GUT NUTZEN

Wo immer die Möglichkeit besteht, Regenwasser zu sammeln, ist das ideal für die Gartenbewässerung. Doch wenn monatelang kaum Niederschläge fallen, kommt man nicht ganz ohne Leitungswasser aus. Das gilt erst recht, wenn ein Teich oder gar ein Swimmingpool befüllt werden soll. Davon abgesehen, stehen nicht in jedem Garten Dachrinnen und Fallrohre in erreichbarer Nähe zur Verfügung. Dann entfällt die Möglichkeit, Regenwasser in größeren Mengen zu sammeln.

Eine Alternative ist Wasser aus einem Brunnen. Der Brunnenbau kann allerdings teuer werden und das aus den Tiefen geförderte Wasser ist nicht immer optimal (→ Seite 105). Auch sogenanntes Grauwasser, das heißt der Ablauf aus Dusche, Wanne, Waschbecken, lässt sich zum Gießen verwenden; ebenso z. B. für die WC-Spülung und die Waschmaschine. Doch dafür wird eine aufwendige, recht kostspielige Hausanlage für das Grauwasser-Recycling nötig. Dasselbe gilt für den Einbau einer hochwertigen Regenwassernutzungsanlage, bei der das Nass vom Himmel ebenfalls für Haushaltszwecke aufbereitet wird.

Temporäre Wasserhähne erleichtern das sommerliche Gießen enorm.

Zapfstellen und Rohrleitungen

Ganz gleich, ob das Wasser aus der Hausleitung, aus Regentonnen und -tanks oder aus einem Brunnen kommt: Mehrere über die Gartenfläche verteilte und gut erreichbare Wasserzapfstellen und Anschlüsse erleichtern das Gießen und Bewässern. Dafür braucht es Rohrleitungen im Boden. Gut geeignet sind üblicherweise flexible, schlauchartige HDPE-Rohre.

Oft ist man am besten beraten, wenn man zumindest die Installation der Hauptanschlüsse Fachleuten überlässt, so auch bei Außenwasserhähnen, Bodenanschlüssen und Wassersteckdosen im Garten. Die Handwerker können dann gleich auch Verteiler und Pumpen installieren und beraten, ob sich für den Garten der Einbau eines Hauswasserwerks oder -automaten empfiehlt. Solche Systeme lassen sich auch für das Verteilen von Regenwasser aus Zisternen und von Brunnenwasser nutzen.

Fachliche Hilfe empfiehlt sich auch, wenn die Rohre in frostfreier Tiefe von mindestens 80 cm verlegt werden sollen. Werden jedoch die Leitungen über Winter entleert, reichen ca. 40 cm Tiefe. Eine Abdeckung mit Steinplatten oder Ziegeln kann dann die Rohre vor versehentlicher Beschädigung bei Bodenarbeiten schützen. In allen Fällen ist es sehr ratsam, den Verlauf der Leitungen genau in einem Plan festzuhalten.

TRINKWASSER: EIN KOSTBARES GUT

Wird Leitungswasser im Garten verwendet, sind effektives Gießen und wassersparende Maßnahmen wie Mulchen besonders wichtig. Denn das Trinkwasser, das aus der Leitung kommt, ist ein wertvolles Gut. Es entstammt zum allergrößten Teil dem Grundwasser. Die Zunahme von trockenen Sommermonaten hat in unseren Breiten zu einem Wasserrückgang geführt. Die Vorräte tief im Boden reichen zwar noch aus, aber die Grundwasserspiegel sind vielerorts deutlich gesunken. Schon 2018 sahen sich manche Kommunen gezwungen, im Hochsommer das Rasensprengen und das Befüllen von Swimmingpools zu verbieten. Im Dürrejahr 2022 mussten noch mehr Städte und Gemeinden solche Bestimmungen erlassen. Das wird hoffentlich in den nächsten Jahren nicht zur Regel. Aber auch ohne Verbote macht sich bemerkbar, dass das Nass knapper wird, nämlich durch steigende Wasserkosten.

Die Wasserkosten können Sie etwas reduzieren, indem Sie sich für Wasser, das im Garten versickert, von den Abwassergebühren befreien lassen. Dafür ist der Einbau eines Gartenwasserzählers nötig. Entsprechende Regelungen sind aber je nach Gemeinde verschieden. So fallen mancherorts Kosten an für den Einbau des Zählers und seinen Austausch nach 6 Jahren sowie für die Abnahme durch die Behörde. Erkundigen Sie sich am besten bei Ihrem Wasserversorger, welche Bestimmungen vor Ort gelten. Sind die Kosten relativ hoch, lohnt sich der Einbau eines gesonderten Wasserzählers nur für größere Gärten mit hohem Gießwasserverbrauch.

Nachlässe bei den Abwassergebühren kann es auch geben, wenn man Stellplätze und befestigte Gartenflächen mit wasserdurchlässigen Belägen ausstattet, z.B. mit Rasengittersteinen oder Ökopflaster (→ Seite 56, »Behagliches Gartenklima«). Teils lassen sich die Abwassergebühren auch durch eine Dachbegrünung reduzieren.

Weiches und hartes Wasser

Regenwasser enthält keine Mineralstoffe und wird deshalb als weiches Wasser eingestuft. Doch die Gesteinsschichten, aus denen das Grundwasser gefördert wird, sind oft kalkreich. So gelangen Calcium- und Magnesiumverbindungen ins Grundwasser und das daraus gewonnene Trinkwasser wird »hart«. Calcium und Magnesium sind wichtige Mineralstoffe, für Menschen ebenso wie für Pflanzen. Hartes Wasser kann allerdings zum Verkalken von Rohren und Haushaltsgeräten führen und beim Gießen kalkempfindliche Pflanzen beeinträchtigen.

Mit einer Wasseruhr lässt sich der Verbrauch bei der Bewässerung genau bestimmen.

Regenwasser ist und bleibt das beste Wasser zum Gießen. Man kann gar nicht genug sammeln.

Wie hart Ihr Wasser ist, können Sie bei Ihrem Wasserversorger oder bei der Gemeindeverwaltung erfragen. Auch auf diversen Websites finden Sie solche regionalen Infos. Ausschlaggebend ist die Gesamthärte. Sie wird in Millimol Calciumcarbonat pro Liter (mmol/l) angegeben. Häufig findet man auch noch die ältere, eingängigere Unterteilung nach deutschen Härtegraden (°dH):

Härtebereich	Calciumcarbonat in mmol /l	°dH
weich	weniger als 1,5	weniger als 8,4
mittel	1,5 bis 2,5	8,4 bis 14
hart	mehr als 2,5	mehr als 14

Liegt die Wasserhärte über 14 °dh, kann sich der Einbau einer Wasserenthärtungsanlage lohnen. Dafür empfehlen sich Enthärtungsanlagen auf Ionenaustausch-Basis mit einem DVGW- oder DIN-Prüfzeichen. Solche Anlagen haben ihren Preis, schonen aber die Wasserinstallationen. Das kommt auch den Pflanzen zugute und ist besonders hilfreich, wenn Bewässerungssysteme mit Tropfern eingesetzt werden: Es beugt dem Verstopfen durch Kalkablagerungen vor.
Auch kalkscheue Gartenpflanzen bevorzugen weiches Gießwasser. Doch hier ist der Kalkgehalt und pH-Wert des Bodens entscheidend (→ Seite 80, »Den Boden nachhaltig verbessern«). Wurde der Boden z.B. durch Einarbeiten von Rindenkompost nachhaltig angesäuert, verkraften auch Heidelbeeren und Rhododendren gelegentliches Gießen mit hartem Wasser.

REGENWASSER: DAS KOSTENLOSE NASS

Frei Haus vom Himmel und von Natur aus weich: Gesammeltes Regenwasser ist die beste Quelle für das Gießen. Das war allerdings nicht immer so. In den 1970er-Jahren wurde der »saure Regen« zu einem bedrohlichen Schlagwort. Abgase aus Industrie, Kraftwerken, Heizungen und Verkehr hatten den Regen stark angesäuert. Das führte zu großflächigem Waldsterben und zum Umkippen von Seen. Was vom Himmel fiel, hatte vielerorts einen pH-Wert von 4,0–4,5, teilweise sogar unter 3. Zum Vergleich: Der pH-Wert von Essig liegt bei 3, der von saurer Milch bei 4,5 (→ auch Seite 78, »Säuregrad und pH-Wert«).
Durch Abgasreinigung und schwefelarme Kraftstoffe konnten die gefährlichen Emissionen stark reduziert werden. Nach Messungen des Deutschen Wetterdienstes liegt der pH-Wert des Regens seit 2014 ungefähr bei 5,2. Damit nähert er sich dem Säuregrad von unbelastetem Regen

an (pH um 5,6). Dass Regen grundsätzlich leicht sauer ist, liegt vor allem an der in ihm gelösten Kohlensäure. Diese resultiert aus dem natürlichen Kohlendioxidgehalt in der Atmosphäre. Weil Pflanzen Kohlendioxid für die Fotosynthese benötigen, ist der mäßig saure Regen für ihr Wachstum sehr vorteilhaft. Durch verbesserte Abgasreinigung haben zudem die Schwermetallgehalte im Regen in den letzten 15 Jahren deutlich abgenommen.

So kann man unterm Strich feststellen: Regenwasser eignet sich hervorragend zum Versorgen der Pflanzen. Das Nass vom Himmel führt naturgemäß zu einem leichten Versauern des Bodens, was sich durch gelegentliche Kalkgaben leicht ausgleichen lässt.

Regenwasser auffangen

Ausreichend große Dächer in Gartennähe vorausgesetzt, reichen im Prinzip schon eine Klappe im Fallrohr und eine Sammeltonne, um das Regenwasser zu verwenden. Doch es gibt eine Einschränkung: Wenn sich aus dem Dach pflanzen- und umweltschädliche Stoffe lösen können, sollte man auf das Nutzen des Regenwassers besser verzichten. Umweltbundesamt und Verbraucherzentralen raten bei folgenden Dachmaterialien vom Sammeln ab:

- Kupfer
- Zink
- Teerpappe mit Bitumenabdichtung
- Dachziegel und -pfannen, die mit Bioziden gegen Grünbeläge behandelt wurden

Regenrinnen und Fallrohre aus Kupfer oder Zink dagegen gelten als unproblematisch: Hier läuft das Wasser so schnell durch, dass sich darin kaum unerwünschte Metallionen anreichern können.

Umwelt- und kostenbewusste Hausbesitzer statten ihre Dächer zunehmend mit Photovoltaikanlagen aus, die auch staatlich gefördert werden. Grundsätzlich lässt sich Regenwasser auch von Dächern mit Solarmodulen sammeln. Ob dabei technische Probleme auftreten können, sollte man mit dem Hersteller der Anlage klären bzw. mit der Firma, die diese einbaut.

Wie viel kommt von oben?

Der sogenannte Regenwasserertrag hängt vor allem ab von der durchschnittlichen Niederschlagsmenge im Jahr, von der Dachfläche sowie von der Dachneigung (schräg, steil oder Flachdach). Die jährliche Niederschlagsmenge kann je nach Region stark variieren, zwischen etwa 500 und 1500 mm (1 mm = 1 Liter je m^2). Im deutschlandweiten Durchschnitt regnete es im letzten Jahrzehnt ungefähr 750 mm pro Jahr. Bei einem schrägen Dach mit einer Fläche von 100 m^2 entspricht das einem Regenwasserertrag von rund 54000 Liter, also 54 Kubikmeter. Das würde nach den auf Seite 97 genannten Faustzahlen für einen 300 m^2 großen, wassersparend angelegten Garten gut ausreichen.

Monströse Tanks, die solche Wassermengen für das ganze Jahr speichern, lohnen sich allerdings nicht. Über lange Zeit in Tanks anstehendes Wasser kann zudem brackig werden. Aber wenn sich mit den Reserven wenigstens vier niederschlagsfreie Wochen überbrücken lassen, ist schon viel gewonnen. Dafür bräuchte man für den 300 m^2 großen Beispiel-Garten ein Speichervolumen von 2500–3000 Liter.

Auch kleinere Speichermengen können über trockene Zeiten helfen und die Wasserrechnung entlasten. Regenrinnen zum Sammeln lassen sich z. B. auch an Gartenhäusern, Geräteschuppen und Gewächshäusern anbringen.

Regentonnen sollten ausreichend groß sein und eine Abdeckung haben. So gibt es keine Probleme mit Mücken.

REGENTONNEN UND OBERIRDISCHE TANKS

Die einfachste Lösung sind Regentonnen oder Amphoren, meist aus kräftigem, witterungsbeständigem Kunststoff (Polyethylen oder Polypropylen). Sie haben allerdings nur ein Fassungsvermögen zwischen 200 und 500 Liter. Doch für viele Modelle werden Verbindungs-Sets angeboten, sodass sich mehrere Tonnen miteinander koppeln lassen.

Neben den »klassischen«, fassähnlichen Tonnen finden Sie im Angebot zunehmend schmale, hohe Säulen, die nur eine Standfläche von rund 60 cm Durchmesser brauchen. Noch platzsparender sind rechteckige, meist nur 40 cm tiefe Wandtanks für das Aufstellen direkt vor einer Mauer. Solche Säulen und Wandtanks lassen sich gut auf der Terrasse unterbringen.

Ab 500 Liter Volumen werden die Sammelgefäße als Tanks bezeichnet. So gibt es z. B. riesige, turmähnliche Säulen, in die über 2000 Liter Regenwasser passen, mit gut metergroßem Durchmesser. IBC-Tanks oder -Container haben bis zu 1000 Liter Fassungsvermögen. Diese aus der Industrie bekannten weißen, quaderförmigen Tanks mit Stahlgitterrahmen sind außerordentlich robust. Weil die Größen genormt und die Behälter auf Paletten montiert sind, lassen sich leicht zwei solcher Tanks übereinanderstapeln. Gebrauchte IBC-Tanks sind recht preiswert und werden in Gärten gern und häufig verwendet. Professionelle Anbieter garantieren in der Regel, dass diese gründlich gereinigt und generalüberholt wurden.

Regentonnen und Tanks werden am besten an einem schattigen, recht kühlen Platz aufgestellt, möglichst nah an einem Fallrohr. Weitere Entfernungen lassen sich mit Rohrleitungen oder Schläuchen überbrücken; dann empfiehlt sich oft der Einbau einer Pumpe. Die Tonnen und Tanks sollten auf einem ebenen, festen Untergrund stehen. Besonders für schmale Säulentanks ist eine stabile Befestigung an der Hauswand oder z. B. an einem Pergolapfosten ratsam: Wenn ein wassergefüllter, schwerer Tank umkippt, kann das sehr gefährlich werden. Andere Behälter werden mit einem Sockel zum sicheren Aufstellen angeboten.

Rohrklappen und Regendiebe

Um das Regenwasser vom Fallrohr in die Tonne zu leiten, gibt es grundsätzlich zwei verschiedene Möglichkeiten:

- Klappen oder Sammler, die in das Rohr eingebaut werden
- Sammler mit einem Anschluss, der nur ins Fallrohr gebohrt wird

Letztere sind einfach anzubringen, leiten das Regenwasser aber nur mäßig »dosiert« weiter – abhängig davon, wie groß das Bohrloch für den Zulauf ist. Sie sind meist mit einem Filter für Laub und ähnliche Verunreinigungen ausgerüstet.

Regensammler zum Einbauen lassen sich in der Regel nur für Fallrohre aus Metall verwenden. Dafür muss ein passendes Stück aus dem Fallrohr herausgesägt werden. Sammler mit Fallrohrklappen bestehen meist aus Metall. Mit der Klappe lässt sich der Zulauf einfach verschließen. Über der Klappe baut man am besten einen guten Filter ein. Einbau-Sammler ohne Klappe bestehen meist aus Kunststoff, seltener aus Metall. Sie werden auch als Füllautomaten oder »Regendiebe« bezeichnet und bieten eine gute Schmutzfilterung. An ihrem Anschlussstutzen wird ein kurzer Schlauch befestigt, der das Wasser in die Tonne leitet. Meist lässt sich der Zufluss über eine Art Drehschalter regulieren.

REGENWASSER IST KEIN TRINKWASSER!

- Regenwasser kann Partikel und Aerosole enthalten, die beim Trinken die Gesundheit gefährden. Beim Abfließen vom Dach kommen Schmutzstoffe wie Staub, Ruß und Ziegelabrieb dazu.
- In der Regenrinne durchläuft das Wasser Laubreste, Moos und andere organische Abfälle bis hin zu Vogelkot und toten Kleintieren. Diese lassen sich zwar in den Tonnen- und Tankzuläufen herausfiltern – nicht jedoch Bakterien und ähnliche Mikroben, die sich eventuell im Wasser ansammeln.
- Bei starker Verschmutzung empfiehlt sich regelmäßiges Reinigen der Rinnen.
- Sind die Regensammler nicht mit einem guten Filtersystem ausgestattet, lässt man den ersten Guss nach längerer Trockenheit besser ungenutzt ablaufen.
- Es gibt diverse Mittel und Tricks zum Filtern und Aufbereiten. Aber dadurch erreicht das Nass vom Dach noch keine Trinkwasserqualität und bleibt oft gesundheitlich bedenklich.*
- Warnen Sie Kinder unbedingt davor, gesammeltes Regenwasser zu trinken! Am besten werden die Tonnen so platziert, dass kleine Kinder keinen Zugang zu Wasser und Zapfhähnen haben.

Ein Hahn erlaubt die einfache Entnahme von Regenwasser aus der Tonne zur Gartenbewässerung.

Zisternen sind unterirdische Wasserspeicher mit einem großen Volumen.

Brunnenwasser sollte vor der Verwendung regelmäßig auf Schadstoffe und Nährstoffe untersucht werden.

Viele Regensammler verfügen über einen Überlaufstopp, sodass sich der Zulauf bei voller Tonne automatisch schließt. Achten Sie bei der Auswahl darauf, dass die Größe zum Durchmesser des Fallrohrs passt, der meist zwischen 70 und 100 mm beträgt. Wichtig ist auch die Größe der Dachfläche: Manche Regensammler eignen sich nur für höchstens 50 m^2 große Dächer.

Regentonnen frostsicher machen

Gefriert das Wasser in Tonne oder Tank, kann sich das Eis so stark ausdehnen, dass es zu Rissen in den Behälterwänden führt. Vor allem Kunststofftonnen aus Polypropylen (PP) sollten deshalb vollständig entleert werden, wenn anhaltende und stärkere Fröste drohen. Sie werden am besten auch frostsicher untergebracht oder zumindest mit einer Isolierung umhüllt. Dasselbe gilt für alte Holzfässer. Nach dem Entleeren lässt man die Ablasshähne voll aufgedreht oder schraubt sie über Winter heraus.

Beim Entleeren und vor dem Wiederbefüllen im Frühling können Sie die Tonnen gleich reinigen: Schlammreste beseitigen, mit klarem Wasser ausspülen und Innenwände gründlich abbürsten oder mit einem Hochdruckreiniger säubern. Tonnen und Tanks aus Polyethylen (PE oder HDPE) sind in der Regel als »frostsicher« ausgewiesen. Doch das bezieht sich nur auf das Wandmaterial, nicht auf das gespeicherte Wasser. Dieses sollte bei Frostgefahr mindestens zur Hälfte geleert werden, damit vereiste Oberflächen nicht allzu stark nach oben gedrückt werden.

UNTERIRDISCHE TANKS UND ZISTERNEN

Erdtanks und Zisternen werden in der Regel 80–100 cm unter der Bodenoberfläche eingebaut. Dadurch ist das gespeicherte Regenwasser auch in kalten Wintern frostgeschützt, sodass lediglich Zu- und Ableitungen entleert oder abgestellt werden müssen. Für die Entnahme der unterirdisch gespeicherten Reserven gibt es ansprechende Wasserzapfsäulen.

Für Zisternen und Tanks unter 50 Kubikmeter Volumen ist in den meisten Kommunen keine Baugenehmigung nötig; sie müssen dann nur bei der Unteren Wasserbehörde angezeigt werden. Zisternen aus Kunststoff sind leichter zu transportieren und einzubauen als Betonzisternen. Viele Gartenbesitzer bevorzugen Flachtanks, die deutlich weniger Erdaushub erfordern als zylindrische oder runde Tanks. Solche Flachtanks ermöglichen auch den Einbau bei felsigem Untergrund.

Der Tank sollte nicht zu groß gewählt werden. Auch wenn es zunächst merkwürdig klingt: Er sollte mehrmals im Jahr überlaufen, sodass das überschüssige Wasser im Garten versickert oder in die Kanalisation abläuft. Denn dadurch werden feine Schmutzpartikel, die sich an der Wasseroberfläche ansammeln, abgeschwemmt. Das beugt unangenehmen Gerüchen und dem Ansiedeln von Algen vor.

REGENTONNEN ABDECKEN

- Die meisten Tonnen und Tanks sind mit passenden Deckeln ausgestattet.
- Wenn nicht, sollte man für eine Abdeckung sorgen. Das beugt dem Verschmutzen vor und schützt Vögel und andere Kleintiere vor dem Ertrinken, wenn sie hineinfallen.
- Läuft das Regenwasser über eine Rohrklappe direkt in die Tonne, kann man ein feinmaschiges Netz darüber spannen.
- Das hilft auch gegen Stechmücken, die gern in Wasserbehältern brüten.
- Zum Bekämpfen von Stechmückenlarven werden biologische Bacillus-thuringiensis-Präparate angeboten, die man einfach in die Tonnen gibt.

WASSER AUS DEM BRUNNEN

Ein Gartenbrunnen kann nicht nur zur kostenlosen Wasserversorgung verhelfen, sondern auch zum wahren Hingucker werden, beispielsweise mit einer Natursteinumrandung und einem Ziegeldach. Doch zuvor gilt es herauszufinden, ob für den Brunnenbau eine Genehmigung nötig ist oder nur eine Anzeigepflicht besteht. Darüber kann die regional zuständige Untere Wasserbehörde Auskunft geben, ebenso über den Stand des Grundwasserspiegels: Denn in der Regel lohnt sich eine Brunnenbohrung nur bis zu einer Grundwassertiefe von etwa 6 m.

Ebenso wichtig ist die Qualität des Grundwassers. Im Zweifelsfall empfiehlt sich eine Untersuchung durch ein Labor. Denn was bei der professionellen Aufbereitung zu Trinkwasser herausgefiltert wird, kann im Brunnenwasser in überhöhten Maß vorhanden sein: beispielsweise Phosphat, Pestizidreste, Chloride, Schwermetalle und Krankheitserreger – oft als Folge fäkaler Verunreinigungen. Außerdem ist auch unbelastetes Brunnenwasser ebenso wie Leitungswasser in vielen Regionen recht hart, also sehr kalkhaltig.

Nicht schön, aber praktisch: Bewässerungssäcke sind vor allem im Jahr der Pflanzung hilfreich.

CLEVER GIESSEN

Effektiver Umgang mit den Wasserressourcen beginnt bei der Standort- und Pflanzenwahl (→ Seite 62) und setzt sich fort mit gezielter Bodenverbesserung und guter Bodenbearbeitung (ab Seite 86). Denn wenn der Boden das Wasser schlecht aufnimmt und nicht ausreichend speichert, hilft auch die beste Sammel-, Förder- und Bewässerungstechnik nur beschränkt. Schließlich spielt die Gießpraxis eine ausschlaggebende Rolle. Die nebenstehenden »Goldenen Gießregeln« gelten für fast alle Gartenpflanzen.

Gießgeräte und Gießhilfen

Die gute alte Gießkanne ist nach wie vor unverzichtbar, vor allem für ein gezieltes Versorgen mit kleineren Wassermengen. Kunststoffkannen sind leicht und recht lang haltbar, wenn man beim Kauf auf gute Qualität achtet. Noch solider sind Metallkannen, z. B. aus verzinktem Stahlblech.

Ebenso unentbehrlich sind **Schläuche**, am besten mit Brauseaufsätzen, bei denen sich Wasserdruck und Art des Strahls einstellen lassen, oder mit Gießstäben. Hier sollte man nicht unnötig sparen: Denn für Qualitätsschläuche gewährleisten die Hersteller eine Garantie von wenigstens 8 Jahren, teils sogar von bis zu 20 Jahren. Gute Schläuche sind knickfest und zugleich elastisch, halten einen Berstdruck von mindestens 20 bar aus, sind frei von Schwermetallen sowie UV-beständig und witterungsstabil. Zunehmend werben Hersteller außerdem mit der Angabe »hitzebeständig«.

Im Trend sind wassersparende, meist dunkelgrüne **Bewässerungssäcke und -ringe** für junge Zierbäume und -sträucher. Die Säcke werden um die Stämme gelegt, über einen Reißverschluss befestigt und mit Wasser befüllt. Über

SPECIAL

Goldene Gießregeln

- Bevorzugt morgens, am frühen Vormittag oder am frühen Abend gießen. Nicht in der prallen Mittagssonne, weil dann zu viel Wasser verdunstet. Auch nicht erst spätabends, weil das Schnecken und Pilzkrankheiten fördern kann.
- Verkrustete und verdichtete Bodenoberflächen vor dem Gießen mit Hacke oder Grubber auflockern, damit das Nass ungehindert zu den Wurzeln durchläuft. Außerdem zerstören Sie durch das Lockern hauchfeine Kanälchen (Kapillaren) im Boden, über die Wasser nach oben steigt und unnötig verdunstet.
- Am besten ohne Brauseaufsatz direkt in den Wurzelbereich gießen, also neben die Pflanzenbasis. So kommt das Wasser am schnellsten dahin, wo es gebraucht wird. Die Blätter oder gar Blüten und Früchte möglichst wenig benetzen.
- Junge, frisch gesetzte Pflanzen anfangs »einschlämmen«. Danach gleichmäßig leicht feucht halten, ebenso wie Saaten, bis alles gut angewachsen bzw. aufgegangen ist.
- Eingewachsene Pflanzen erst wieder gießen, nachdem die oberste Bodenschicht weitgehend abgetrocknet ist.
- Größere Wassergaben im Abstand von zwei oder mehr Tagen fördern das Wurzelwachstum in die Tiefe und gewöhnen die Pflanzen daran, mit zeitweiliger Trockenheit zurechtzukommen. Ungünstig ist dagegen häufiges Getröpfel in kleinen Mengen.
- Hohe Wassermengen mit kleinen Pausen bzw. in mehreren »Runden« ausbringen, damit das Nass zwischendurch gut versickern kann.
- Übertriebenes Gießen vermeiden. Das ist nicht nur Wasserverschwendung: Wird der Boden dauernass gehalten, können Wurzeln, Knollen und Zwiebeln faulen.
- Wenn die Pflanzen gut eingewachsen sind und keine Schneckengefahr droht, empfiehlt sich das Abdecken der freien Zwischenräume mit Mulchmaterial.

Gegossen wird bevorzugt direkt in den Wurzelbereich und nicht über die Blätter, Blüten oder Triebe.

kleine Ablauflöcher an den Sackunterseiten gelangt das Nass tröpfchenweise zu den Wurzeln. Eine gründliche Rasenbewässerung mit dem Schlauch ist mühsam und zeitaufwendig. Deshalb verwenden viele Gärtnerinnen und Gärtner die praktischen **Regner**, auch bekannt als Sprenger oder Sprinkler. Sie haben allerdings einen großen Nachteil: ihren hohen Wasserverbrauch. Denn recht viel verdunstet schon, bevor das kostbare Nass den Boden erreicht. Je nach Regnermodell gehen innerhalb einer Stunde mindestens 600–800 Liter durch die Leitung. Deshalb sind auch Sprenger für Gemüse- und Blumenbeete nicht zu empfehlen. Außerdem kann das ständige Benässen der gesamten Pflanzen die Ausbreitung von Pilzkrankheiten und Schnecken fördern.

GUT DOSIERTE TROPF-BEWÄSSERUNG

Je gezielter das Nass zu den Wurzeln gelangt, desto effektiver ist die Wasserversorgung: Das ist das Grundprinzip der Tropfbewässerung, auch bekannt als Mikrobewässerung. Sie kann den Wasserverbrauch um mehr als die Hälfte senken, lässt sich gut automatisch steuern und beugt nebenbei dem Auswaschen von Nährstoffen vor. Das Wasser wird in Form feiner Tröpfchen direkt in den Wurzelbereich der Pflanzen abgegeben, und zwar entweder

- durch Tropfer an dünnen, gut biegsamen Verteilerschläuchen oder -rohren oder
- durch Tropfschläuche mit kleinen Perforierungen, über die das Wasser austritt.

Die Tropf- bzw. Mikrobewässerung hat sich vielfach bewährt, auch bei Gemüse und Gehölzen – obwohl nur die oberste Bodenschicht durchfeuchtet wird. Entsprechend konzentriert sich der Hauptteil der Wurzeln nahe der Oberfläche. Eigentlich widerspricht das dem sonst gültigen Motto beim Gießen mit Kanne und Schlauch: nämlich besser seltener, aber dafür durchdringend gießen, damit die Wurzeln auch tiefere Schichten erschließen (→ Seite 107, »Goldene Gießregeln«). Doch auch die Tropfbewässerung kann offensichtlich zu gedeihlichem Wachstum führen. Allerdings muss sie störungsfrei funktionieren. Fällt sie einige Zeit aus, z. B. aufgrund von Verstopfungen, leiden die Pflanzen mit ihrem »verwöhnten« Wurzelwerk recht schnell unter Trockenschäden. Deshalb sollten die Tropfer und Verteilerschläuche öfter kontrolliert und, wenn nötig, gereinigt werden.

Wichtig: der Wasserdruck

Der Wasserdruck ist bei diesen Bewässerungssystemen das A und O. Er muss eine kontinuierliche, gleichmäßige Versorgung der Tropfstellen gewährleisten, mit möglichst wenig Druckunterschied zwischen Anschlussstelle und Schlauchende. Für manche Systeme werden zudem druckregulierende Einzeltropfer angeboten.

Eine Tropfbewässerung wird meist aus der Hauswasserleitung gespeist. Häufig führt dann eine kräftigere Pipeline zum Bewässerungssystem mit den dünnen Verteilerschläuchen. Dem muss in der Regel ein Druckminderer vorgeschaltet werden, um die Schläuche und Tropfer nicht zu überlasten. Im Allgemeinen empfiehlt sich ein Wasserdruck zwischen 1,5 und 2 bar, je nach Art des Bewässerungssystems und der Länge der Schläuche bzw. dünnen Rohre. Dazu sollte man unbedingt die Herstellerangaben beachten. Dient ein Regenwassertank oder ein Brunnen als Quelle, braucht man eine Pumpe mit Druckregler und eine gute Filteranlage.

Einzeltropfer und Tropfschläuche

Bewässerungssysteme mit Einzeltropfern eignen sich besonders für Pflanzen in Topfkultur und fürs Gewächshaus. Auch kleinere Beete und kurze Hecken lassen sich so gut versorgen. Für größere Flächen und lange Pflanzenreihen haben sich Tropfschläuche bewährt, die in Längen bis zu 100 m erhältlich sind und beliebig zugeschnitten und über Verbindungselemente verbunden werden können. Bei Tropfschläuchen im engeren Sinn tritt das Wasser über kleine Öffnungen aus, die in regelmäßigen Abständen verteilt sind (z. B. alle 30 cm). Perlschläuche dagegen haben über ihre ganze Länge verteilte Mikroporen und wirken so noch effektiver.

Ober- oder unterirdisch?

Die oberirdische Verlegung ist die einfachste Lösung und hat den Vorteil, dass man jederzeit sieht, ob die Schläuche genug Wasser abgeben und wo sie verlaufen. Sie werden bei der Bodenbearbeitung auch nicht versehentlich beschädigt. Stört der Anblick, kann man die Schläuche mit etwas Mulch kaschieren. Werden Hecken, Baumreihen oder schmale Rabatten damit versorgt, fallen die Schläuche sowieso kaum auf. Noch weniger sieht man natürlich von unterirdisch verlegten Tropfschläuchen. Hier gibt es auch keine Verdunstungsverluste. Aber man kann eben nur mit der Hand nachprüfen, ob der Boden überall ausreichend und gleichmäßig versorgt wird. Manche Anbieter empfehlen deshalb eine zusätzliche Betriebsanzeige. Denn gerade bei unterirdisch verlegten Systemen drohen Ausfälle, wenn Düsen, Tropfer oder ganze Schläuche durch Erdpartikel, Sand oder Kalkablagerungen verstopfen. Ist dann keine gründliche Reinigung mit einem Druckluft-Kompressor möglich, muss der Boden aufgegraben werden.

Eine automatische Bewässerung erleichtert vor allem im Gemüsegarten das Gießen.

Durch die Tropfer gelangt das Wasser schonend an die Pflanzen.

Auch bei Topf- und Kübelpflanzen spart die Installation einer Tropfbewässerung viel Zeit beim Gießen.

Automatische Bewässerung

Ein großer Vorteil aller Tropfbewässerungssysteme ist die Möglichkeit zur automatischen Steuerung und Regelung. Das reicht von einer einfachen Zeitschaltuhr bis zum Bewässerungscomputer mit zahlreichen Einstellmöglichkeiten – oder auch zum Steuern per App über ein Smartphone. Manche Bewässerungscomputer lassen sich zudem mit Feuchtesensoren im Boden verbinden oder mit Regensensoren. Die Computer werden meist mit Batterien betrieben, teils auch über einen Stromanschluss. Dazu kommen mehrere solarbetriebene Modelle.

Eine Tropfbewässerung ist aber auch ganz ohne Hightech und Energiezufuhr möglich: mit Systemen, bei denen die Tropfer zugleich auch Feuchtefühler sind. Hier regulieren druckempfindliche Membranen in Tonkegeln oder Quellhölzer in den Tropfern die Wasserabgabe. Solche Systeme nutzen die Eigenschaften von feuchtesensiblen Naturmaterialien und versorgen die Pflanzen individuell nach ihrem Wasserbedarf. Sie eignen sich allerdings nur für kleinere Flächen sowie für Topfpflanzen und Balkonkästen. In allen Fällen sollte man sich vor einer Anschaffung und Installation möglichst genau über die verschiedenen Systeme und ihre Erfordernisse informieren.

Wer öfter übers Wochenende verreist, wird eine automatische Bewässerungssteuerung schnell schätzen.

Ab in den Urlaub

Sind Gartenbereiche mit hohem Wasserbedarf sowie Balkon und Terrasse mit einer automatischen Bewässerungsanlage ausgestattet, kann diese auch die »Urlaubsvertretung« übernehmen. Mit einem Bewässerungscomputern lässt sich vor der Abfahrt alles entsprechend einstellen, die Tonkegel und Quellhölzer ziehen das gebrauchte Wasser von selbst nach. Doch zuvor sollte man sicherheitshalber einen längeren Probelauf durchführen. Und es kann nichts schaden, wenn Freunde oder nette Nachbarn öfter einmal nachsehen, ob alles einwandfrei läuft. Das empfiehlt sich besonders, wenn das System aus dem Hauswasseranschluss gespeist wird – wenn also der Haupthahn nach draußen während der Urlaubsabwesenheit aufgedreht bleibt. Eine Alternative sind Blumenkästen, Töpfe, Kübel und Hochbeete mit integriertem Wasserspeicher. Bei diesen Gefäßen dient der untere, durch eine Zwischenwand abgetrennte Teil als Wasserreservoir und gibt das Nass z. B. über Ansaugkegel oder Lamellen allmählich an die Erde im oberen Gefäßbereich ab. Gute Speichergefäße sind mit Wasserstandsanzeiger sowie Überlaufvorrichtung ausgestattet. Je nach der Speichergröße und dem Wasserverbrauch der Pflanzen reicht die Füllung für mehrere Tage oder sogar für einige Wochen.

SPECIAL

Ollas & Co.

Ganz ohne Wasserzufluss und aufwendige Regelmechanismen können Ollas Gemüse-, Blumen- und Hochbeete über mehrere Tage mit Wasser versorgen – und machen so zumindest einen sorglosen Kurzurlaub möglich. Es handelt sich um bauchige, unglasierte Tongefäße mit einer Öffnung samt Deckel. Man gräbt die Ollas so tief in die Erde ein, dass oben nur der Einfüllstutzen herausragt. Sind sie mit Wasser befüllt, geben sie über ihre porösen Wände langsam und stetig Feuchtigkeit nach außen ab. So kommt das Nass direkt dahin, wo es gebraucht wird, nämlich zu den Wurzeln: ohne Verluste durch Verdunstung und Versickern. Eine Olla, die rund 5 Liter Wasser fasst, reicht in der Regel, um ungefähr einen Quadratmeter Beetfläche über 3– 4 Tage zu versorgen.

TONTÖPFE UND PET-FLASCHEN

Das Prinzip der Ollas lässt sich auch mit preiswerten, unglasierten Tontöpfen umsetzen. Dazu werden zwei Töpfe mit ihren Öffnungen aufeinandergestellt und mit Wachs oder Silikon zusammengeklebt. Das Abflussloch des unteren Topfs wird verschlossen, z. B. mit einer Tonscherbe. Das Abflussloch des anderen Topfs, das nach oben zeigt, dient dann nach dem Eingraben der »Kombitöpfe« zum Einfüllen des Wassers.

Nicht ganz so ansehnlich, aber praktisch ist eine Vorratsbewässerung mit gebrauchten PET-Flaschen. Diese steckt man mit dem Flaschenhals in die Erde. Zuvor verschließt man die Halsöffnung so, dass das Wasser nur langsam bzw. tropfenweise in die Erde fließt: entweder mit dem Flaschendeckel, der mit kleinen Löchern versehen wird, oder mit Materialien wie Baumwolle, Leinen oder Vlies. Schneidet man den Flaschenboden von der Seite her ein, wird er zum aufklappbaren Deckel, über den sich das Wasser ganz einfach nachfüllen lässt.

Ollas werden im Frühjahr zwischen die Beetreihen im Gemüsegarten vergraben.

PLAGEGEISTER UND NÜTZLINGE

Selbst wenn man seine Pflanzen noch so sorgfältig pflegt: Das Auftreten von Schaderregern lässt sich nicht ganz vermeiden – und wird leider auch durch den Klimawandel gefördert.

Fast jede Gärtnerin und jeder Gärtner kennt unliebsame Erfahrungen mit Blattläusen, Schnecken und Schadpilzen wie Mehltau. Zu solchen Allerwelts-Parasiten, die viele Nutz- und Zierpflanzen befallen, gehören z.B. auch Wühlmäuse und Grauschimmel. Daneben gibt es zahlreiche Schaderreger, die sich nur auf bestimmte Pflanzen oder Pflanzenfamilien spezialisiert haben, so etwa die Raupen des Kohlweißlings und der Sternrußtau an Rosen. Allein die Beschreibung der unzähligen Schädlinge, Pilz-, Bakterien- und Viruskrankheiten, die an Gartenpflanzen auftreten, kann ganze Bücher füllen.

Wegen der Klimaerwärmung machen sich zudem Schaderreger breit, mit denen wir früher kaum zu tun hatten. Das sind vor allem tierische Schädlinge wie die Marmorierte Baumwanze, aber auch Schadpilze, Bakterien und Viren. Dazu kommen neuartige Hitzeschäden, beispielsweise an Blüten und Früchten, und Dürreschäden, die noch nachwirken, wenn die Trockenheit längst überstanden ist. Nicht zu vergessen wärmeliebende »Neuankömmlinge« unter den Wildkräutern wie das Beifußblättrige Traubenkraut, dessen Pollen für Allergiker gefährlich werden können.

NUTZNIESSER VON WÄRME UND HITZE

Schädlinge wie Spinnmilben, Weiße Fliegen, Zikaden und Thripse, die bisher hauptsächlich im Gewächshaus lästig wurden, machen sich zunehmend im Garten breit. Wenn die Pflanzen ohnehin schon unter Hitzestress leiden, sind sie für solche Schaderreger besonders anfällig. Die Gemeine Spinnmilbe oder Bohnenspinnmilbe, die über 200 Nutz- und Zierpflanzen befallen kann, ist eine klare Gewinnerin des Klimawandels. Während es vielen anderen Schädlingen bei Temperaturen über 35 °C zu heiß wird, hält die Spinnmilbe problemlos 45 °C aus.

Manche Schädlinge, etwa Blattläuse, Kohl- und Möhrenfliegen, legen im warmen Frühjahr schon sehr zeitig los und bilden teils auch meh-

Es geht auch ohne Gift: Marienkäfer und ihre Larven vertilgen Blattläuse effektiv und umweltschonend.

rere Generationen pro Jahr aus. Der Apfelwickler mit seinen gefräßigen Maden z. B. bringt es mittlerweile öfter auf drei Generationen. Wenn sich bestimmte Schädlinge witterungsbedingt sehr stark ausbreiten, muss man zudem mit Überraschungen rechnen: Dann befallen sie teilweise auch Pflanzen, die sie sonst meiden.
Andererseits erwachen auch Nützlinge früher aus dem Winterschlaf und bringen ebenfalls mehr Generationen hervor. Und Marienkäfer z. B. fressen deutlich mehr Blattläuse, wenn sich die Temperatur erhöht. Die häufiger gewordenen Großen Heupferde, die in Sommernächten muntere Grillenkonzerte veranstalten, helfen ebenfalls beim Reduzieren von Blattläusen und Spinnmilben. Allerdings haben die Schädlinge im Frühling oft einen deutlichen Vorsprung. Denn ihre natürlichen Gegenspieler brauchen meist länger, bis sie aktiv werden. Deshalb lohnt es sich, überwinternde Schädlinge zeitig zu bekämpfen – dies aber unbedingt mit nützlingsschonenden Präparaten. Neben einer frühen Befallskontrolle wird das gezielte Fördern von Nützlingen immer wichtiger (→ Seite 125).

Alteingeschleppte Plagen

Schon vor längerer Zeit eingeschleppte Schaderreger, etwa Reblaus, San-José-Schildlaus und Maulbeerschildlaus, konnte man im 20. Jahrhundert recht gut eindämmen. Doch durch den Klimawandel wurden sie wieder gefährlicher. Bei der ursprünglich aus Nordamerika eingeschleusten Reblaus kommt dazu, dass die wichtigste Vorbeugungsmaßnahme teilweise unterlaufen wird: das Pfropfen (Veredeln) auf reblausresistente Unterlagen. Winzer und Winzerinnen dürfen seit langem nur noch Pfropfreben pflanzen. Doch in manchen Super- und Baumärkten werden auch wurzelechte, nicht gepfropfte Reben für den Hausgarten angeboten. Dazu kommen selbst vermehrte, nicht veredelte Weinstöcke, die von Freizeitwinzern gepflanzt werden. Auch brachliegende Weinberge mit verwilderten Reben haben zu einem Wiederauftreten des Schädlings beigetragen. Die winzigen gelbbraunen Läuse saugen an den Wurzeln, sodass die Weinstöcke kümmern und schließlich absterben.

Die Schnecke aus dem Nirgendwo

Kaum ein anderer Schädling ist durch den Klimawandel so auf dem Vormarsch wie die Spanische Wegschnecke oder Kapuzinerschnecke. Über die Herkunft dieser Nacktschnecke wird schon lange gerätselt. Mittlerweile ist sicher, dass sie nicht aus Spanien stammt, sondern bereits in den 1960er-Jahren in Frankreich, Italien, der Schweiz und im Südwesten Deutschlands gesichtet wurde. Später hat sie sich flott in Richtung Osten und Norden ausgebreitet. Die Farbe

Die Spanische Wegschnecke gehört zu den Gewinnern des Klimawandels – leider.

In vielen Regionen gelingt der Beerenobstanbau seit der Ausbreitung der Kirschessigfliege nur unter Schutznetzen.

dieser meist 8–12 cm langen Schnecken kann von Rötlich über alle möglichen Braun- und Gelb- bis hin zu Grautönen variieren, teilweise sind sie sogar fast schwarz.

Die Spanische Wegschnecke labt sich an Gemüse, Kräutern, Blumen und Stauden. An älteren Blättern und teils auch an Früchten sieht man Schabefraß, buchtigen Randfraß oder Lochfraß. Glänzende Schleimspuren auf Pflanzen und Boden sind deutliche Anzeichen dafür, dass Schnecken am Werk waren. Tipps zum Fernhalten und Bekämpfen von Nacktschnecken finden Sie auf Seite 123.

Was die Spanische Wegschnecke so gefährlich macht, sind folgende Eigenschaften und Verhaltensweisen:

- Sie sondert einen bitteren, zähen Schleim ab. Deshalb wird sie von Igeln, Kröten, Vögeln und Spitzmäusen verschmäht. Scheinbar ist ein Laufkäfer, der die Eigelege frisst, ihr einziger natürlicher Feind.
- Sie verträgt Sonne und Wärme wesentlich besser als mit ihr verwandte Arten. Sie ist weniger auf Feuchtigkeit angewiesen und kann auch problemlos Kieswege und trockenen Rasen überqueren.
- Sie ist besonders gefräßig und vertilgt im Lauf eines Jahres bis zu 2,5 kg Grünzeug.
- Sie vermehrt sich fast doppelt so stark wie ihre Verwandtschaft, und zwar mit rund 400 Eiern pro Gelege.
- Sie schädigt mittlerweile auch Pflanzen in Wäldern und Naturschutzgebieten. Ebenso hat sie sich in städtischen Gärten und Grünanlagen stark verbreitet.

Aufgrund dieser Eigenschaften verdrängt die umtriebige Spanische Wegschnecke vielerorts andere Schnecken. Das reduziert nebenbei auch die Artenvielfalt. Die allermeisten anderen Schnecken sind keine Schädlinge, im Gegenteil: Sie zersetzen abgestorbene Pflanzen und tote Tiere und tragen zur Humusbildung bei. Schnirkelschnecken mit Gehäuse, z. B. Weinbergschnecken und Bänderschnecken, ernähren sich vorwiegend von Algen, Pilzen, Flechten und welken Pflanzenteilen. Sie machen sich nur gelegentlich über lebende Pflanzen her. Die Weinbergschnecken stehen in Deutschland, Österreich und der Schweiz sogar unter Naturschutz und dürfen nur von Pflanzen abgelesen, aber nicht bekämpft werden.

NEUE KLIMAWANDEL-QUÄLGEISTER

Die oft milden und feuchten Winter fördern auch die Ausbreitung neuer Pilz-, Bakterien- und Viruskrankheiten. Doch es sind vor allem tierische Schädlinge, die von den warmen, trockenen Sommern profitieren. Manche werden als versteckte Bewohner von Verpackungsholz oder mit Pflanzen- und Fruchtimporten nach Europa eingeführt, häufig aus Ostasien oder Nordamerika. Andere zieht es aus den Mittelmeerländern in neue »Jagdgründe« nach Norden. Manche dieser Zuzügler haben bei uns noch kaum natürliche Gegenspieler und ihre Bekämpfung ist oft schwierig.

Gefährliche Schädlinge

Die kleine, hellbraune **Kirschessigfliege** wurde bei uns innerhalb kurzer Zeit zum Schrecken von Obstbauern, Winzern und Hobbygärtnern. Sie kann sich bei mäßig warmem, trockenem Wetter rasant vermehren, weil dann etwa alle 10 Tage eine neue Generation folgt. Die Weibchen legen ihre Eier in reifende Früchte ab, besonders gern in Kirschen, Himbeeren, Brombeeren, Erdbeeren und Weintrauben. Daraus schlüpfen weiße, gut 3 mm lange Maden und zerfressen die Früchte von innen.

Die **Marmorierte Baumwanze** hat sich in wärmeren Regionen der Schweiz, Österreichs und Deutschlands stark ausgebreitet. Das rund 15 mm große, käferähnliche Insekt hat bis zu 5 helle Punkte auf ihrem breiten Rückenschild: eines der wenigen Unterscheidungsmerkmale zur heimischen Grauen Gartenwanze. Wenn sich die Marmorierte Baumwanze bedroht fühlt, verbreitet sie besonders unangenehme Gerüche. Deshalb hat diese »Stinkwanze« bei uns auch kaum Fraßfeinde. Sie saugt hauptsächlich an Früchten. Auf ihrem Speiseplan stehen fast alle Obstgehölze und ebenso Fruchtgemüse wie Tomaten, Paprika und Mais.

Noch weniger wählerisch ist die **Grüne Reiswanze**. Sie bevorzugt Hülsenfrüchte und andere Gemüse, schadet aber auch an Obst, Ziergehölzen, Blumen und Stauden. Sie saugt an Früchten, Samen, Blättern und Stängeln. Über ihre Einstichstellen können zudem Pilze und andere Schaderreger eindringen.

Der **Asiatische Laubholzbockkäfer** ist bis 4 cm groß, glänzend schwarz und weiß gefleckt sowie mit langen, schwarz-weiß gestreiften Fühlern ausgestattet. Die Weibchen nagen ab Juni große, grubenartige Löcher in die Rinde von Bäumen wie Ahorn, Birke, Rosskastanie, Linde und Weiden. Darin legen sie ihre Eier ab, aus denen hellbraune, bis 5 cm lange Larven schlüpfen. Diese bohren sich in das Innere der Stämme und schädigen sie durch zunehmend breitere Gänge. Dadurch sterben Äste und Kronenteile ab, kleinere Bäume auch komplett. Der Käfer ist ein meldepflichtiger Quarantäneschädling! Befallene Bäume müssen in Abstimmung mit dem Pflanzenschutzdienst gerodet und beseitigt werden.

Der **Buchsbaumzünsler** hat innerhalb weniger Jahre dazu geführt, dass vor allem in Südwest- und Süddeutschland viele Buchshecken gerodet wurden. Der kleine, nachtaktive Falter wird nun auch weiter nördlich öfter gesichtet. Seine bis 5 cm langen Raupen sind gelb- bis dunkelgrün mit schwarzen und weißen Längsstreifen. Sie überwintern, eingesponnen in Kokons, am Buchs und beginnen ab Mitte März zu fressen: erst an Blättern, später an Zweigrinden. Oft bleiben sie zunächst unentdeckt, da sie sich im Innern des Strauchs aufhalten. Erst später fallen ihre weißen Gespinste auf. Durch regelmäßiges

Absammeln der Raupen und Herausschneiden der Gespinste lässt sich der Befall eindämmen. Hilfreich sind auch Spritzmittel mit dem Naturstoff Azadirachtin (Neem). Anfangs hatte der Buchsbaumzünsler bei uns kaum natürliche Feinde. Mittlerweile schätzen mehrere Vogelarten die Raupen als Leckerbissen.

Ehemals meldepflichtig

Noch vor wenigen Jahren waren z. B. Reblaus und San-José-Schildlaus meldepflichtig. Das galt bis Ende 2019 auch für den **Feuerbrand**, eine hoch ansteckende Bakterienkrankheit an Kernobst, also Birne, Apfel, Quitte sowie an Ziergehölzen mit apfelähnlichen Früchten wie Felsenbirne, Weißdorn, Feuerdorn und Zwergmispel (*Cotoneaster*). Die Ausbreitung dieser Krankheit kann ganze Obstanlagen zerstören. Bei schwerem Befall wirken Baumpartien wie versengt, deshalb der Name Feuerbrand. Die Bakterien bilden einen Schleim aus, der die Leitgefäße der Bäume verstopft. Der Schleim wird durch Insekten, Vögel, Regentropfen, Wind und Schnittwerkzeug auf die Blüten anderer Pflanzen übertragen. Befallene Triebe sollte man frühzeitig und großzügig bis ins gesunde Holz zurückschneiden. An Feuerbrand erkrankte Ziergehölze werden am besten gerodet, um keine weiteren Obstbäume anzustecken. Schnittwerkzeug sollte mit Alkohol desinfiziert werden.

Kranke Pflanzen und Pflanzenteile müssen möglichst bald verbrannt werden. Das Ganze ist für Hobbygärtner allerdings ziemlich verzwickt, seit keine Meldepflicht mehr besteht. Heute sind professionelle Tests auf Feuerbrand oft gebührenpflichtig und für alles andere ist man selbst zuständig. Beim Verbrennen muss man die allgemeinen Vorschriften für Gartenabfälle beachten und vorher je nach Kommune die Gemeindeverwaltung oder die Polizeidienststelle benachrichtigen. Größere Mengen kann man, unter einer Abdeckplane, zu einer Müllverbrennungsanlage bringen – muss sich aber vorher erkundigen, ob die auch Baumschnitt und gerodete Gehölze annimmt.

Grundsätzlich sind Schaderreger nicht mehr meldepflichtig, wenn sie sich schon in Europa ausgebreitet haben. Feuerbrand, Reblaus, Weißer Chrysanthemenrost & Co. fallen heute unter »Nicht-Quarantäneschädlinge«. Besondere Vorschriften gibt es nur für Vermehrungsbetriebe.

Aktuelle Meldepflicht-Regelungen

Dass die frühere Meldepflicht für Feuerbrand und andere Schaderreger aufgehoben wurde, liegt nicht zuletzt daran, dass die zuständigen Behörden alle Hände voll zu tun haben. Durch den Klimawandel und den globalen Handel kommen immer mehr »Neuzugänge« ins Visier, die genau beobachtet werden müssen. Dazu gibt es ein für alle Mitgliedstaaten der Europäischen Union (EU) verbindliches Regelwerk. Das wirkt schon ziemlich bürokratisch und ist für Freizeitgärtner teils schwer durchschaubar. Denn es geht vor allem darum, das Einschleppen von Schaderregern über den Handel mit Pflanzen, Saatgut und Erntegut zu vermeiden. Zugleich soll eine Ausbreitung über Gärtnereien, Obstanlagen usw. verhindert werden.

Deshalb gibt es ellenlange Listen von meldepflichtigen »Unionsquarantäneschädlingen« – die in der EU bisher nicht oder nur sehr begrenzt aufgetreten sind. Davon wurden in Privatgärten nur wenige vereinzelt gesichtet: etwa der Asiatische Laubholzbockkäfer (→ Seite 115), der ähnliche Zitrusbockkäfer, noch seltener Japankäfer, Kartoffelkrebs und Tomatenringfleckenvirus.

Bei Verdacht auf einen Befall mit solchen meldepflichtigen Schädlingen sollte man sich umgehend an den regional zuständigen Pflanzenschutzdienst wenden. Der veranlasst genaue Untersuchungen, gibt Hinweise zu den nötigen Bekämpfungsmaßnahmen oder lässt kranke Gehölze roden und fachgerecht entsorgen (→ Seite 119, auch »Professionelle Beratung«).

Das den Feuerbrand auslösende Bakterium liebt Wärme und breitet sich aufgrund des Klimawandel immer weiter aus.

KRITISCHER WILDWUCHS

Bei den Wildkräutern oder Unkräutern sieht es ähnlich aus wie bei den Schädlingen: Trockenheitsverträgliche, wärmeliebende, hartnäckige Arten breiten sich zunehmend stärker aus, so z. B. Disteln, Quecken, Acker- und Zaunwinde, Franzosenkraut, Sauerklee und wilde Brombeere. Auch unter den Unkräutern gibt es viele zugewanderte und eingeschleppte Arten. Manche wurden als Zierpflanzen eingeführt, haben sich übermäßig ausgebreitet und in der freien Landschaft heimische Wildpflanzen verdrängt. Prominente Beispiele sind die nordamerikanischen Goldruten *(Solidago)* und der Riesen-Bärenklau *(Heracleum mantegazzianum)* aus dem Kaukasus. Dieser über 2 m hoch wachsende Doldenblütler kann sehr schwere Hautreizungen hervorrufen. Das aus den USA stammende Beifußblättrige Traubenkraut *(Ambrosia artemisiifolia)* wurde erst in neuerer Zeit zur Plage – und vor allem über Samen in verunreinigtem Vogelfutter eingeschleppt. Seine ab Juli reichlich produzierten Pollen können schwere Allergien auslösen, mit starker Reizung der Augen und Atemwege. In Deutschland und Österreich gibt es Meldestellen für das Auftreten dieses Korbblütlers, in der Schweiz besteht sogar eine Bekämpfungspflicht. Bei all diesen Wildkräutern empfiehlt sich frühzeitiges, regelmäßiges und gründliches Entfernen (→ Seite 87, auch »Hacken, lockern, jäten«).

Der Asiatische Laubholzbockkäfer befällt Laubbäume, vor allem Ahorne, Birken, Pappeln und Weiden.

Das Beifußblättrige Traubenkraut ist durch die allergieauslösenden Pollen für Allergiker ein großes Problem.

Insekten sind nicht wählerisch und nehmen geeignete künstliche Nisthilfen gerne an.

PFLANZEN STÄRKEN UND SCHÜTZEN

Manche erinnern sich vielleicht noch an gärtnernde Eltern oder Großeltern, die häufig mit der Giftspritze unterwegs waren. Vielfach wurden chemische Pestizide wie DDT und E 605 ausgebracht. Die töteten so ziemlich alles ab, was vor die Spritze kam. Mit Herbiziden wurde jedes Kräutlein, das zwischen den Wegplatten hervorspitzte, sofort ausgeschaltet. Erst allmählich erkannte man die üblen Auswirkungen dieser Praxis. Vögel wurden in den Gärten immer seltener, ebenso in der Agrarlandschaft. Und Imker beklagten Schäden in ihren Bienenvölkern. Untersuchungen zeigten, dass sich manche der giftigen Wirkstoffe im Boden und im Grundwasser angereichert hatten, teils sogar im Fettgewebe von Menschen und Tieren.

Schließlich sah sich der Gesetzgeber gezwungen, die Notbremse zu ziehen. Einige Wirkstoffe wurden komplett verboten, andere chemische Mittel für den Privatgarten nicht mehr zugelassen. In neuerer Zeit schrumpfte die Liste für den »Haus- und Kleingarten« noch mehr. Das passt zur geänderten Einstellung unter Hobbygärtnerinnen und -gärtnern: Viele haben keine Lust mehr, ihr grünes Umfeld zu verpesten, und bevorzugen Bioanbau und Naturgartengestaltung.

Augen auf beim Gartenspaziergang

Das in Deutschland zuständige Bundesamt für Verbraucherschutz und Lebensmittelsicherheit (BVL) empfiehlt zu Recht, was viele in ihrem Garten sowieso schon machen: auf gute Vorbeugung, Kulturmaßnahmen und mechanische Abwehr zu setzen. Pflanzenschutzmittel sollte man nur noch verwenden, wenn es wirklich nötig ist – und wenn man die Schadursache eindeutig erkennen kann.

Bei den neuen Klimawandel-Plagegeistern fällt einem teils schon die Diagnose schwer. Zudem gibt es gegen manche auch keine wirksamen Mittel. Dadurch werden erhöhte Wachsamkeit und frühes Eingreifen umso wichtiger. Genaues Hinsehen lohnt sich bereits beim Aufgang von Sämlingen und beim Neuaustrieb. Werfen Sie immer wieder einen prüfenden Blick auf Ihre Pflanzen, auch auf die Blattunterseiten.

Professionelle Beratung

In Zweifelsfällen lässt man sich am besten von Fachleuten beraten. Gute Anlaufstellen sind die Gartenakademien (→ Seite 237, Anhang) und die Pflanzenschutzdienste der Bundesländer – nicht zu vergessen kundiges Fachpersonal in Gärtnereien und Gartencentern, das gern weiterhilft.

Pflanzenschutzdienste sind meist den Landwirtschaftskammern oder den Regierungspräsidien zugeordnet. Schickt man an solche Einrichtungen Pflanzenmaterial zur Untersuchung, werden in der Regel Gebühren fällig. Dafür erhält man aber auch meist schon konkrete Tipps und Empfehlungen zum Gegensteuern und Bekämpfen.

Allerdings haben heute selbst Experten und erfahrene Praktiker manchmal Probleme mit der Diagnose: Der Klimawandel führt teils zu neuartigen, ungewohnten Symptomen und zum Auftreten von bisher noch kaum bekannten Schaderregern. Außerdem nehmen Hitze- und Trockenschäden sowie Spätfrostschäden nach vorzeitigem Austrieb zu und erschweren das Bestimmen der Schadursachen.

Vorbeugen ist besser …

Zu einer guten Vorbeugung gehört vieles, das in den Kapiteln »Standort- und Pflanzenwahl« (ab Seite 62), »Der Boden: die fruchtbare Basis« (ab Seite 70) und »Wasser, das Lebenselixier« (ab Seite 94) empfohlen wird. Denn alles, was ein

AUF HYGIENE ACHTEN

- Regelmäßiges und sorgfältiges Reinigen von Zubehör beugt einer Verbreitung von Schaderregern vor.
- Das empfiehlt sich für alle Gartengeräte, Schnittwerkzeug, Pflanzhilfen, Anzuchtgefäße und Stützstangen.
- Nach Arbeiten an Pflanzen mit starkem Krankheitsbefall die Utensilien mit hochprozentigem Alkohol oder mit Wasserstoffperoxid desinfizieren.
- Auch Hände, Handschuhe, Schuhe und andere Kleidungsstücke sollten nach Kontakt mit kranken Pflanzen gründlich gereinigt werden.
- Gebrauchte Bindeschnüre und -drähte werden besser entsorgt und beim nächsten Mal durch neue ersetzt.
- Zur »Gartenhygiene« gehört auch das Entfernen von eingetrockneten Fruchtmumien an Obstbäumen sowie von Falllaub und Ernteresten mit Krankheitsbefall. Sie sollten nicht auf den Kompost kommen, sondern in die Biotonne.

vitales Wachstum fördert, stärkt auch die Widerstandskräfte gegen Schaderreger.
Pflanzen verfügen über ihre eigenen Abwehrstrategien und haben eine Art Immunsystem. Dieses leidet, wenn sie gestresst sind, und macht sie anfälliger. Ratsam ist deshalb eine gute Fürsorge bereits im empfindlichen Jugendstadium und später das Vermeiden unnötiger Verletzungen, z. B. beim Hacken oder durch zu enge Bindungen, die Stämme einschnüren. Stets gut geschärftes Schnittwerkzeug sorgt dafür, dass Schnitte rasch verheilen.
Dem Vorbeugen dient zudem die Wahl von Sorten (Züchtungen), die als resistent oder tolerant gegen bestimmte Krankheiten und Schädlinge ausgewiesen sind. Auch alte und lokale Gemüse- und Obstsorten sind teils besonders robust. Bei den Zierpflanzen, besonders bei Stauden, erweisen sich wilde und »halbwilde« Arten oft als weit weniger anfällig als prächtige Züchtungen.
Im Gemüsegarten spielen Fruchtwechsel und Mischkultur eine wichtige Rolle und können das Befallsrisiko deutlich senken (→ Seite 133). Das lässt sich grundsätzlich auch auf den Ziergarten übertragen: Je abwechslungsreicher die Bepflanzung ist, desto geringer die Gefahr, dass sich bestimmte Schädlinge in kurzer Zeit im ganzen Garten ausbreiten. Die heißen, trockenen Sommer begünstigen Spinnmilben und ähnliche Pflanzensauger. Deshalb pflanzt man ihre bevorzugten Wirtspflanzen wie Rosen, Obstgehölze, Bohnen und Gurken besser nicht direkt vor helle, prall besonnte Wände.

Aussperren und abwehren

Die eleganteste Abwehr besteht darin, dass man Schädlinge gar nicht erst zum Zug kommen lässt. Bewährt haben sich mechanische **Barrieren**: Schneckenzäune für Beete und Hochbeete, Kulturschutznetze, die über Saaten und Pflanzen ausgebreitet werden, und Vogelschutznetze, die auch Baum- und Strauchobst vor gefiederten Mitessern bewahren. Dazu kommen Drahthosen oder Manschetten gegen Wildverbiss an Gehölzen. Kohlkragen, die Schädlinge von der Eiablage abhalten, und Wühlmauskörbe, die das Risiko von Fraßschäden an Blumenzwiebeln mindern.
Manche Blumen sind wirksame **Fang- und Abwehrpflanzen**, allen voran Tagetes (Studentenblumen). Sie können schädliche Wurzelnematoden (Älchen) abtöten und lassen sich vorbeugend oder nach einem Befall auch als Gründüngung einsetzen. Zudem ködern sie Schnecken, die man leicht von ihnen absammeln kann. Ringelblumen hemmen ebenfalls Nematoden und sind ebenso wie Tagetes giftig für Drahtwürmer. Die Kapuzinerkresse zieht Blattläuse geradezu magisch an, sodass benachbarte Pflanzen weitgehend verschont bleiben. Sie kann auch Blutläuse von Obstbäumen »abziehen«. Bewährte pflanzliche Köder sind z. B. auch Salatpflänzchen und ausgelegte Kartoffelstücke zum Fangen von Drahtwürmern.
Einige Pflanzen bilden reichlich ätherische Öle oder Gerbstoffe, um sich vor Schädlingen zu schützen. Aromatische Kräuter wie Thymian, Salbei und Bohnenkraut können als Duftbarrieren dienen, wenn sie als durchgehende Schutzstreifen gepflanzt werden. Ein bekannter Klassiker ist der Lavendel, der Blattläuse von Rosen fernhalten soll. Doch leider haut das in heißen Sommern nicht immer hin: Dann saugen die Läuse manchmal sogar am Lavendel.

Entfernen und einfangen

Sitzen Schädlinge wie Blattläuse, Raupen und Käfer gut erkennbar an den Pflanzen, kommt man ihnen oft schon durch frühzeitiges **Entfernen** bei. Je nach Schädlingsart und -größe kann man sie einfach abstreifen, zerquetschen, ablesen, abbürsten oder abkratzen, an robusten Pflanzen auch mit kräftigem Wasserstrahl abspritzen. Durch Entfernen befallener Blätter, Triebe und anderer Pflanzenteile lässt sich einer weiteren Ausbreitung vorbeugen. Bei Gehölzen hilft es häufig, erkrankte Zweige oder Äste kräftig bis ins gesunde Holz zurückzuschneiden. Sind ganze Pflanzen stark geschädigt, ist es meist am besten, sie komplett zu entfernen – dies möglichst großzügig mitsamt Wurzelballen und angrenzendem Erdreich, wenn es Anzeichen für bodenbürtige Schaderreger, Viren oder Bakterien gibt.

Fallen in verschiedenen Größen eignen sich gut zum Bekämpfen von Wühlmäusen, Feldmäusen und Ratten. Dabei handelt es sich oft um Schlagfallen mit einem Spannbügel, der die Nagetiere erschlägt, wenn sie in der Falle ausgelegte Köder fressen wollen. Lebendfallen mögen einem sympathischer erscheinen. Doch darin erleiden die Tiere gewaltigen Stress. Und dann muss man sie irgendwo aussetzen, wo sie entweder verhungern, sich anderweitig durchfressen – oder wieder zurückkehren. Bitte beachten Sie, dass solche Fallen nicht gegen Maulwürfe eingesetzt werden dürfen!

Maulwurfsgrillen (Werren), die gelegentlich an Wurzeln, Rüben und Knollen fressen, kann man einfach in glattwandigen Dosen oder Einmachgläsern fangen, die man ebenerdig in den Boden eingräbt, sodass die Tiere hineinfallen. Sternförmig ausgelegte, auf die Fallen zulaufende Latten verbessern den Fangerfolg. Das Aussetzen gefangener Maulwurfsgrillen in der freien Landschaft, beispielsweise auf einer Wildwiese, gilt als problemlos.

Ein Schneckenzaun ist die einzige dauerhafte Lösung, Schnecken aus den Gemüsebeeten fernzuhalten.

Tagetes produzieren in den Wurzeln Stoffe, die Nematoden vertreiben.

Drahtwürmer lassen sich mit aufgeschnittenen Kartoffeln ködern und absammeln.

Mit Wellpappegürteln, die im späten Frühjahr an den Baumstämmen angebracht werden, lassen sich die Raupen (Maden) von Apfel- und Pflaumenwicklern abfangen. Eine feine Sache ist es, wenn einem die Schädlinge auf den Leim gehen. Zu diesem Zweck gibt es Leimringe für am Stamm hochkriechende Frostspannerweibchen und gelbe Leimtafeln für Kirschfruchtfliegen. An leimbeschichteten Weißtafeln bleiben Sägewespen hängen, an Gelbtafeln Zikaden und Weiße Fliegen, an Blautafeln Thripse im Gewächshaus.

Pheromonfallen ziehen mit weiblichen Sexuallockstoffen die Männchen an, die dann, ebenfalls mit Leim, aus dem Verkehr gezogen werden. Solche Fallen beugen recht wirksam dem Auftreten von Apfel- und Pflaumenwicklerraupen (Obstmaden) vor.

Pflanzenauszüge und Stärkungsmittel

Manche Kräuter, Gemüse und Wildpflanzen enthalten Stoffe, die Schädlinge und Krankheiten effektiv eindämmen und abwehren. Daraus kann man Brühen, Jauchen, Tees oder Kaltauszüge zubereiten, um sie als natürliche Stärkungs- und Schutzmittel einzusetzen. So haben sich beispielsweise Zubereitungen aus Rainfarn, Wermut und Brennnessel gegen verschiedene Schädlinge sehr bewährt und Auszüge aus Zwiebelschalen, Knoblauch und Ackerschachtelhalm gegen Pilzkrankheiten. Brennnessel- und Beinwelljauche sind außerdem gute Naturdünger.

Viele der für solche Zubereitungen geeigneten Pflanzen finden Sie schon in Ihrem Garten. Andere wie Ackerschachtelhalm und Rainfarn können Sie in der Landschaft sammeln. Zum Teil werden sie auch in Kräuterläden und Drogerien angeboten sowie von Versendern für Gartenbedarf. In der Regel brauchen Sie zum Zubereiten jeweils 1000–1500 g frische Pflanzenteile oder 100–300 g getrocknete Pflanzenteile pro 10 Liter Wasser.

Beachten Sie aber, dass nicht alle Pflanzenauszüge völlig harmlos sind. Wermut, Rainfarn und Salbei z. B. enthalten das Nervengift Thujon, das in sehr hoher Dosis sogar für Menschen gefährlich ist. Und was gegen Schädlinge wirkt, kann grundsätzlich auch Nützlinge beeinträchtigen.

Wer sich den Aufwand der eigenen Zubereitung sparen will, kann auf das umfangreiche Angebot an Pflanzenstärkungsmitteln im Gartenfachhandel zurückgreifen. Diese gebrauchsfertigen Mittel enthalten Auszüge aus Pflanzen, Algenextrakte, Mineralien, Mikroorganismen oder homöopathische Substanzen.

Mit Gelbtafeln werden Zikaden, Weiße Fliegen und andere Pflanzenschädlinge abgefangen.

SPECIAL

Maßnahmen gegen Schnecken

Pflanzenschädigende Schnecken treten vor allem im feuchten Frühjahr und in regenreichen Sommerwochen auf. Die Spanische Wegschnecke kommt allerdings auch mit Trockenheit ganz gut zurecht und gehört zu den gefährlichsten Kriechtieren im Gemüse- und Blumenbeet (→ Seite 113). Andere gefräßige Nacktschnecken sind z. B. die bis 16 cm langen Roten und Schwarzen Wegschnecken, die kleinen, graugelben bis schwarzen Gartenwegschnecken und die hell- oder dunkelgrauen, bis 6 cm langen Ackerschnecken.

Weil sie oft in Massen auftreten, bekommt man die Tiere schwer in den Griff. Am besten hilft eine Kombination aus verschiedenen Vorbeugungs- und Bekämpfungsmethoden.

Vorbeugen, ködern, bekämpfen

- Im Frühjahr und bei feuchter Witterung vorübergehend auf das Mulchen verzichten.
- Bretter, flache Steine oder große Kohl- und Rhabarberblätter auslegen. Darunter frühmorgens und abends Schnecken absammeln.
- Bei der Bodenbearbeitung und beim Kompostumsetzen auf die weißen oder gelblichen Eigelege achten und diese entfernen.
- Nach starken Befallsjahren im Winter umgraben, sodass die nach oben geholten Eier und Tiere in der Kälte absterben.
- Die öfter empfohlenen, in den Boden eingegrabenen Bierfallen haben häufig eine nachteilige Nebenwirkung, bekannt als »Freibiereffekt«: Der Biergeruch kann weitere Schnecken aus der Nachbarschaft anlocken.
- Mehr bringen Schneckenköder (Schneckenkorn) mit dem Wirkstoff Eisen-III-Phosphat. Sie sind nur für Schnecken giftig, gefährden keine anderen Gartenbewohner und zerfallen mit der Zeit in Pflanzennährstoffe.
- Präparate mit sogenannten PH-Nematoden eignen sich zur biologischen Bekämpfung von Acker- und Wegschnecken und erfassen auch junge Spanische Wegschnecken. Die in Wasser aufgelösten Präparate kann man einfach mit der Gießkanne ausbringen.
- Schneckenzäune aus Stahlblech oder Kunststoff gehören zu den besten Abwehrmaßnahmen für gefährdete Beete und Hochbeete. So ein Zaun sollte mindestens 10 cm über und unter die Erdoberfläche reichen und oben einen scharf abgewinkelten oder wenigstens halbrunden Rand haben.
- Der Tigerschnegel ist eine Nacktschnecke, frisst aber nur gelegentlich an Pflanzen. Er bevorzugt abgestorbene Pflanzenreste, Pilze – und schädliche Schnecken sowie deren Gelege. Im Internet findet man Anbieter, bei denen man Tigerschnegel zum Ansiedeln im Garten bestellen kann.
- Wer genug Platz hat für Laufenten und sie gut pflegt, muss kaum noch Plagen befürchten: Sie sind sehr eifrige Schneckenjäger.

Pflanzenschutzmittel aus Naturstoffen

Anders als die Stärkungsmittel wirken käufliche Pflanzenschutzmittel direkt und deutlich gegen Schaderreger, auch Präparate aus Naturstoffen, Sie werden vor ihrer Zulassung gründlich auf unerwünschte Nebenwirkungen überprüft, vor allem auf Gesundheitsrisiken für die Anwender und die Gefährdung von Bienen, Nützlingen sowie von Wassertieren. Die Zulassung ist jeweils befristet und muss nach Ablauf neu beantragt werden.

Pflanzenschutzmittel für Hobbygärtnerinnen und -gärtner sind mit dem Hinweis »Anwendung durch nichtberufliche Anwender zulässig« gekennzeichnet. Die Abgabe darf nur durch sachkundiges Verkaufspersonal erfolgen, das auch zur Beratung verpflichtet ist. Die Mittel sind jeweils nur für bestimmte Schaderreger an genau genannten Pflanzen und Kulturen zugelassen, teils auch nur im Gewächshaus oder an Zimmerpflanzen. Festgelegt sind zudem die maximale Zahl der Anwendungen sowie die Wartezeiten für Gemüse und Obst: Das ist die Zeitspanne nach der letzten Anwendung, ab der man das Erntegut unbedenklich essen kann. Man sollte sämtliche Anwendungshinweise auf den Verpackungen und den Beipackzettel der Pflanzenschutzmittel genau beachten.

Die **Bienengefährlichkeit** wird durch Kürzel gekennzeichnet: B1 bedeutet bienengefährlich (deshalb nie auf blühende Pflanzen spritzen, auch nicht auf Unkräuter); B3 bedeutet bei richtiger Anwendung bienenungefährlich und B4 nicht bienengefährlich.

Sehr wichtig: Bewahren Sie Pflanzenschutzmittel immer unzugänglich für Kinder auf, am besten in abschließbaren, hoch angebrachten Wandschränken. Pflanzenschutzmittelreste sowie Altpackungen über dem Verfallsdatum müssen in jedem Fall über den Sondermüll entsorgt werden.

Gute Pflanzenschutzmittel auf Naturstoffbasis sind:

- Rapsöl gegen Spinnmilben, Weiße Fliegen, Blattläuse, Schildläuse, Blattsauger, Sitkafichtenlaus, Zikaden, Thripse
- Orangenöl gegen Spinnmilben, Weiße Fliegen, Blattläuse
- Kaliseife und Kaliumsalze natürlicher Fettsäuren gegen Blattläuse, Spinnmilben, Weiße Fliegen
- Azadirachtin (Neem) gegen blattminierende, beißende und saugende Insekten und Kartoffelkäfer
- Pyrethrine mit Rapsöl gegen Blattläuse, Spinnmilben, Schildläuse, Schmetterlingsraupen, Wanzen, Erdflöhe, Kohlmotte, Lilienhähnchen, Kartoffelkäfer
- Paraffinöl gegen Schildläuse, Woll- und Schmierläuse und Wintereier von Spinnmilben (Austriebsspritzmittel)
- Spinosad gegen Kartoffelkäfer, Dickmaulrüssler, Schmetterlingsraupen an Weinreben
- Eisen-III-Phosphat (Schneckenköder) gegen Nacktschnecken
- Bakterienpräparate mit *Bacillus thuringiensis* gegen Schmetterlingsraupen an Kohl und Traubenwickler
- Bakterienpräparate mit *Bacillus thuringiensis israelensis* gegen Stechmücken in Regentonnen und Gartenteichen
- Schwefel gegen Echten Mehltau und Stachelbeermehltau
- Bakterienpräparate mit *Bacillus amyloliquefaciens* gegen Pilzkrankheiten im Gewächshaus
- Pelargonsäure und Essigsäure gegen Unkräuter

Schädlingsmittel mit Pyrethrinen (Chrysanthemenextrakten) sowie Pilzbekämpfungsmittel mit Schwefel sollte man nicht allzu oft einsetzen, denn sie erfassen auch Nützlinge. Spinosad ist zudem bienengefährlich und bleibt am besten für Notfälle vorbehalten.

NÜTZLINGE IM GARTEN FÖRDERN

In einem belebten Garten sind unzählige Tiere unterwegs, die ständig Hunger auf Insekten, Milben, Würmer oder Schnecken haben. Solche als Nützlinge geschätzten Tiere können Plagegeister im Zaum halten und selbst nach einer wetterbedingten Massenvermehrung wieder auf ein erträgliches Maß reduzieren. Marienkäfer und ihre plumpen, bewarzten Larven z. B. vertilgen täglich bis zu 150 Blattläuse. Teils stehen auch Schildläuse, Spinnmilben und sogar Mehltaupilze auf dem Speiseplan. Ebenso hilfreich sind Florfliegen, Schwebfliegen, Schlupfwespen, Ohrwürmer, Spinnen und winzige Kleintiere wie Laufkäfer, Raupenfliegen, Raubwanzen und Raubmilben. Sie alle machen Schädlingen das Leben schwer. Dasselbe gilt für insektenfressende Vögel, Spitzmäuse, Fledermäuse, Kröten, Frösche, Eidechsen und Maulwürfe.

Mit einer vielfältigen Bepflanzung mit Wildhecken und naturnahen Bereichen kann man diese Tiere unterstützen – sie wirkt auf die Nützlingsschar sehr einladend. Viele schätzen auch ruhige Ecken mit geduldetem Wildwuchs, beispielsweise mit Brennnesseln, Vogelmiere und Gänseblümchen.

Rotkehlchen verzehren täglich Hunderte von lästigen Insekten. Eine dichte Hecke dient als Rückzugsort.

Verstecke und Nisthilfen

Laub,- Holz-, Steinhaufen und Trockenmauern bieten Rückzugs- und Überwinterungsplätze, z. B. für Gallmücken, Raubwanzen, Eidechsen und Igel. Für andere willkommene Gartengäste gibt es im Fachhandel spezielle Unterschlupfmöglichkeiten sowie Nisthilfen. Manches kann man auch leicht selbst bauen bzw. herstellen. Dazu gehören:

- Nisthilfen für Vögel: Für zahlreiche Vogelarten werden ganz unterschiedliche, artgerechte Nistkästen und -geräte angeboten, die man unbedingt katzensicher anbringen sollte.
- Nisthilfen für Fledermäuse: Für diese eignen sich je nach Art Rundhöhlen, Flachkästen oder Nisthöhlen für Spaltenbewohner wie Zwergfledermäuse. Die Nisthilfen dienen ihnen teilweise auch zum Überwintern.
- Unterschlupf für Igel: Die stachligen Gesellen können Sie mit einem selbst gebauten Igelhaus oder einer Igelkuppel aus dem Fachhandel unterstützen.
- Nisthilfen für Insekten: Hartholzblöcke und -scheiben mit unterschiedlich großen Bohrlöchern, Lochziegel, gelochte Tonklötze, Schilfrohr- und Strohbündel. Solche Vorrichtungen lassen sich auch prima in einem überdachten »Insektenhotel« vereinigen.
- Florfliegenquartiere: Mit rotem Anstrich, der die Tiere mit den fein geäderten Flügeln anlockt. Sie werden ab Mitte September in 1,5–2 m Höhe als Überwinterungshilfen aufgehängt oder aufgestellt.
- Unterschlupf für Ohrwürmer: Diese eifrigen Blattlausfresser mögen Tontöpfe, die an Ästen oder Pfählen mit der Öffnung nach unten aufgehängt und mit Holzwolle oder Stroh gefüllt werden.

Ein weiterer wichtiger »Service« für die Nützlinge: ab den ersten trockenen Frühlingstagen Trinkwasser für Vögel, Igel, Fledermäuse sowie für Insekten bereitstellen. Täglich nachgefüllte Schalen, Topfuntersetzer und Vogeltränken helfen ihnen, auch heiße Sommerwochen gut zu überstehen. Die Trinkgefäße sollten regelmäßig gereinigt werden.

Nützlinge gezielt einsetzen

Einige Firmen haben sich auf das Züchten von Nützlingen spezialisiert, die sich dadurch gezielt z. B. gegen Blattläuse und Spinnmilben einsetzen lassen. Von manchen Anbietern findet man im Gartenfachhandel Bestellkarten für Nützlinge, bei anderen kann man nur direkt bestellen. Die Tiere werden je nach Art als Eier, Larven oder erwachsene Tiere geliefert, z. B. in Tüten, auf Kärtchen oder Kartonrähmchen, und so zwischen den Pflanzen verteilt oder aufgehängt. Man sollte die Nützlinge umgehend bestellen, sobald die ersten Schädlinge auftreten, und nach Erhalt sofort aussetzen.

Im Gewächshaus haben sich Florfliegen gegen Blattläuse und Thripse sowie *Encarsia*-Schlupfwespen gegen Weiße Fliegen schon lang bewährt. Angeboten werden unter anderem auch Marienkäfer und Gallmücken gegen Blattläuse, Raubmilben gegen Spinnmilben und Thripse und verschiedene Schlupfwespen gegen Blattläuse, Minierfliegen, Kohl- und Lauchmotten. Manche Nützlinge lassen sich auch im Garten mit Erfolg einsetzen, so etwa *Phytoseiulus*-Raubmilben gegen Spinnmilben und *Trichogramma*-Schlupfwespen gegen Kohlweißlinge.

Einfacher ist der Einsatz von Nematoden-Präparaten. Man erhält diese nützlichen Nematoden in Tonpulver oder ähnlichen Substanzen und löst sie in Wasser auf, um sie als Gieß- oder

Spritzmittel auszubringen. Solche Präparate gibt es gegen Nacktschnecken, Engerlinge des Gartenlaubkäfers, Larven von Wiesenschnaken, Maulwurfsgrillen sowie Dickmaulrüsslerlarven, Ameisen und Trauermücken. Für die erfolgreiche Anwendung sind meist Bodentemperaturen von mindestens 10 °C nötig.

Ein Igelhaus bietet den nützlichen Insektenfressern Schutz vor Nässe und Kälte.

SCHWIERIGE ZEITEN FÜR BESTÄUBER

Auch Bienen, Hummeln, Schwebfliegen und andere bestäubende Insekten zählen im weiteren Sinn zu den Nützlingen – und sind praktisch unentbehrlich: Rund 80 % unserer Blütenpflanzen brauchen Tiere als Bestäuber. Ohne ihre Pollenübertragung können die Pflanzen weder Samen noch Früchte bilden. Den größten Anteil am Bestäuben unserer Wild- und Kulturpflanzen haben Bienen und Hummeln. Sie fliegen je nach Art bestimmte Trachtpflanzen an, deren Pollen sie bevorzugt sammeln.

Honigbienen schwärmen im Frühling ab etwa 12 °C zum Sammelflug aus. Ihre Trachtpflanzen reagieren zwar auch auf die Temperatur, aber noch stärker auf die Tageslänge. So kann es passieren, dass sich Bienen im warmen Vorfrühling eifrig auf die Suche machen – aber weitgehend leer ausgehen, weil z. B. Hasel, Salweide und Kornelkirschen noch nicht aufgeblüht sind. Umgekehrt blühen wichtige Trachtpflanzen wie Süßkirsche, Apfel, Pflaume und Raps deutlich früher, wenn es im Erst- und Vollfrühling schon sehr warm ist. Dann sind die Bienenvölker oft noch nicht stark genug, um das üppige Pollen- und Nektarangebot optimal zu nutzen.

Hummeln und manche Wildbienen vertragen mehr Kälte als die Honigbienen und sind schon früh im Jahr unterwegs. Die Hummeln schwärmen sogar schon ab 6 °C aus. Ob sie sich allmählich an die warmen Vorfrühlingstemperaturen gewöhnen, muss sich noch zeigen. Teils scheinen sie in nördlichere Regionen auszuweichen. In jedem Fall empfiehlt es sich, den Garten mit Blumen und Stauden zu bereichern, die von Honig-, Wildbienen, Hummeln & Co. gern besucht werden – vorzugsweise an halbschattigen, nur vormittags besonnten Plätzen. Der Blütenreigen kann mit gelben Winterlingen, Schneeheiden und Buschwindröschen schon zeitig beginnen und sich mit Gelbem Lerchensporn und Herbstanemonen bis ins Spätjahr hinein erstrecken.

Hummeln gehören zu den Wildbienen und sind zur Bestäubung früh blühender Blumen wichtig.

SPECIAL

Die Gartenvögel im Klimawandel

Seit 2005 führt der Naturschutzbund Deutschland (NABU) jährlich die Aktion »Stunde der Gartenvögel« durch. Dazu werden Naturliebhaber gebeten, am zweiten Maiwochenende über 3–4 Tage jeweils eine Stunde lang zu notieren, welche Vögel an ihrem Beobachtungsort auftauchen. Im Jahr 2022 trafen Meldungen aus rund 45 000 Gärten aus dem gesamten Bundesgebiet ein. Die Auszählung ergab folgende Top 10:

1. Haussperling, also der Spatz
2. Amsel
3. Kohlmeise
4. Star
5. Blaumeise
6. Feldsperling
7. Mauersegler
8. Elster
9. Ringeltaube
10. Mehlschwalbe

Auf den nächsten Plätzen folgten Rotkehlchen, Grünfink, Buchfink, Rabenkrähe und Türkentaube. Dazu wurden noch rund 180 weitere Vogelarten in den Gärten gesichtet (und gehört).

Mehlschwalben nehmen künstliche Niststellen gerne an, um ihre Jungen aufzuziehen.

ALLE SIND SCHON DA

Gegen Mitte Mai kann man gut beobachten, welche Vögel im Garten unterwegs sind. Sämtliche Zugvögel, die in wärmeren Weltgegenden überwintert haben, brüten jetzt in heimischen Gefilden oder suchen bereits Futter für ihren Nachwuchs. Auch Langstreckenzieher wie Nachtigall und Trauerschnäpper sind nun aus Afrika zurück. Kurzstreckenzieher wie Star und Hausrotschwanz, die in wärmeren Regionen Westeuropas oder am Mittelmeer überwintern, kommen meist schon im März und beginnen mit der Brut und dem Füttern der Jungen 4–6 Wochen früher.
Sogenannte Standvögel, z. B. Haussperling, Amsel, Blaumeise, Elster und Rabenkrähe, überstehen auch kalte Winter und bleiben das ganze Jahr vor Ort. So legen sie mit dem Brüten oft

noch etwas früher los als Kurzstreckenzieher, teils sogar schon ab März. Dazu gesellen sich wegen der wärmeren Winter zunehmend Teilzieher wie Rotkehlchen, Zilpzalp, Goldammer, Buchfink und Kiebitz: Sie ziehen nur bei strenger Kälte in wärmere Regionen.

Hungrige Langstreckenzieher

Dass Mauersegler, Mehl- und Rauchschwalben 2022 häufiger beobachtet wurden als in den Jahren zuvor, erfreute viele Vogel- und Gartenfans. Deutlich zugelegt hatten auch Nachtigall, Kuckuck und Trauerschnäpper – ebenfalls Langstreckenziehern. Doch manche Vogelkundler betrachten das eher mit Sorge. Mauersegler und Schwalben z.B. sah man wohl auch deshalb so häufig, weil sie in diesem Jahr recht spät in Mitteleuropa angekommen waren. So befanden sie sich in der ersten Maihälfte noch mitten in der Balz und segelten auffällig durch die Lüfte.
Ihre späte Ankunft hängt vermutlich damit zusammen, dass der Rückflug aus Afrika immer schwieriger wird. Die Vögel können sich in ihren zunehmend dürren Überwinterungsregionen kein ausreichendes Fettpolster anfressen und müssen auf der Nahrungssuche öfter einen Zwischenstopp einlegen oder Umwege fliegen.
Kommen die Langstreckenzieher schließlich erschöpft bei uns an, haben Standvögel und Kurzstreckenzieher längst die besten Brutplätze besetzt. Das erschwert Afrika-Rückkehrern wie Nachtigall und Trauerschnäpper die Suche nach Nistplätzen, weil sie wie viele Vögel im Gebüsch, Unterholz, in Hecken oder Baumhöhlen brüten.

Der Neuntöter frisst Insekten und andere kleine Tiere und ist auf Hecken als Lebensraum angewiesen.

GARTENVÖGEL UNTERSTÜTZEN

Ganz gleich, ob die Vögel unter dem Klimawandel leiden oder zumindest zeitweise davon profitieren: Sie verdienen alle unsere Unterstützung. Hilfreich ist eine vielfältige Bepflanzung mit naturnahen Hecken sowie das Anbringen artgerechter Nisthilfen. In den zunehmend heißen Sommern sind die gefiederten Gäste dankbar für stets gefüllte Vogeltränken. Von November bis Februar kann man Futter für Körner- und Weichfutterfresser bereitstellen. Futterhäuser und -spender sollten wie Vogeltränken regelmäßig gereinigt – und wie die Nistplätze vor Katzen geschützt werden, notfalls mit Abwehrmanschetten an Bäumen und Stützpfosten.
Um Nist-, Brut- und Zufluchtsstätten der Vögel zu schonen, ist es nach dem Bundesnaturschutzgesetz vom 1. März bis 30. September verboten, Hecken und Gebüsche stark zurückzuschneiden. Leichte Pflege- und Formschnitte an Hecken sind erlaubt. Trotzdem empfiehlt es sich, auch solche Maßnahmen erst gegen Ende September oder bereits im Februar durchzuführen, um die Unterschlupfmöglichkeiten für Vögel möglichst wenig zu beeinträchtigen.

4

Nachhaltig:

ANBAU IM NUTZGARTEN

Gemüse, Kräuter und Obst aus dem eigenen Garten, frisch geerntet und garantiert ohne Pestizidrückstände: Das ist ein toller Genuss, für den sich auch etwas mehr Aufwand lohnt.

SCHMACKHAFTE GEMÜSE UND KRÄUTER

Gemüse gehören zu den anspruchsvollsten Gartenpflanzen. Gute Pflege, Wasser- und Nährstoffversorgung danken sie mit gesundem Wachstum und reichen, wohlschmeckenden Ernten.

Fast alle Gemüse und Kräuter brauchen recht viel Sonne, um gut zu gedeihen und gut zu schmecken. Doch die Sonnenstrahlung ist mittlerweile oft schon im Frühjahr und erst recht im Hochsommer so intensiv, dass sogar wärmeliebende Pflanzen wie Paprika, Gurken und Zucchini unter der Hitze stöhnen. Immer häufiger zeigt sich, dass Gemüsebeete am besten im »sonnigen Halbschatten« platziert werden: idealerweise in Bereichen, die hauptsächlich die Vormittags- und Abendsonne abbekommen und von der grellen Mittagssonne zwischen 11 und 15 Uhr verschont bleiben.

Solche Standorte finden sich längst nicht in jedem Garten. Dann können hohe Sträucher, Obst- und Zierbäume oder Hecken helfen, die in Süd- und Südwestrichtung gepflanzt werden. Am besten eignen sich sommergrüne Gehölze, die locker belaubt sind und nicht allzu starken Schatten werfen, z. B. Kornelkirsche oder Weidenblättrige Birne *(Pyrus salicifolia)*. Platzsparende Alternativen sind Weidenflecht- oder Lamellenzäune mit kleinen Lücken, die etwas Licht und Luft durchlassen.

Ein gut geplanter Gemüsegarten am richtigen Standort steht einem Blumenbeet an Attraktivität in nichts nach.

Und fast alle Gemüse benötigen recht viel und regelmäßig Wasser, wenn über längere Zeit kein Regen fällt. Nur so schaffen sie es, in wenigen Wochen oder Monaten kräftig zu wachsen und dann auch noch ansehnliche, schmackhafte Blätter, Früchte, Rüben oder Knollen zu bilden. Leckere Möhren und Zwiebeln beispielsweise bestehen zu rund 90 % aus Wasser, knackige Salatköpfe, Radieschen und saftige Tomaten sogar zu 95 %. Daher empfiehlt es sich, den Gemüsegarten gut mit Rohrleitungen und Zapfstellen auszustatten (→ Seite 98) und, soweit möglich, Regenwasser optimal zu speichern und zu nutzen (→ Seite 100).

EINSTIEG OHNE STRESS

Wer zum ersten Mal mit Gemüseanbau loslegt, freut sich oft schon auf die Ernte appetitlicher, gesunder Tomaten, Kohl- und Salatköpfe. Doch nicht selten folgt auf die Lust der Frust: Vieles ist am Anfang nicht ganz so einfach und braucht mehr Zeit als gedacht. Nehmen Sie sich deshalb zum Einstieg besser nicht zu viel vor. Ideal ist zunächst eine Nutzgartenfläche von 15–20 m^2, die sich allmählich vergrößern lässt, nachdem Sie erste Erfahrungen gesammelt haben und den Aufwand besser abschätzen können.
Im Allgemeinen rechnet man von März bis Oktober wöchentlich mit mindestens 30 Minuten pro 10 m^2 Nutzgartenfläche. Dazu kommen je nach Lage des Gemüsegartens Laufzeiten, außerdem Räumarbeiten und z. B. das Aufsetzen von Kompost. Auch das Ernten kann mitsamt Einlagern und Konservieren einige Stunden beanspruchen. Außerdem soll das Gärtnern ja auch Spaß machen – entspannte Pausen inbegriffen. Bei alledem hilft eine gute Planung der Saat- und Pflanzzeiten und ungefähren Erntetermine. Dabei erweisen sich Aufzeichnungen und Beetpläne als sehr nützlich (→ Seite 27, auch »Wetter- und Gartentagebuch«).

MISCHKULTUREN: GUTE NACHBARSCHAFT

Bei der Mischkultur bauen Sie verschiedene Gemüse in Reihen nebeneinander an oder auch abwechselnd innerhalb einer Reihe. Das macht es Schädlingen schwerer, sich z. B. durch ein ganzes Salat- oder Rettichbeet zu fressen, und Pilzkrankheiten breiten sich nicht ganz so leicht aus. Einige Pflanzen halten sogar Schädlinge von ihren Nachbarn fern. So kann z. B. der strenge Geruch von Tomaten und Sellerie Kohlweißlinge von den Kohlköpfen ablenken. Manches wurde auch schon in wissenschaftlichen Untersuchungen bestätigt: Das »Pflanzendurcheinander« und verwirrende Düfte erschweren Schädlingen die gezielte Eiablage. Dazu kommen Wurzelausscheidungen, die Schaderreger eindämmen können. Sie gehören wahrscheinlich auch zu den Ursachen dafür, dass manche Gemüse gut miteinander harmonieren, während andere sich gegenseitig beeinträchtigen.
Die Einflüsse auf das Gedeihen von Pflanzen sind allerdings so vielfältig, dass sich solche »Nachbarschaftseffekte« oft nicht eindeutig feststellen lassen. In jedem Fall aber sind Mischpflanzungen weniger anfällig für Schaderreger als Monokulturen, bei denen ganze Beete nur mit Mangold oder Kartoffeln bestückt sind. Zudem beugen sie Totalausfällen bei extremer Hitze, Dürre oder Starkregen vor, weil verschiedene Pflanzen unterschiedlich darauf reagieren. Gute und schlechte Beetnachbarn für alle wichtigen Gemüse sind in der großen Übersicht auf den Seiten 140–143 genannt.

Ideale Platzausnutzung: Bis die Erbsen größer werden, wird der Platz neben ihnen zum Anbau von Babyspinat genutzt.

Prima Wasserausnutzung

Salate, Spinat, Radieschen, Sellerie, Zwiebeln und Lauch sind Flachwurzler: Ihre Wurzeln reichen nur 15–20 cm tief in den Boden. Dagegen bilden Kohlarten, Bohnen, Erbsen, Möhren, Paprika und Gurken mindestens doppelt so lange Wurzeln. Ausgesprochene Tiefwurzler sind Tomaten, Kürbisse, Melonen, Pastinaken und Rote Bete mit ca. 70 cm Wurzeltiefe, teils sogar über 150 cm. Mit Mischkulturen lassen sich solche Unterschiede gut ausnutzen. So kann z. B. eine Tomate ihre langen Wurzeln neben flach wurzelndem Sellerie oder Zwiebel besser nach unten strecken als inmitten anderer Tomaten – und somit besser Wasserreserven aus der Tiefe nach oben holen. Und das Wurzelwerk der Möhren hat »untenrum« mehr Platz, wenn Lauch, Kopfsalat oder Radieschen daneben wachsen.

Vorteile bietet zudem die Kombination von Pflanzen, zwischen denen viel Freiraum bleibt, und anderen Arten, die mit ihren Blättern recht schnell den Boden bedecken. Diese können die Verdunstung und das Verschlämmen bei Starkregen verringern und Wildkrautaufwuchs unterdrücken. So bedecken z. B. Buschbohnen recht schnell den Boden zwischen Maispflanzen. Kartoffeln füllen die Lücken zwischen Kohl und Erbsen zwischen Tomaten.

Kräuter und Blumen

Auch Kräuter passen gut in Mischkulturen oder an den Rand der Gemüsebeete. Sie können mit intensiven Düften Schädlinge verwirren und vom Gemüse fernhalten (→ Seite 149). Blumen im Gemüsebeet folgen einer alten, bewährten Bauerngarten-Tradition. Sie locken Bienen und Hummeln an und fördern so die Bestäubung der Fruchtgemüse. Manche dämmen sogar Schädlinge ein – allen voran Tagetes (Studentenblumen) und Ringelblumen, die Wurzelnematoden und Drahtwürmer dezimieren. Kornblumen, Schafgarben, Zinnien und andere Blumen locken Nützlinge an, Kapuzinerkresse dient zudem als Fangpflanze für Blattläuse.

FRUCHTWECHSEL UND FRUCHTFOLGE

Pflanzt man auf einem Beet jedes Jahr z. B. Zucchini, entziehen diese dem Boden immer wieder dieselben Nährstoffe. Die Bodenvorräte werden sehr einseitig beansprucht. Auf Dauer fällt die Ernte magerer aus, selbst wenn man kräftig düngt. Doch die Hauptursache für einen Ertragsabfall sind meist Schaderreger, die hartnäckig im Boden oder an Ernteresten überdauern; bei den Zucchini unter anderem Wurzelfliegen, Blattwanzen und Welkepilze.

Deshalb empfiehlt sich für alle einjährigen Gemüse und Kräuter ein jährlicher Beetwechsel. Wird der in einer festgelegten Reihenfolge durchgeführt und wiederholt, spricht man von Fruchtfolge oder Fruchtwechsel. Beide Begriffe werden oft gleichbedeutend verwendet, es gibt aber einen feinen Unterschied.

Fruchtfolge: das klassische Rezept

Schon unsere Vorfahren hatten bemerkt, dass bei Daueranbau der gleichen Art zunehmend Probleme auftreten. Doch die traditionelle Fruchtfolge diente vor allem dem Zweck, eine Düngung mit Stallmist optimal zu nutzen. Dazu wird die Anbaufläche in drei Quartiere unterteilt. Das erste Quartier wird mit Mist versorgt und mit Starkzehrern wie Kohl bepflanzt. Im folgenden Jahr reichen die Reserven noch für Mittelzehrer wie Lauch; derweil erhält das zweite Quartier seine Mistgabe und wird so zur neuen Starkzehrer-Fläche. Im dritten Jahr gedeihen im ersten Quartier noch Schwachzehrer wie beispielsweise Buschbohnen, im zweiten die Mittelzehrer und im dritten, das nun frisch gedüngt wird, wieder die Starkzehrer. So rotieren Jahr für Jahr die Quartiere.

Für den heutigen Gemüsegarten, in dem selten Mist gedüngt wird, ist dieses Vorgehen nur mäßig brauchbar. Zwar bleibt der jährliche Wechsel zwischen Stark-, Mittel- und Schwachzehrern empfehlenswert. Diese düngt man aber besser gezielt nach ihren Nährstoffansprüchen. So können die Starkzehrer in Mischkulturen auch von Mittel- und Schwachzehrern begleitet werden. In einem komplett mit Mist versorgten Beet dagegen gedeihen zwar Zucchini gut, aber Mischkulturpartner wie Möhren, Salate oder Petersilie sehr schlecht, weil sie den frischen Dung nicht vertragen.

Ringelblumen locken nützliche Insekten an und dezimieren Nematoden und Drahtwürmer im Boden.

Fruchtwechsel: wandernde Familien

Beim Fruchtwechsel folgen auf derselben Fläche nicht nur verschiedene Gemüse nacheinander, wie beispielsweise der Mittelzehrer Mangold nach dem Starkzehrer Weißkohl: Man achtet auch darauf, dass die Arten aus verschiedenen Pflanzenfamilien stammen. Um beim Beispiel der Zucchini zu bleiben: Die eingangs genannten hartnäckigen Schaderreger können auch Kürbisse und Gurken befallen. Denn alle drei gehören zur Familie der Kürbisgewächse. Sie sollten aus diesem Grund am besten erst nach 4–5 Jahren wieder auf derselben Fläche angebaut werden.

Bei Tomaten, die früher als selbstverträglich gepriesen wurden, mindert ein jährlicher Wechsel das Risiko von Kraut- und Braunfäule. Dann dürfen allerdings auch keine anderen Nachtschattengewächse wie Kartoffeln oder Paprika auf sie folgen.

Für Arten und Familien, die aufgrund wuchshemmender Wurzelausscheidungen selbstunverträglich sind, ist ebenfalls ein weiter Fruchtwechsel von 4–5 Jahren ratsam. Das gilt für Doldenblütler wie Möhren, Sellerie und Petersilie sowie für Erbsen und Zwiebeln.

Gründüngung im Fruchtwechsel

Die Gründüngung mit Pflanzen, die nach dem Absterben oder Mähen eingearbeitet werden, ist eine hervorragende Möglichkeit, den Boden fit und gesund zu halten (→ ab Seite 84, »Gründüngung: die Bodenkur«). Sie fördert hervorragend die Humusbildung und verbessert dadurch auch die Wasserspeicherung. Eine Gründüngung kann alle 4 Jahre als »Erholungspause« in den Fruchtwechsel einbezogen werden, also von der Aussaat bis kurz vor der Samenbildung das komplette Beet belegen.

Eine Gründüngung eignet sich aber auch zum Überbrücken von Anbaupausen im Jahreslauf. Sie lässt sich bei Aussaat im Herbst oder Vorfrühling zum Vorbereiten der Bepflanzung einsetzen. Spät gesäte Winterwicke, Winterroggen und Inkarnatklee beispielsweise halten den Boden bis ins nächste Frühjahr gut bedeckt. Allerdings sollten Sie hier wie beim Fruchtwechsel auf die Pflanzenfamilien achten. Nach einer Gründüngung mit Schmetterlingsblütlern gedeihen Erbsen und Bohnen schlecht; auf Kreuzblütler wie Gelbsenf und Ölrettich sollten keine Kohlgewächse oder Rettiche folgen.

AUSGEWOGENE NÄHRSTOFF-VERSORGUNG

Pflanzen brauchen Nährstoffe, wenn auch teils nur in sehr kleinen Mengen. Die wichtigen Basics zur bedarfsgerechten Düngung, die für alle Pflanzengruppen gelten, sind im Kapitel »Die Nährstoffe und der pH-Wert« ab Seite 75 zusammengefasst. Unter den Gemüsen gibt es zwar auch Schwachzehrer wie die Radieschen. Doch insgesamt gehört der Gemüsegarten zu den Bereichen mit dem höchsten Nährstoffbedarf. Denn die Pflanzen müssen in recht kurzer Zeit kräftig wachsen, damit wir ihre Blätter, Stiele, Rüben, Knollen oder Früchte genießen können. Und mit jeder Ernte entnehmen wir der Anbaufläche auch Nährstoffe, deren Reservoir wieder aufgefüllt werden sollte.

Dafür eignet sich Kompost besonders gut: Er enthält fast alles, was Gemüse brauchen, mitsamt den Spurennährstoffen. Und er fördert Bodenleben und Humusaufbau. Praxistipps für die Kompostverwendung finden Sie auf Seite 90.

Größere Lücken hat Kompost nur beim Kalium (Kali) und vor allem beim »Wachstumsmotor«

Stickstoff. Deshalb ist vor allem für die Stark- und Mittelzehrer eine Stickstoff-Ergänzung ratsam. Gut eignen sich dafür Hornspäne, Horngrieß und Hornmehl, die auch im Öko-Landbau Verwendung finden: Sie enthalten rund 12 % Stickstoff, den sie nach flachem Einarbeiten in den Boden freisetzen – die Späne nur allmählich, das Mehl recht schnell. Es handelt sich allerdings um Schlachtabfälle, was vielen Gärtnerinnen und Gärtnern überhaupt nicht gefällt. Als Alternativen können Sie Ackerbohnenschrot, Malzkeimdünger, Traubentrester oder »Neem Cake« verwenden. Diese enthalten nur rund 5 % Stickstoff, Sie sollten davon also etwas größere Mengen ausbringen.

Wenn Sie dem Kompost Terra preta untermischen, kann diese die Nährstoffspeicherung verbessern. Terra preta hat aber keine direkte Düngewirkung. Im ungünstigen Fall bindet diese »Indianer-Wundererde« die Nährstoffe sogar so stark, dass sie nicht mehr pflanzenverfügbar sind. Gut wirken dagegen Terra-preta-Produkte, die mit organischen Düngestoffen sowie mit sogenannten Effektiven Mikroorganismen (EM) angereichert sind.

Kraftvolle Pflanzenjauchen

Selbst hergestellte Brennnessel- und Beinwelljauchen sind stickstoff- und kaliumreiche Naturdünger. Die vergorenen Jauchen werden üblicherweise im Verhältnis 1:10 mit Wasser verdünnt und im Wurzelbereich der Pflanzen ausgegossen. Bei Starkzehrern wie Tomate und Kohl kann man das während der Hauptwachstumszeit etwa alle 2 Wochen wiederholen. Mittelzehrer, z. B. Salat und Mangold, versorgt man damit besser etwas zurückhaltender. Bei Schwachzehrern sowie Zwiebeln und Möhren sollte man ganz darauf verzichten.

Die starkzehrende Zucchini rechts profitiert von der Stickstoffanreicherung durch die benachbarten Bohnen.

Eine Gründüngung verhindert, dass Nährstoffe bei Regen ausgewaschen werden, und hemmt keimende Unkräuter.

Brennnesseln sind als Jauche ein wertvoller Flüssigdünger und stärken die Gemüsepflanzen auf natürliche Weise.

Kali, Phosphat und Kalk

Anders als Stickstoff können sich Kali und Phosphate, die Salze von Kalium und Phosphor, im Boden anreichern. Deshalb spielen hier auch die langfristigen Auswirkungen eine wichtige Rolle. Um die mäßigen Kaligehalte im Kompost zu ergänzen, eignen sich die naturbelassenen Mineralstoffdünger Kalisulfat und Patentkali oder auch Vinassedünger, die aus der Zuckerrübenverarbeitung stammen. Gartenböden sind allerdings öfter schon mit Kalium überversorgt. In diesem Fall sollte man auf solche Ergänzungsdünger ganz verzichten, weil zu viel Kalium im Boden die Aufnahme von Magnesium und Calcium behindert.

Eine Phosphat-Ergänzung ist in aller Regel unnötig. Denn Kompost hat meist schon einen hohen Phosphatanteil. Jahrelang mit Kompost oder Volldüngern versorgte Böden sind sogar oft mit Phosphaten »überfüttert«. Diese blockieren dann an den Wurzeln die Aufnahme anderer wichtiger Nährstoffe wie Stickstoff oder Eisen. Schon deshalb empfiehlt sich im Gemüsegarten alle 3–5 Jahre eine professionelle Bodenuntersuchung (→ Seite 79). Bei überhöhten Phosphatwerten sollte man die Kompostgaben deutlich reduzieren – oder eine Zeit lang auf phosphatarme organische Volldünger umstellen.

Mit der Bodenuntersuchung erhalten Sie auch Auskunft über den pH-Wert Ihres Bodens und können abschätzen, ob eine Kalkgabe nötig ist. Üblicherweise wird alle 3–4 Jahre eine Erhaltungskalkung empfohlen, z. B. mit kohlensaurem Kalk oder Algenkalk.

Erdbeeren bleiben mehrere Jahre im Beet. Dazwischen passen schmale Gemüse wie diese Lauchzwiebeln.

Stark-, Mittel- und Schwachzehrer

Die Gemüse werden hauptsächlich nach ihrem Stickstoffbedarf unterteilt in Stark-, Mittel- und Schwachzehrer. Die nebenstehende Übersicht zeigt, welche Mengen an Kompost sowie zusätzlichem Stickstoff und Kali jeweils empfohlen werden. Diese Düngemengen gelten für Gartenböden, die schon recht gut versorgt sind. Auf eher armen und sehr sandigen Böden kann man die Kompost- und Nährstoffgaben etwas höher ansetzen.

Erdbeeren pflanzt man gern auf Beete im Gemüsegarten, wo sie dann meist 3–4 Jahre stehen bleiben. Sie zählen grundsätzlich zu den Schwachzehrern. Doch Einarbeiten von Kompost vor der Pflanzung verhilft ihnen zu einem guten Start; das können durchaus 2–4 Liter Kompost pro m² sein. Später sind Frühlingsgaben von rund 1 Liter Kompost vor allem auf leichten Sandböden günstig. Auf allen Böden empfiehlt sich eine Düngung im Spätsommer nach der Ernte, weil dann die Pflanzen bereits Blüten für das nächste Jahr anlegen. Kompost eignet sich dafür nicht, weil er seine Nährstoffe nur langsam abgibt. Stattdessen können Sie organische Beerenobstdünger oder die kalireiche Beinwelljauche verwenden.

Zu der großen Gemüseübersicht

In der Gemüseübersicht auf den folgenden Seiten finden Sie nicht nur Angaben zu passenden Mischkulturpartnern, sondern auch zur Einstufung als Stark-, Mittel- und Schwachzehrer.
Die »Sternchen« daneben weisen auf den **Wasserbedarf** während der Hauptwachstumszeit im Sommer hin:

*** Hoher Wasserbedarf von 35–40 Liter/m² pro Woche. Bei starker Hitze und Trockenheit können 50–60 Liter in der Woche nötig sein, also bis zu 6 Gießkannen à 10 Liter Wasser.

** Mittlerer Wasserbedarf von gut 30 Liter/m² pro Woche. Auch hier empfehlen sich in heißen Sommerwochen bis zu 50 Liter, vor allem bei dünnblättrigen Arten wie Kopfsalat. Er neigt zudem in der Hitze zum Schießen, also zum Hochschieben von Blütenständen. Für fast alle späten Salate und Gemüse (z. B. Grünkohl) reichen oft schon die halben Gießmengen oder weniger, wenn sie von dem ab Herbst zunehmenden Regen profitieren.

* Niedriger Wasserbedarf von 15–25 Liter/m² pro Woche. Während heißer Sommerwochen rechnet man besser noch mit einem »Verdunstungs-Zuschlag« von rund 4 Litern; vor allem für Radieschen sowie für Rucola, die bei Trockenheit unangenehm scharf wird und dann auch bald schießt.

DÜNGUNG NACH NÄHRSTOFFBEDARF

Pflanzengruppe	Kompostmenge je m²	Ergänzungsdünger je m²
Starkzehrer, z. B. Tomaten, Kopfkohl, Kartoffeln	bis 3 Liter	15–25 g Stickstoff 15–30 g Kali
Mittelzehrer, z. B. Kopfsalat, Möhren, Lauch	bis 2 Liter	10–15 g Stickstoff 5–20 g Kali
Schwachzehrer, z. B. Radieschen, Buschbohnen, Erbsen	maximal 1 Liter	maximal 10 g Stickstoff 0–5 g Kali

Tipp: Für eine Stickstoffversorgung von 10 g/m² brauchen Sie ungefähr 85 g Hornspäne oder 200 g Ackerbohnenschrot.

Die große Gemüseübersicht

Gemüseart	Gute Nachbarn	Schlechte Nachbarn
Salate und Blattgemüse		
Kopf-, Eis-, Romana- und Pflücksalat (Korbblütengewächse) Mittelzehrer **	fast alle Gemüse und Kräuter, Erdbeeren	Sellerie, Petersilie
Endivie, Radicchio, Zuckerhut, Chicorée ** (Korbblütengewächse) Mittelzehrer **	Kohl, Kohlrabi, Lauch, Schnittlauch, Kopfsalat, Bohnen	Sellerie, Petersilie
Rucola, Asia-Salate, Pak Choi (Kreuzblütengewächse) Schwach- bis Mittelzehrer *	Sellerie, Zwiebeln, Lauch, Knoblauch, Schnittlauch, Salate	Kohl, Kohlrabi, Pak Choi, Erbsen, Mangold, Spinat, Gartenkresse, Kerbel, Borretsch
Feldsalat (Baldriangewächse) Schwachzehrer *	fast alle Gemüse und Kräuter, Erdbeeren	---
Spinat (Gänsefußgewächse) Mittelzehrer *	die meisten Gemüse und Kräuter	Mangold, Rote Bete, Rucola, Asia-Salate, Pak Choi
Stiel- und Sprossgemüse		
Mangold (Gänsefußgewächse) Mittelzehrer **	Möhren, Radieschen, Rettich, Buschbohnen, Salat, Kohl, Kohlrabi, Basilikum	Spinat, Rote Bete, Rucola, Asia-Salate, Pak Choi
Stangensellerie (Doldenblütengewächse) Starkzehrer ***	Bohnen, Gurken, Zucchini, Kohl, Kohlrabi, Lauch, Tomaten, Paprika, Rucola, Asia-Salate, Pak Choi, Kamille	Salate, Endivie, Radicchio, Zuckerhut, Chicorée, Kartoffeln
Rhabarber (Knöterichgewächse) Starkzehrer ***	Buschbohnen, Kohl, Kohlrabi, Salat, Spinat	alle Wurzel- und Knollengemüse, Sauerampfer
Kohlgemüse		
Weiß- und Rotkohl, Wirsing (Kreuzblütengewächse) Starkzehrer **	Tomaten, Bohnen, Erbsen, Kartoffeln, Salate, Endivie, Radicchio, Zuckerhut, Feldsalat, Spinat, Lauch, Rote Bete, Mangold, Sellerie, Rhabarber, die meisten Kräuter	alle Kohlarten, Kohlrabi, Rettiche, Mairüben, Rucola, Wilde Rauke, Rübstiel, Asia-Salate, Pak Choi, Zwiebeln, Knoblauch, Erdbeeren

<table>
<tr><th>Gemüseart</th><th>Gute Nachbarn</th><th>Schlechte Nachbarn</th></tr>
<tr><td>Blumenkohl, Brokkoli, Rosenkohl, Kohlrabi (Kreuzblütengewächse) Starkzehrer ***</td><td colspan="2">wie Weiß- und Rotkohl</td></tr>
<tr><td>Grünkohl (Kreuzblütengewächse) Starkzehrer **</td><td colspan="2">wie Weiß- und Rotkohl</td></tr>
<tr><td>Chinakohl (Kreuzblütengewächse) Starkzehrer **</td><td>Bohnen, Erbsen, Salat, Spinat, Möhren</td><td>wie Weiß- und Rotkohl</td></tr>
</table>

Wurzel- und Knollengemüse

<table>
<tr><td>Möhren (Doldenblütengewächse) Mittelzehrer **</td><td>Zwiebeln, Lauch, Knoblauch, Schnittlauch, Tomaten, Buschbohnen, Erbsen, Radieschen, Rettich, Salat, Endivie, Radicchio, Zuckerhut, Mangold, Schwarzwurzeln, die meisten Kräuter</td><td>Sellerie, Pastinaken, Kartoffeln, Petersilie, Fenchel</td></tr>
<tr><td>Pastinaken (Doldenblütengewächse) Mittelzehrer **</td><td>Zwiebeln, Lauch, Knoblauch, Schnittlauch, Salat, Rote Bete, Spinat</td><td>Sellerie, Möhren, Petersilie, Fenchel</td></tr>
<tr><td>Knollensellerie (Doldenblütengewächse) Starkzehrer ***</td><td>Lauch, Bohnen, Tomaten, Kohl, Kohlrabi, Spinat, Rote Bete, Gurken, Zucchini, Rucola, Asia-Salate, Pak Choi, Kamille</td><td>Möhren, Pastinaken, Kartoffeln, Zuckermais, Salate, Endivie, Radicchio, Zuckerhut, Fenchel, Petersilie, Dill</td></tr>
<tr><td>Rote Bete (Gänsefußgewächse) Mittelzehrer **</td><td>Kohl, Kohlrabi, Bohnen, Gurken, Kürbis, Zucchini, Tomaten, Zwiebeln, Knoblauch, Pastinaken, Dill, Bohnenkraut, Borretsch</td><td>Mangold, Spinat, Möhren, Kartoffeln, Lauch, Zuckermais, Estragon, Erdbeeren</td></tr>
<tr><td>Radieschen (Kreuzblütengewächse) Schwachzehrer *</td><td>die meisten Gemüse und Kräuter</td><td>Kohl, Kohlrabi, Rettiche, Mairüben, Gurken, Erdbeeren</td></tr>
<tr><td>Rettiche (Kreuzblütengewächse) Mittelzehrer **</td><td>Salate, Mangold, Spinat, Möhren, Bohnen, Erbsen, Tomaten, Paprika</td><td>Kohl, Kohlrabi, Pak Choi, Mairüben, Gurken, Erdbeeren</td></tr>
</table>

Gemüseart	Gute Nachbarn	Schlechte Nachbarn
Mairüben (Kreuzblütengewächse) Schwachzehrer **	Erbsen, Bohnen, Salate, Mangold, Spinat, Tomaten, Dill	Kohl, Kohlrabi, Rettiche, Pak Choi
Schwarzwurzel (Korbblütengewächse) Mittelzehrer ***	Kohlrabi, Lauch, Salate, Bohnen, Möhren, Zwiebeln	Löwenzahn, Topinambur
Kartoffeln (Nachtschattengewächse) Starkzehrer **	Kohl, Kohlrabi, Buschbohnen, Dicke Bohnen, Spinat, Zuckermais, Dill, Kamille	Tomaten, Paprika, Auberginen, Gurken, Kürbis, Erbsen, Möhren, Rote Bete, Sellerie
Süßkartoffeln (Bataten) (Windengewächse) Starkzehrer ***	frühe Salate, Möhren, Dicke Bohnen	Zucchini, Kürbis, Gurken, Kartoffeln
Zwiebelgemüse		
Zwiebeln, Schalotten (Amaryllisgewächse) Mittelzehrer **	Möhren, Rote Bete, Salate, Feldsalat, Gurken, Zucchini, Tomaten, Schwarzwurzel, Asia-Salate, Pak Choi, Erdbeeren, viele Kräuter, Erdbeeren	Bohnen, Erbsen, Kohl, Kohlrabi, andere Zwiebel- und Lauchgemüse, Erdbeeren
Lauch (Porree) (Amaryllisgewächse) Mittelzehrer **	die meisten Gemüse und Kräuter, Erdbeeren	Bohnen, Erbsen, Kohl, Kohlrabi, andere Zwiebel- und Lauchgemüse
Knoblauch (Amaryllisgewächse) Mittelzehrer *	Möhren, Pastinaken, Rote Bete, Salate, Tomaten, Gurken, Kartoffeln, Rucola, Asia-Salate, Pak Choi, Dill, Petersilie, Erdbeeren	Bohnen, Erbsen, Kohl, Kohlrabi, andere Zwiebel- und Lauchgemüse
Fruchtgemüse		
Tomaten, Paprika, Chilis (Nachtschattengewächse) Starkzehrer ***	die meisten Gemüse und Kräuter	Paprika, Auberginen, Kartoffeln, Gurken, Erbsen
Auberginen (Nachtschattengewächse) Starkzehrer ***	Bohnen, Süßkartoffeln, Brokkoli, Salate, Radieschen, Basilikum, Thymian	Tomaten, Paprika, Kartoffeln, Gurken, Erbsen

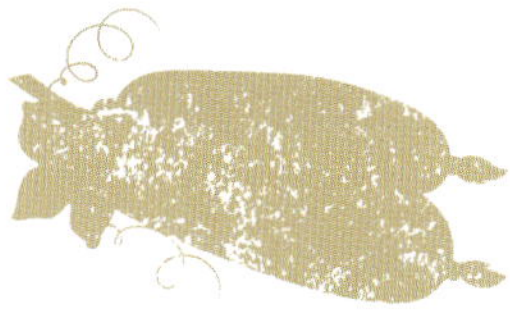

Gemüseart	Gute Nachbarn	Schlechte Nachbarn
Zucchini (Kürbisgewächse) Starkzehrer ***	Bohnen, Erbsen, Salate, Sellerie, Rote Bete, Möhren, Lauch, Zwiebeln, Knoblauch, Schnittlauch, Zuckermais, Petersilie, Dill, Borretsch, Basilikum	Gurken, Kürbis, Tomaten, Paprika, Auberginen, Kartoffeln
Kürbis (Kürbisgewächse) Starkzehrer ***	Bohnen, Zwiebeln, Zuckermais	Gurken, Zucchini, Tomaten, Paprika, Auberginen, Kartoffeln, Rosmarin, Dill
Gurken (Kürbisgewächse) Starkzehrer ***	wie Zucchini	
Zuckermelone (Kürbisgewächse) Starkzehrer ***	nicht für Mischkultur geeignet	
Zuckermais (Süßgräser) Starkzehrer **	Bohnen, Erbsen, Gurken, Kürbis, Zucchini, Tomaten, Paprika, Kartoffeln, Salate	Sellerie, Rote Bete

Hülsenfrüchtler

Gemüseart	Gute Nachbarn	Schlechte Nachbarn
Stangen- und Feuerbohnen (Schmetterlingsblütengewächse) Mittelzehrer ***	die meisten Gemüse und Kräuter	Erbsen, Dicke Bohnen, Zwiebeln, Lauch, Knoblauch
Buschbohnen (Schmetterlingsblütengewächse) Schwachzehrer **	wie Stangenbohnen; zudem günstig mit Erdbeeren	wie Stangenbohnen
Dicke Bohnen (Puffbohnen) (Schmetterlingsblütengewächse) Mittelzehrer ***	Kartoffeln, Kohl, Kohlrabi, Radieschen, Rettich, Spinat, Süßkartoffel, viele Kräuter	Busch- und Stangenbohnen, Erbsen
Erbsen (Schmetterlingsblütengewächse) Schwachzehrer **	Kohl, Kohlrabi, Salate, Möhren, Radieschen, Rettich, Zucchini, Gurken, Kürbis, Tomaten, Zuckermais, viele Kräuter	Bohnen, Kartoffeln, Lauch, Zwiebeln, Knoblauch, Rucola, Rübstiel, Asia-Salate, Pak Choi

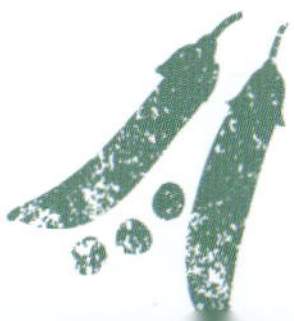

GEMÜSE IM HOCHBEET

Hochbeete sind eine feine Sache: Damit kann man komfortabel und rückenschonend im Stehen gärtnern. Sie lassen sich auch gut auf der Terrasse und sogar auf dem Balkon unterbringen. Gemüse und Erdbeeren wachsen in Hochbeeten besonders üppig. Befüllt man die Hochbeete mit verrottenden Materialien, kommt es ähnlich wie im Kompost zur Wärmeentwicklung. Dadurch kann man im Frühling 2–3 Wochen früher pflanzen als in den Bodenbeeten.
Hochbeetrahmen gibt es in Garten- und Baumärkten aus Holz, Kunststoff, Metall, dem Verbundwerkstoff WPC und aus Gabionen, die mit Steinen befüllt werden. Sie können Ihr Hochbeet auch aus Steinplatten errichten. Einfacher ist der Eigenbau aus Holzbrettern oder Paletten. Bretter und Eckpfosten aus Fichte oder Kiefer verschleißen relativ früh. Dagegen halten Lärche und Douglasie bis zu 15 Jahre. Noch langlebiger sind Hochbeete aus Eiche und »Akazie« (Robinie). Wo der Platz reicht, empfehlen sich ähnliche Maße wie bei Bodenbeeten, nämlich 80–120 cm breit und 160–200 cm lang. Wählen Sie die Oberflächenhöhe so, dass Sie bequem im Stehen arbeiten können, je nach Größe zwischen 70 und 100 cm.

Hochbeete befüllen

Wenn Sie ein Hochbeet im Garten mit Erdkontakt aufstellen, können Regenwürmer und andere nützliche Bodenlebewesen zuwandern und beim Zersetzen der Befüllung mithelfen. In diesem Fall empfiehlt sich zuunterst ein engmaschiges Bodengitter als Schutz gegen Wühlmäuse. Die Seitenwände kleiden Sie am besten mit einer dunklen Noppenfolie aus stabilem Polyethylen (HDPE) aus.

Dann werden die organischen Materialien eingefüllt, in jeweils rund 20 cm hohen Schichten:

- Unten angefangen mit grob zerkleinerten Ästen und Zweigen als Dränageschicht.
- Darüber können die Grassoden des Aushubs (mit den Wurzeln nach oben) kommen.
- Darauf folgen leicht angerottete, mit halbreifem Kompost vermischte Gartenabfälle.
- Obenauf kommt mindestens 25 cm hoch die Pflanzerde: am besten eine torffreie Gemüse- oder Blumenerde aus dem Fachhandel.

Durch das Zersetzen der organischen Abfälle bildet sich ein fruchtbarer Untergrund, der nach und nach Nährstoffe freisetzt. Zugleich fördert die Verrottungswärme das Wachstum. Die Hochbeeterde kühlt allerdings im Spätherbst früher aus als der Gartenboden. Außerdem muss man im Frühling und Sommer häufiger gießen, weil die Erde schneller austrocknet. Für Hochbeete ist deshalb eine Tropfbewässerung (→ Seite 108) besonders empfehlenswert. Befüllen Sie das Hochbeet am besten schon im Herbst, denn das Ganze sackt bis zum Frühjahr oft noch deutlich ab. Dann können Sie vor dem Pflanzen und Säen ausreichend Erde nachschütten. Nach 5–6 Jahren sollte das Hochbeet wieder komplett neu befüllt werden.
Einen Nachteil hat dieses Verfahren: Wegen der hohen Nährstofffreisetzung beim Verrotten werden so kräftig Nährstoffe freigesetzt, dass sich im ersten Jahr fast nur Starkzehrer wie Kohl, Tomaten und Kürbis gedeihen.
Als Alternative können Sie die Verrottungsschicht weglassen: Dann kommt über die Dränage aus zerkleinerten Ästen, Kies oder Schotter eine Mischung aus Gartenboden und reifem Kompost, obenauf gute Pflanzerde. So lassen sich von Anfang an Stark-, Mittel- und Schwach-

zehrer in Mischkultur anbauen. Werden die Hochbeetseiten im Frühjahr von der Sonne beschienen, erwärmt sich die Erde auch ohne verrottende Füllung, erst recht, wenn das Hochbeet mit einem Frühbeetaufsatz versehen ist.

Hochbeete erleichtern den Anbau von Gemüse und Kräutern ganz enorm.

BODENBEARBEITUNG IM GEMÜSEGARTEN

Im Gemüsegarten wird der Boden besonders gefordert. Er sollte beste Voraussetzungen für das Wurzelwachstum bieten, entsprechend locker und humos sein und Wasser und Nährstoffe optimal speichern. Wird ein Gemüsegarten neu angelegt, ist eine gründliche, nachhaltige Bodenvorbereitung sehr empfehlenswert (→ Seite 80). Ist der Boden schon ziemlich fit, sorgt die jährliche Bearbeitung dafür, die Krume locker zu halten, den Humusgehalt zu fördern, die Wasserhaltekraft zu verbessern und hartnäckigen Wildkräutern den Schneid zu nehmen.

Die Bodenbearbeitung mit einer Grabegabel ist schonender als mit einem Spaten.

Humusschonende Bearbeitung

Früher gehörte das Umgraben im Herbst zur Routine. Die gewendeten, nebeneinander abgelegten Schollen wurden dann über Winter vom Frost zerkrümelt. Darauf muss man mittlerweile öfter verzichten, weil starke Fröste seltener geworden sind. Wenn überhaupt, friert der Boden oft erst gegen Ende des Jahres oder im Vorfrühling durch. Deshalb kann man die tiefe Lockerung gut auf das zeitige Frühjahr verschieben.
Das Umgraben wird sowieso schon länger mit einiger Skepsis betrachtet, weil das Wenden der Schollen das Bodenleben empfindlich stört. Dadurch werden sauerstoffliebende Lebewesen in luftarme Schichten vergraben und die weiter unten lebenden Organismen auf einen Schlag der Kälte und Sonneneinstrahlung ausgesetzt. Das Umgraben beschleunigt zudem den Humusabbau.
Bei nicht allzu dichten Böden empfiehlt sich deshalb eine schonende Lockerung ohne Wenden: mit einer Grabegabel, die man in Abständen von rund 10 cm in den Boden sticht und hin und her rüttelt. Ergänzend kann man einen Sauzahn (ein Gerät mit kräftigem, gebogenem Zinken) in diagonalen Reihen über die Fläche ziehen. Anschließend können Sie mit Hacke, Grubber oder Kultivator die Beete herrichten und Kompost einarbeiten. Rund eine Woche später kommen die ersten Aussaaten an die Reihe.

Ein Fall fürs Umgraben

Umgraben ist nach wie vor ratsam, wenn der Boden sehr schwer ist. Zum Verdichten neigende Tonböden werden anfangs am besten jährlich umgegraben, bis bodenverbessernde Maßnahmen das allmählich ersparen (→ Seite 83, »Langfristiges Verbessern«). Auch bei tonreichen Lehmböden ist gelegentliches Umgraben von Vorteil, etwa alle 2–3 Jahre.

Das Umgraben empfiehlt sich außerdem bei stark verunkrauteten Böden sowie nach einem »Schneckenjahr«: am besten dann, wenn sich zumindest leichte Fröste ankündigen, damit die nach oben gebrachten Schneckeneier erfrieren.

Wird im Frühjahr umgegraben, lässt man den Boden erst einmal 2–3 Wochen sich setzen, bevor man mit Hacke oder Grubber die Beete für die Aussaat vorbereitet. Bis dahin kann eine Mulchschicht, z. B. aus Laub, die Oberfläche abdecken und dem Verschlämmen durch Regenfälle ebenso vorbeugen wie dem Austrocknen in sonnigen Frühlingswochen.

DEN WASSERVERBRAUCH SENKEN

Nach der Aussaat ist mehr oder weniger gleich bleibende Feuchtigkeit unverzichtbar, bis die Saaten aufgegangen und die Sämlinge gut herangewachsen sind. Dasselbe gilt nach dem Pflanzen vorgezogener Gemüse. Nimmt man sie aus dem Anzuchttopf, ist der Erdballen meist zusammengepresst. Behutsames Auflockern und gründliches Anfeuchten des Ballens sowie kräftiges Gießen nach dem Einsetzen fördern gutes Wurzelwachstum.

Deshalb hilft ausreichende Feuchtigkeit zum Start beim späteren Wassersparen: Je schneller und kräftiger sich die Wurzeln entwickeln, desto besser verkraften die Pflanzen längere Gießpausen. Dann reichen selbst in heißen Trockenphasen oft zwei bis drei Wassergaben in der Woche. Das noch mehr zu reduzieren lohnt sich unterm Strich nicht. Denn häufig schlappen dann nicht nur die Blätter, sondern das Wachstum stockt. Knollen und Rüben bleiben klein, werden holzig oder platzen auf. Fruchtgemüse stoßen teils Blüten oder Früchte ab. Salate, Blattgemüse, Radieschen und Rettiche können schießen, das heißt Blütenstände hochschieben, wodurch sie ungenießbar werden.

Konkrete Angaben zu bewährten Gießmengen finden Sie im Vorspann zur großen Gemüseübersicht auf Seite 140. Die »Goldenen Gießregeln« für alle Gartenpflanzen (→ Seite 107) empfehlen sich ganz besonders auch für das Gemüse; ebenso das regelmäßige Hacken und Mulchen zwischen den Reihen, das die Verdunstung reduziert. Am meisten Wasser können Sie sparen, wenn Sie eine Tropfbewässerung installieren, beispielsweise mit Tropf- oder Perlschläuchen (→ Seite 109).

Vorteilhafter Früh- und Spätanbau

Schon im Frühling muss man heute häufiger mit Trockenheit rechnen. Doch der Wasserbedarf ist dann bei Weitem noch nicht so hoch wie in der Sommerhitze. Zudem ist der Boden unter der Oberfläche häufig noch recht feucht von den winterlichen Regenfällen. Werden dann schon im März oder Anfang April z. B. Salate, Rettiche, Rote Bete, Erbsen, Dicke Bohnen und Blumenkohl gesät oder gepflanzt, brauchen sie deutlich weniger Gießwasser als beim Sommeranbau. Man sollte für die Frühgemüse allerdings vorsichtshalber Abdeckvliese bereithalten, falls noch Fröste auftreten.

Bei Tomaten, Gurken oder Bohnen ist kein Frühjahrsanbau möglich – hier kann man den heißen, trockenen Sommerwochen nicht aus dem Weg gehen. Ähnlich verhält es sich mit Kopfkohl, der selbst bei früher Pflanzung bis weit in den Sommer hinein auf dem Beet steht. Sie können aber die Wasseraufnahme durch mehrmaliges Anhäufeln von Erde rund um die Stängelbasis verbessern. Dann bilden diese Gemüse unten an den Stängeln zusätzliche Wurzeln, die sogenannten Adventivwurzeln. Dasselbe machen auch Paprika, Kürbis und Erbsen. Die Bildung von Zusatzwurzeln können Sie zudem fördern, indem Sie solche Gemüse tiefer pflanzen, als sie vorher im Topf standen: Tomaten und die anderen Fruchtgemüse sogar so tief, dass die untersten Blätter nur knapp über die Erdoberfläche kommen. Voraussetzung ist ein gut gelockerter Boden, der nicht zum Verdichten neigt. Lauch bildet zwar keine Adventivwurzeln – aber schöne weiße Stangen, wenn man die bleistiftdicken Pflänzchen bis zum untersten Blattansatz in 10–15 cm tiefe Löcher pflanzt. Nebenbei sind die Wurzeln auf diese Weise besser vor Austrocknung geschützt.

Bei Gemüse, das zu verschiedenen Zeiten gesät werden kann, wird zunehmend zum Herbstanbau geraten. Ob Kopf- und Eissalat, Weiß-, Rotkohl, Kohlrabi oder Lauch: Die Spätsorten haben häufig einen weitaus niedrigeren Wasserbedarf als die Sommersorten. Späte Rosenkohlsorten lassen sich noch Anfang Juli pflanzen, Grünkohl und Winterlauch sogar bis Anfang August und dann oft bis ins Frühjahr hinein ernten. Für die Frühjahrsernte können Sie außerdem bis Anfang Oktober Winterkopfsalat, Winterwirsing, Zwiebeln und Schalotten pflanzen. Von der Erbse gibt es ebenfalls Sorten wie 'Sima' und 'Pandora' für die Herbstaussaat. Auch Möhren lassen sich spät säen und dann im nächsten Jahr schon ab Ende Mai ernten. Spätsaaten von Feldsalat, Spinat und Winterportulak sorgen mit ihrer kurzen Wachstumszeit schon in der kalten Jahreszeit für frische, gesunde Kost.

Allerdings können dem Spät- und Wintergemüse nicht nur stärkere Fröste zusetzen, sondern auch anhaltende Winternässe. Dann breiten sich öfter Pilzkrankheiten aus und manches beginnt zu faulen. Dem kann man vorbeugen durch Abdecken mit dicht gewebten Vliesen, Loch- oder Schlitzfolien, die etwas Luft durchlassen, aber den Wasserdurchfluss reduzieren. Wo es über Winter häufiger regnet oder friert, verlagert man den Spätanbau besser in Folientunnel oder Gewächshaus.

Späte Sorten von Kohl, hier ein Weißkohl, brauchen weniger Wasser als Sorten, die im Frühjahr angebaut werden.

Baumspinat stammt aus Indien, dem Himalaja und Nepal und wird als Blattgemüse genutzt.

Sojabohnen können sehr vielseitig in der Küche verwendet werden.

Basilikum und Tomaten – eine perfekte Kombination im Beet und in der Küche.

GEMÜSE MIT WENIG DURST

In der großen Gemüseübersicht auf den Seiten 140–143 sehen Sie einige Arten mit nur einem Sternchen unter dem Namen: Das sind Gemüse, die in trockenen Wochen meist mit anderthalb bis zwei 10-Liter-Kannen Wasser pro m^2 auskommen, verteilt auf 2 oder 3 Tage. Schon nach wenigen Wochen geerntete Asia-Salate z. B. sind in ihren Ansprüchen recht bescheiden. Spät gesätem Spinat und Feldsalat reichen oft schon die im Herbst zunehmenden Regenfälle. Knoblauch hält es selbst im heißen Hochsommer recht lang ohne Gießen aus. Aber auch Kartoffeln, Möhren und sogar Kohl brauchen deutlich weniger Wasser, nachdem sich ihr Erntegut ausreichend entwickelt hat. Zwiebeln sollten sogar in den letzten 3–4 Wochen vor der Ernte gar nicht mehr gegossen werden.

Genügsame Spezialitäten

Zunehmend werden als besonders trockenheitsverträglich gepriesene Gemüsespezialitäten angeboten. Es ist interessant und spannend, solche weniger geläufigen Arten im Garten auszuprobieren. Dazu gehören z. B. der Baumspinat *(Chenopodium giganteum)* und das Eiskraut *(Mesembryanthemum crystallinum)*. Der Baumspinat ist eine einjährige, bis 3 m hohe und 2 m breite Pflanze mit attraktivem violettrotem Austrieb und zugleich ein sehr ergiebiges Gemüse. Die jungen, zarten Blätter und Triebspitzen können fortlaufend geerntet werden. Man verwendet sie am besten wie Spinat, also gedünstet oder gekocht. Das bis 30 cm hohe Eiskraut ist manchen als Sommerblume, z. B. für den Balkon, bekannt: mit hübschen Blüten von Juni bis September und sukkulenten, fleischigen Blättern. Sie wirken wie mit Eiskristallen überzogen, schmecken salzig-säuerlich und lassen sich für Salate sowie gedünstet genießen. Beide vertragen längere Trockenzeiten, gedeihen und munden aber besser, wenn man sie öfters zurückhaltend gießt.

Wahre Trockenkünstler sind dagegen Linsen *(Lens culinaris)* und Kichererbsen *(Cicer arietinum)*. Beide gehören als Schmetterlingsblütler zur Verwandtschaft von Bohnen und Erbsen. Sie können sich ebenso wie diese mithilfe von Knöllchenbakterien den Stickstoff aus der Luft holen. Und sie sind ebenso wie Erbsen sehr selbstunverträglich und sollten erst nach 4–6 Jahren wieder am selben Platz oder nach anderen Schmetterlingsblütlern gesät werden.

Linsen und Kichererbsen gedeihen am besten auf nährstoffarmen, sandigen, kalkreichen Böden. Sie passen deshalb besser neben mediterrane Kräuter als in gut mit Kompost versorgte, öfter gegossene Gemüsebeete. Den im April ausgesäten Linsen genügt schon leichte Feuchtigkeit zum Keimen. Die Mitte Mai gesäten, recht großen Körner der Kichererbsen dagegen brauchen reichlich Wasser, bis sie sprießen. Am besten werden sie in Töpfen vorgezogen. Später sind beide Arten sehr trockenheitsverträglich, aber auch recht empfindlich gegen stärkeren Regen. Bei den langsam wachsenden Linsen muss man anfangs sehr häufig konkurrierende Wildkräuter jäten. Da die Pflanzen wenig standfest sind, sollte man sie an Stützreisig hochziehen.

Die Hülsen mit den eiweiß-, vitamin- und mineralstoffreichen Körnern werden ab August geerntet. Bei den Kichererbsen können Sie mit etwa 100–200 g Körnern pro m^2 rechnen, bei den sehr ungleichmäßig abreifenden Linsen nur mit rund 40–100 g. Um daraus mehrere schmackhafte Suppen oder Eintöpfe zuzubereiten, muss man für diese Pflanzen eine recht große Anbaufläche reservieren.

KRÄUTER IM GEMÜSEBEET

Direkt neben und zwischen Gemüsereihen gedeihen am besten Kräuter mit ähnlichen Ansprüchen wie z. B. Pflücksalat oder Radieschen: die also mit mäßigen Nährstoff- und Wassergaben gut zurechtkommen und eine leichte Beschattung während der Mittagshitze bevorzugen. In Mischkulturen können sie mit ihren Düften Schädlinge verwirren und vom Gemüse fernhalten. Bohnenkraut z. B. ist ein guter Begleiter für Bohnen und Zwiebeln. Basilikum passt zu Tomaten, Gurken, Kohlrabi und Mangold; Schnittlauch zu Kohl und Möhren; Dill zu Gurken, Zucchini, Kohl, Erbsen, Salat, Möhren, Roten Beten und Zwiebeln; Petersilie und Knoblauch zudem auch zu Erdbeeren. Die Petersilie ist allerdings durch ihre Wurzelausscheidungen selbstunverträglich. Sie sollte erst nach 3–4 Jahren wieder an derselben Stelle gesät werden. Dasselbe gilt für ihre Verwandtschaft aus der Familie der Doldenblütengewächse, nämlich Dill, Majoran, Fenchel, Sellerie und Möhren.

Pfefferminze eignet sich gut als Nachbar z. B. von Kartoffeln, Tomaten und Möhren, Estragon harmoniert mit Bohnen, Gurken und Schnittlauch, Zitronenmelisse mit verschiedenen anderen Kräutern. Alle drei sollten aber besser mit Wurzelsperren gepflanzt werden, weil sie sich als Mehrjährige auf Dauer über Ausläufer ausbreiten. Oder man setzt sie getrennt in gesonderte Beete.

Eigenwillige Mittelmeerkräuter

Mediterrane Kräuter wie Oregano, Thymian und Ysop lassen sich weniger gut ins Gemüsebeet integrieren. Sie lieben die volle Sonne und vertragen auch Hitze und Trockenheit. Andererseits bevorzugen sie entsprechend ihrer Herkunft nährstoffarme, sandige bis steinige und kalkreiche Böden. Am ehesten passen noch Salbei, Bohnenkraut und Estragon zwischen die Gemüse. Die anderen gedeihen dort nur wirklich gut, wenn man ihre Pflanzstellen durch Einarbeiten von Sand, Splitt und feinem Schotter sowie Kalk entsprechend herrichtet – und sie beim Gießen die meiste Zeit ausspart.

Ein separater Pflanzstreifen an der sonnigsten Stelle im Gemüsegarten ist die einfachere Lösung. So kann der Boden durchgehend an die Bedürfnisse angepasst werden. Weil die Mittelmeerkräuter besonders intensiv duften, wirken solche Streifen an Beeträndern als Barrieren, die Schädlinge fernhalten und verwirren. Dasselbe gilt auch für Weinraute, Eberraute und Heiligenkraut *(Santolina chamaecyparissus)*.

Eine Kräuterspirale erlaubt den Anbau vieler unterschiedlicher Kräuterarten auf kleinstem Raum.

Kräuterspirale: schön und praktisch

An einem sonnigen Platz im Rasen oder in Terrassennähe wird eine Kräuterspirale zum echten Hingucker. Empfehlenswert ist ein rundlicher Grundriss mit mindestens 2–3 m Durchmesser. Die Kräuterspirale wird mit niedrigen Mäuerchen aus Natursteinen ohne Mörtelverbindung errichtet. Diese schichtet man in zwei parallel verlaufenden Reihen mit rund 50 cm Abstand so auf, dass die Spirale nach innen an Höhe zunimmt. Dadurch erinnert das Ganze an die Form eines Schneckenhauses. Die »Turmspitze« kann zwischen 60 und 120 cm Höhe erreichen, je nach Durchmesser der Kräuterspirale. Als Pflanzflächen dienen die Zwischenräume zwischen den beiden Steinreihen.

Zuunterst wird Schotter oder Kies als Dränage eingefüllt, darüber die Pflanzerde: für die Kräuter unten nährstoffreicher, für die mediterranen Arten oben mager und vermischt mit Sand oder Splitt. Durch den Aufbau der Kräuterspirale sind die Pflanzflächen in Bodennähe leicht beschattet und etwas feuchter. Nach oben werden sie zunehmend sonniger und trockener. Unten gedeihen z. B. Petersilie, Schnittlauch und Minze, im mittleren Bereich Basilikum, Borretsch und Zitronenmelisse und ganz oben mediterrane Kräuter wie Oregano, Ysop und Thymian. Gut passt dazu ein kleiner Teich unten am Spiralenanfang. An seinen Rand kann man feuchteliebende Pflanzen wie Brunnenkresse und Bachminze setzen.

TIPPS ZUR KRÄUTERPFLEGE

Ein- bis zweijährige Kräuter wie Kerbel, Dill und Blatt-Koriander (Cilantro) werden überwiegend direkt gesät. Vor allem Basilikum, Petersilie und Majoran zieht man besser in Anzuchtgefäßen vor oder besorgt sich Jungpflanzen. Direktsaat und Anzucht sind auch bei manchen Mehrjährigen möglich, doch mit gekauften Jungpflanzen kommt man z. B. bei Oregano und Salbei wesentlich schneller zur ersten Ernte. Die meisten mediterranen Kräuter können Sie auch über Stecklinge selbst vermehren, Minze, Zitronenmelisse sowie Estragon durch Abtrennen von Ausläufern. Vom Rosmarin gibt es einige winterharte Sorten, doch oft ist es sicherer, ihn als Kübelpflanze zu halten und über Winter drinnen kälte- und regengeschützt unterzubringen.

Sparsam düngen

Kräuter sind wie die Schwachzehrer unter den Gemüsen mit höchstens 1 Liter Kompost pro Quadratmeter ausreichend versorgt. Zusätzliche Stickstoffdüngung ist oft nicht nötig und kann sogar das Aroma beeinträchtigen. Aber ein wenig Kali hilft, die Widerstandskraft zu stärken. Käufliche Kräuterdünger sind meist auf die Ansprüche von Basilikum, Petersilie und anderen Kräutern mit mittlerem Nährstoffbedarf abgestimmt.

Wachsen genügsame mediterrane Kräuter wie Salbei, Bohnenkraut und Ysop in normalem Gartenboden, brauchen sie kaum Kompost und an einem mageren, sandigen Standort sogar nur alle paar Jahre. Ratsam sind jedoch Kalkgaben, wenn der pH-Wert unter 7,5 liegt (→ Seite 83 und 138). In lang anhaltenden Hitze- und Trockenperioden sind selbst die mediterranen Kräuter für gelegentliches Gießen dankbar. Starkregen und Winternässe vertragen sie allerdings schlecht. Vorsichtshalber sollte man sie in regenreichen Zeiten mit einem dicht gewebten Vlies oder einer Lochfolie abdecken.

Rückschnitt und Teilung

Oregano, Salbei & Co. sind Halbsträucher, das heißt, sie verholzen mit der Zeit an der Basis. Damit sie unten und in der Mitte nicht verkahlen und reichlich krautige Neutriebe bilden, schneidet man sie alle 1–2 Jahre im späten Frühjahr kräftig zurück, und zwar um bis zu zwei Drittel ihrer Höhe. Ein Rückschnitt nach der Blüte ist ratsam bei Kräutern wie Schnittlauch, Minze und Zitronenmelisse, wenn man diese nicht regelmäßig beerntet.

Lässt bei mehrjährigen Kräutern mit der Zeit die Wuchsfreude nach, können Sie die meisten durch Teilung verjüngen und zugleich vermehren. Graben Sie dazu die Pflanzen im Herbst oder Frühjahr samt Wurzelwerk aus und zerteilen Sie diese in gut bewurzelte Teilstücke, die jeweils mindestens eine Triebknospe haben müssen. Entnehmen Sie die Teilstücke unbedingt den jüngeren Bereichen der Pflanze und wählen Sie einen neuen Standort für das Wiedereinpflanzen.

Bei kälteempfindlichen Kräuter empfiehlt sich im Herbst das Abdecken des Bodens rund um die Pflanzen mit Laub oder Rindenmulch, um den Wurzelbereich zu schützen. Die oberirdischen Teile kann man locker mit Fichtenzweigen abdecken.

Ernte und Trocknen

Von Kräutern werden meist junge Blätter und Triebspitzen fortlaufend nach Bedarf geerntet. Wenn Sie stattdessen ganze Triebe zum Trocknen oder Konservieren schneiden möchten, ist kurz vor Blühbeginn oft der beste Termin: Dann sind die Aroma- und Wirkstoffgehalte am höchsten. Oregano, Thymian und Ysop können Sie aber auch blühend ernten. Sie duften und schmecken dann sogar noch intensiver. Wenn möglich, schneidet man die Triebe zum Trocknen in den Vormittagsstunden sonniger Tage: Dann ist das Aroma besonders intensiv.

GESUNDE OBSTERNTEN

Frisch gepflückte Sommeräpfel, Kirschen, Stachelbeeren, direkt vom Baum oder Strauch in den Mund: Das sind Geschmackserlebnisse, bei denen gekauftes Obst kaum mithalten kann.

Natürlich bekommt man auch in Supermärkten und auf Wochenmärkten schmackhaftes Obst; und das mittlerweile öfter mit einem Biosiegel, das Freiheit von Pestizidrückständen verspricht. Aber so manches hat weite Transportwege hinter sich, wurde in Kühlräumen zwischengelagert oder noch nicht ganz ausgereift geerntet. Das verschlechtert nicht nur die Ökobilanz, sondern geht auch auf Kosten des Geschmacks und des Vitamingehalts. Denn die meisten Obstarten schmecken am besten, wenn sie vollreif und frisch sind. Schon deshalb lohnt sich der eigene Anbau, zumal gutes Obst beim Einkauf nicht gerade billig ist.

Zudem bereichern Obstgehölze den Garten auch optisch: mit ansprechenden Wuchsformen, schönen Blüten und verheißungsvollen Früchten. Weil die Kronen von Obstbäumen meist durch Schnitt aufgelockert werden, werfen sie keinen allzu dichten Schatten. So können sie Pflanzen in ihrer Umgebung vor praller Sonne schützen, lassen aber genug Licht für deren Wachstum durch. Größere Bäume eignen sich auch wunderbar als markante Hausbäume, die das Grundstück prägen. Sind ihre Stämme hoch genug, dass eine Bank darunterpasst, kann man im Hochsommer im lauschigen Schatten relaxen und den Äpfeln und Kirschen beim Reifen zusehen.

Angefangen mit frühen Süßkirschen und Erdbeeren winken schon ab Ende Mai fruchtige Gaumenfreuden. Die Obstsaison kann im Garten bis zum Spätherbst andauern. Sofern nicht frühzeitig Fröste auftreten, gibt es bis November Kiwis, Quitten sowie letzte Pflaumen, Brombeeren und Nüsse zu ernten.

Ob man sich dann bis zum nächsten Frühsommer mit »Flugobst« aus Marokko, Israel, Neuseeland oder Spanien behilft, ist Geschmacks- und Einstellungssache. Denn der Import aus fernen Ländern führt zu einer hohen CO_2-Belastung und trägt damit zum Klimawandel bei. Wenn Sie Zeit und Lust haben, können Sie stattdessen die erntearme Zeit bis zur nächsten Saison gut mit eingelagertem und selbst eingemachtem Obst aus eigenem Anbau überbrücken.

BAUMFORMEN: IN ALLEN GRÖSSEN

Wer beim Gemüse eine weitgehende Selbstversorgung anstrebt, hat vom Vorfrühling bis in den Winter hinein alle Hände voll zu tun. Bei Obstgehölzen dagegen hält sich der Aufwand in Grenzen. »Arbeitsspitzen« gibt es höchstens beim Schnitt – und bei der Ernte. Was den Wunsch nach einem vielfältigen, anhaltenden Fruchtsegen einschränken kann, ist vor allem der Platzbedarf. Die Übersicht auf Seite 154 zeigt, wie groß die diversen Baumformen etwa werden und wie viele Quadratmeter sie mit den Jahren belegen – von schmalen Säulenbäumen bis zu Hochstämmen mit ausladenden Kronen.

Abstände und Befruchterbäume

Die anfangs kleinen Bäumchen können dazu verleiten, bei den Pflanzabständen zu »mogeln«. Doch wenn die Jungbäume zu eng oder zu nah an eine Mauer gesetzt werden, hilft später nur noch Umpflanzen. Man kann das Wachstum zwar durch Schnitt etwas eindämmen, aber die Gehölze lassen sich nicht beliebig klein halten. Dazu kommt, dass man teils auch noch Platz für einen »Partnerbaum« einplanen muss. Die allermeisten Apfel- und Birnensorten sowie mehrere Süßkirschen und Pflaumen brauchen zum Befruchten eine zweite Sorte, die zur selben Zeit blüht. Eine passende Befruchtersorte sollte im Umkreis von wenigstens 400 m wachsen, damit Bienen und Hummeln für das Bestäuben sorgen können. Beim weit verbreiteten Apfel wachsen meist genug Befruchtersorten in der Umgebung. Bei anderen Obstarten empfiehlt sich oft das Dazupflanzen eines zweiten Baums, sofern man nicht gerade in einem Obstanbaugebiet gärtnert. Lassen Sie sich dazu am besten in einer guten Baumschule beraten.

Apfelbäume lassen sich in vielen Formen ziehen. Diese niedrigen Halbstämme können ohne Leiter beerntet werden.

OBSTBAUMFORMEN IM ÜBERBLICK

Baumform	Wuchshöhe	Stammhöhe der Jungbäume	Baumform	Platzbedarf
Säulenbaum	2-4 m	fruchtfreie Stammbasis 30-50 cm	0,5-2 m	0,4-4 m²
Zwergbaum	1-2,5 m	40-60 cm	1-2 m	1,5-4 m²
Spindelbusch	2-3,5 m	40-60 cm	1,5-3,5 m	2-12 m²
Buschbaum	2,5-4 m	40-60 cm	3-5 m	9-25 m²
Halbstamm	5-10 m	100-150 cm	6-8 m	25-60 m²
Hochstamm	8-15 m	160-200 cm	8-10 m	60-80 m²

Den Platzbedarf für eine zusätzliche Befruchtersorte können Duobäume ersparen, bei denen zwei Sorten auf denselben Stamm veredelt sind. Hier kann es allerdings passieren, dass eine der Sorten stärker wächst und mit der Zeit die andere überwuchert.

Die meisten Kiwisorten sind zweihäusig: Das heißt, die Pflanzen tragen entweder weibliche oder männliche Blütenanlagen. Da nur die weiblichen Exemplare Früchte bringen, muss man eine männliche Bestäubersorte dazupflanzen.

SORTEN UND UNTERLAGEN

Bei den Sorten handelt es sich um spezielle Züchtungen oder Auslesen der Obstarten. Solche Sorten sind öfter aus zufälligen, spontanen Kreuzungen hervorgegangen, so etwa der 'Glockenapfel' und der Pfirsich 'Kernechter vom Vorgebirge'. Die Obstsorten unterscheiden sich in Aussehen, Wuchsstärke, Robustheit und Frosthärte; außerdem in Reifezeit, Fruchtgröße und -farbe und natürlich auch im Geschmack. Eine wichtige Rolle spielt zudem die Widerstandsfähigkeit gegen Schaderreger. So sind z. B. die »Re«-Apfelsorten wie 'Rebella', 'Resi', 'Renora' sehr beliebt, weil weitgehend resistent gegen Schorf und Echten Mehltau sowie gering anfällig für Feuerbrand. Oft lohnt es sich auch, nach altbewährten Regionalsorten zu sehen, weil sie gut an das örtliche Klima angepasst sind.

Ausschlaggebend sind zudem, wie erwähnt, die Befruchtungsverhältnisse: also die Frage, ob es sich um Selbst- oder Fremdbefruchter handelt und welche anderen Sorten als Bestäuber passen. Vor allem bei Apfel und Birne ist zudem die Lagerfähigkeit ein wichtiges Kriterium. Wenn Sie noch lange Zeit nach der Ernte die Früchte

Ihrer Arbeit genießen möchten, empfehlen sich späte Herbst- und Wintersorten. Die gegen Ende Oktober geernteten Wintersorten halten sich mindestens bis Dezember, Winteräpfel wie 'Topaz' sogar bis in den März hinein. Dafür brauchen Sie allerdings auch einen geeigneten Lagerraum: Gelagertes Obst hält sich am besten in einem dunklen, gut lüftbaren Raum bei rund 3 °C und hoher Luftfeuchte. Andernfalls wählt man besser Sommer- oder frühe Herbstsorten.

Die meisten Obstbäume sind veredelt, das heißt, sie bestehen eigentlich aus zwei verschiedenen Gehölzen, die komplett miteinander verwachsen sind. Der eine Baum steuert als Unterlage das Wurzelwerk und die Stammbasis bei. In diese Basis werden junge Triebstücke oder Augen des anderen Baums eingesetzt bzw. gepfropft: Das ist die (Edel-)Sorte mit den gewünschten Früchten. Sie bildet die Krone und den Hauptteil des Stamms. Die Veredlungsstelle ist später als schwache oder auch als auffällige wulstartige Verdickung im unteren Stammbereich zu erkennen. Unterlagen haben großen Einfluss auf die Wuchsstärke und Robustheit des gesamten Baums sowie auf seine Anpassungsfähigkeit an verschiedene Standortverhältnisse. Die Unterlagen sind meist Auslesen oder Züchtungen nah verwandter Arten, oft von Wildarten.

Auch Weinreben sind veredelt, und zwar auf reblausresistente Unterlagen (→ Seite 113, »Alteingeschleppte Plagen«). Werden Johannisbeere und Stachelbeere auf Stämmchen veredelt, präsentieren sie sich als attraktive kleine »Bäumchen«.

KLEINE ODER GROSSE BÄUME?

Als vor Jahrzehnten immer mehr Obstarten als Buschbäume angeboten wurden, waren viele Hobbygärtnerinnen und -gärtner sehr erfreut. Denn die Halb- und Hochstämme mit ihren großen, breiten Baumkronen ließen sich in kleineren Gärten kaum unterbringen. Für die starkwüchsigen Süßkirschen brauchte man sogar fast ein parkähnliches Grundstück. Buschbäume wachsen allerdings auch nicht »buschig«, sondern auf Stämmen mit Kronen, die mit den Jahren einen Durchmesser von mindestens 8 m^2 erreichen.

Die schmaleren Spindelbüsche dagegen bestehen nur aus einem Mitteltrieb, der von unten her mit etagenartig angeordneten, fruchttragenden Seitentrieben besetzt ist. Spindelbüsche eignen sich auch gut für das Anlegen von Obsthecken, ebenso wie die noch schlankeren Säulenbäume. Das alles wurde möglich durch schwach wachsende Unterlagen.

Buschbäume sind niedrig bleibende Sorten. Hier ein Birnbaum, bei dem die Früchte in Hüfthöhe reifen.

Zwei Fliegen mit einer Klappe: Dieses Spalierobst dient als schmale Hecke und bietet eine reiche Ernte.

Besonders beliebt sind die Säulen- und Zwergbäume, die sich sogar im Kübel auf Terrasse und Balkon ziehen lassen und kaum Schnittmaßnahmen erfordern. Wirkliche Säulensorten sind so gezüchtet, dass sie zeitlebens schmal bleiben. Das ist bisher vor allem beim Apfel gelungen, ansatzweise auch bei der Birne. Echte »Zwerge« finden Sie vor allem bei Pfirsich und Nektarine. Ansonsten müssen Sie bei Säulen- und Zwergbäumen, z. B. von Kirsche und Pflaume, stärker mit der Gartenschere eingreifen.

Die mehr oder weniger kleinen, schwach wachsenden Baumformen haben den Vorteil, dass sie oft schon 2–3 Jahre nach dem Pflanzen ansehnliche Ernten liefern. Bei Halb- und Hochstämmen muss man sich bis dahin mindestens 5 Jahre gedulden. Der Vollertrag setzt hier je nach Art und Sorte meist erst zwischen dem sechsten und zehnten Jahr ein. Dafür leben und tragen die »Großen« wesentlich länger. Halbstämme können bis 60 Jahre alt werden, Hochstämme ein stolzes Alter von über 80 Jahren erreichen. Spindelbüsche dagegen gehen schon mit 20–40 Jahren in den Ruhestand, Säulenbäume noch etwas früher. Zwergbäume können bereits nach 10–15 Jahren vergreisen.

Trend zu »mehr Baum«

Aufgrund des Klimawandels hat die Begeisterung für die »Mini-Bäume« ein wenig abgenommen – vor allem, weil sie zunehmend mehr und häufiger gegossen werden müssen. Denn der reduzierte Höhen- und Breitenwuchs geht einher mit einem kleineren, oft flachen Wurzelwerk. Zudem werfen die schmalen oder kleinen Bäume höchstens mäßigen Schatten. Dadurch trocknet der Boden schneller aus. Außerdem werden die Früchte von Säulenbäumen und Spindelbüschen kaum von Blättern beschattet, was die Gefahr von Sonnenbrand erhöht.

Deshalb werden heute öfter größere Formen für den Garten empfohlen, also große Buschbäume, Halb- oder Hochstämme, die tief wurzeln und den oft willkommenen Schatten werfen, oder sogar unveredelte, wurzelechte Sämlingsbäume. Doch das ist bei einem Kronendurchmesser von 5–8 m eben auch eine Platzfrage. Solche Bäume eignen sich eher für Streuobstwiesen und weniger für mittelgroße Hausgärten.

Sehr robuste Obstgehölzpflanzen, die meist nicht ganz so raumgreifend wachsen, finden sich unter den Wildobstarten. Viele von ihnen kommen zudem mit anhaltender Trockenheit gut zurecht (→ Seite 158, »Für sonnige, trockene Standorte: Wildobst für Kenner«). Solche bewährten Gehölze wie beispielsweise Gojibeere und Kornelkirsche sind schon längst »halbwild«: Von ihnen gibt es inzwischen Auslesen und Sorten, die große, schmackhafte Früchte bringen und besonders reich tragen.

Platzsparende Spaliererziehung

Beim Spalierobst werden die Haupttriebe nur in zwei Richtungen gezogen, an einem frei stehenden Drahtgerüst im Garten oder an einer Mauer. Vor einer Wand empfehlen sich Abstandshalter für die Holz-, Metallgitter oder quer aufgespannten Drähte. Die Spaliererziehung an einer wärmespeichernden Fassade ist vor allem beliebt bei den etwas kälteempfindlichen Birnen, Pfirsichen und Aprikosen. Apfelbäume eignen sich ebenfalls gut als Spalierobst.

Recht einfach zu erziehen sind ungezwungene Spalierformen mit einigen günstig verteilten Haupttrieben, Fächerspaliere mit V-förmig angeordneten Haupttrieben oder Dreiastkronen mit Mittelast und zwei Leittrieben nach links und rechts. Manche Baumschulen bieten bereits vorbereitete Gehölze für die Spaliererziehung an. Die Sache hat allerdings einen Haken: Die Wärmeabgabe einer Mauer verfrüht den Blühbeginn. Bei hohen Frühlingstemperaturen erscheinen die ersten Blüten noch zeitiger. Sie können durch Spätfröste so stark geschädigt werden, dass die Ernte weitgehend ausfällt (→ Seite 161, »Vorsicht, Spätfröste!«).

GRENZABSTÄNDE BEACHTEN

- Für das Pflanzen von Obstgehölzen an der Grenze zum Nachbargrundstück gibt es gesetzlich festgelegte Mindestabstände.
- Diese können sich je nach Bundesland etwas unterscheiden. Genaue Auskunft dazu erhalten Sie bei der zuständigen Gemeinde-, Stadt- oder Kreisverwaltung.
- In den »strengsten« Bundesländern gelten folgende Regeln, jeweils gemessen von der Mitte des Stamms oder Strauchs:
- Sträucher und Hecken bis 1,8 m Höhe: 0,5 m Abstand
- Schwach bis mittelstark wachsende Obstbäume bis 4 m Höhe: 2 m Abstand
- Stärker wachsende Obstbäume und veredelte Walnussbäume: 3–4 m Abstand
- Unveredelte Walnussbäume: 6–8 m Abstand

FÜR SONNIGE, TROCKENE STANDORTE

Wildobst für Kenner

FELSENBIRNE (*Amelanchier*-Arten)

Strauch oder kleiner Baum: Wuchshöhe 2–6 m. Blüten weiß, ab Mai bis Juni. Im Spätsommer blaue bis purpurne Früchte. Herbstfärbung orange bis rot. Standort sonnig bis halbschattig. Frischverzehr, als Saft, für Marmeladen und Kompott.

KORNELKIRSCHE *(Cornus mas)*

Strauch oder kleiner Baum: Wuchshöhe 3–7 m. Blüten gelb, Februar bis März. Früchte werden im Herbst rot und das Laub zeigt eine rote bis violette Herbstfärbung. Standort sonnig bis halbschattig. Für Marmelade, Likör, Chutneys.

VIELBLÜTIGE ÖLWEIDE *(Elaeagnus multiflora)*

Strauch: Wuchshöhe 2–4 m. Blüten gelb, von Sommer bis Herbst, gefolgt von roten Früchten. Herbstfärbung variabel grün bis silbrig. Bevorzugt sonnige bis halbschattige Standorte. Frisch, als Marmelade, Gelee, Likör, Kompott.

GOJIBEERE (BOCKSDORN) *(Lycium barbarum)*

Strauch: Wuchshöhe 1–3 m. Blüten lila. Früchte rot, Keine besondere Herbstfärbung. Die Gojibeere wächst an sonnigen bis halbschattigen Standorten. Früchte können frisch, gekocht oder getrocknet verzehrt werden.

MISPEL *(Mespilus germanica)*

Kleiner bis mittelgroßer Baum: Wuchshöhe 2-5 m. Blüht im Herbst, Früchte orange bis rot. Herbstfärbung variiert von rot bis gelb. Standort sonnig bis halbschattig. Für Frischverzehr, Obstsalate oder Marmelade und Gelees.

SCHWARZER MAULBEERBAUM *(Morus nigra)*

Kleiner bis mittelgroßer Baum: Wuchshöhe 5–10 m. Blüten unscheinbar, grünlich. Früchte erst rot, später schwarz. Herbstfärbung gelb bis rot. Standort sonnig bis halbschattig. Für Frischverzehr, Obstsalate, Sirup und Marmelade.

KIRSCHPFLAUME *(Prunus cerasifera)*

Kleiner bis mittelgroßer Baum: Wuchshöhe 2–8 m. Blüten rosa bis weiß im April. Früchte rot, Herbstfärbung gelb bis rot. Standort sonnig bis halbschattig. Für Frischverzehr, Obstsalate oder Marmelade und Gelees.

SCHLEHE (SCHWARZDORN) *(Prunus spinosa)*

Großer Strauch: Wuchshöhe 2–6 m. Blüten weiß, wichtige Insektenweide im Vorfrühling. Früchte blau bis schwarz, sehr sauer. Herbstfärbung rot bis orange. Standort sonnig bis halbschattig. Für Obstwein, Fruchtsaft oder Marmelade.

KARTOFFELROSE *(Rosa rugosa)*

Strauch: Wuchshöhe 1–1,5 m. Blüten rosa bis rötlich ab Mai bis in den Herbst. Hagebutten orange bis rot. Herbstfärbung gelb bis rot. Standort sonnig bis halbschattig. Früchte für Marmelade, Mus, Likör oder als Teezubereitung.

MEHLBEERE *(Sorbus aria)*

Kleiner Baum: Wuchshöhe 4–10. Blüten weiß, in Dolden. Wichtige Insektenweide. Rote Früchte im Herbst. Herbstfärbung rot bis orange. Standort sonnig bis halbschattig. Für Gelees und Saft, zum Backen. Roh eher mehlig.

Sauerkirschen vertragen mehr Hitze und Trockenheit als Süßkirschen.

Feigen gedeihen heute fast überall in Mitteleuropa und reifen zuverlässig aus.

Mauern speichern Wärme und eignen sich gut als Hintergrund für Spalierobst.

GEEIGNETE PFLANZPLÄTZE

Früchte brauchen bekanntlich Sonne, um gut und wohlschmeckend auszureifen. Aber auch hier zwingt uns der Klimawandel mit seinen zunehmend heißen Sommern zum Umdenken. Vor allem Äpfel haben in den letzten Jahren häufig unter Sonnenbrand gelitten, mit großen dunklen bis rötlichen Flecken auf den Früchten. Aber auch Süßkirschen waren stark betroffen, ebenso wie Obst mit dunklen Früchten, die das Licht absorbieren: Pflaumen und Zwetschgen, Brombeeren und blaue Weintrauben wurden von der Sonne teils regelrecht verkocht. Besonders ausgeprägt treten solche Schäden auf, wenn es nach feucht-kühler Witterung schlagartig heiß wird. Teils führt das auch zu Verbrennungsflecken auf den Blättern und Rindenrissen an den Trieben.

Deshalb empfehlen sich für die meisten Obstarten ebenso wie für den Gemüsegarten Plätze, die zwar sonnig, aber nicht der prallen Mittagshitze ausgesetzt sind; genauer: möglichst nicht der besonders intensiven Sonnenstrahlung zwischen 11 und 15 Uhr. Das meiste Beerenobst sowie Haselnusssträucher sind auch an halbschattigen Standorten gut untergebracht.

Das gilt für Apfel und Süßkirsche ebenso wie für Johannisbeere und Himbeere. Haselnusssträucher gedeihen ebenso wie die meisten Beerensträucher auch im Halbschatten gut, was zudem den Wasserbedarf etwas reduziert.

Recht viel pralle Sonne, Hitze und Trockenheit vertragen dagegen Birne, Sauerkirsche und Aprikose sowie die Apfelbeere *(Aronia)*. Das Repertoire an hitze- und trockenheitstoleranten Obstgehölzen können der Feigenbaum und die Kakipflaume *(Diospyros kaki)* erweitern. Sie sollten allerdings über Winter ausreichend vor

Frösten geschützt werden. Das ist auch ratsam für junge Aprikosen-, Pfirsich- und Birnbäume sowie für Apfelbeeren und Weinreben, wenn man sie in kälteren Regionen kultiviert.

Stürme und Hitzestau

Mit dem Klimawandel hat auch das plötzliche Auftreten starker Stürme zugenommen. Bevorzugen Sie deshalb etwas windgeschützte Pflanzplätze, um Astbruch vorzubeugen. Es kann auch nichts schaden, sich ein Hagelschutznetz für Obstbäume und Weinreben zuzulegen.

Geschützte Standorte werden grundsätzlich zu Recht empfohlen, sind aber ein zweischneidiges Schwert: An sehr windarmen Plätzen trocknen die Blätter nach einem Regen nur langsam ab. Das fördert die Ausbreitung von Pilzkrankheiten: deshalb im Zweifelsfall besser etwas mehr bewegte Luft als zu wenig. Stehen die Gehölze sehr nah vor einer hellen Mauer, kann es im Sommer zu Hitzestau und einem verstärkten Auftreten von Schädlingen wie Spinnmilben, Thripsen und Zikaden kommen. Rankhilfen für Weinreben oder Kiwis werden am besten mit langen Abstandshaltern an der Hauswand angebracht. So werden die Triebe und Blätter »hinterlüftet« und zugleich die Fassaden geschont.

PFLANZTIPPS FÜR OBSTGEHÖLZE

Obstgehölze sollen möglichst gut und zügig anwachsen – und danach über Jahrzehnte gesund bleiben und reiche Ernten liefern. Dabei werden die Bäume und Sträucher durch die längeren Trocken- und Hitzeperioden verstärkt gefordert. Deshalb ist für sie ein Boden, der möglichst

VORSICHT, SPÄTFRÖSTE!

- Durch die zunehmend milden Winter werden Frostschäden am Holz seltener. Dafür sind nun Knospen, Blüten und teils auch junge Früchte stärker bedroht.
- Der oft schon warme Vorfrühling führt zu einem zeitigen Entwickeln der Knospen und Öffnen der Blüten. Sie sind im Frühstadium sehr empfindlich.
- Spätfröste zwischen März und Mitte Mai gefährden vor allem die Blüte von Süßkirsche, Pflaume, frühen Birnen- und Apfelsorten, Weinrebe, Mandel sowie Spalierobst.
- Außerdem können die Vorjahrestriebe von Feigen leiden, an denen die Früchte angelegt werden, ebenso der Neuaustrieb von Kiwis.
- Am besten beugen Schutzvliese vor, mit denen man die Gehölze, soweit möglich, abdeckt und die man vor Spalierobst und an der Wand gezogenen Kletterpflanzen aufhängt.
- Mulchschichten sollte man ab Erscheinen der ersten Blütenknospen bis zu den letzten Spätfrösten entfernen, um die nächtliche Wärmeabstrahlung des Bodens zu nutzen.

optimal Wasser aufnehmen, speichern und nach Bedarf abgeben kann, besonders wichtig. Zum Vorbereiten der Pflanzfläche lohnt sich deshalb oft eine sehr gründliche, nachhaltige Bodenverbesserung, wie sie ab Seite 80 beschrieben ist.

Werden neue Obstgehölze dort gesetzt, wo vorher schon Pflanzen derselben Art oder Familie standen, wachsen sie oft schlecht. Für Neupflanzungen ist deshalb ein Platzwechsel ratsam. Wo das nicht möglich ist, sollte der gesamte Boden möglichst tief und weiträumig ausgetauscht werden.

Passende pH-Werte

Die meisten Obstarten gedeihen am besten bei pH-Werten zwischen 6,5 und 7, also im schwach sauren bis neutralen Bereich. Probleme treten vor allem auf, wenn der pH-Wert höher liegt. Dann färben sich die Blätter oft gelb bis weißlich, wobei die Blattadern grün bleiben. Teils führt das auch zu Blattabwurf oder zum Abstoßen von Blüten und Früchten. Man sieht diese »Gelbsucht« oder Kalkchlorose recht häufig z. B. an Pfirsich, Quitte, Birne auf Quittenunterlage, Weinrebe, Himbeere sowie an Heidelbeere und Cranberry, die sauren Boden brauchen.

Es gibt aber auch Obstarten, die kalkhaltigen Boden mit einem pH-Wert um 7,5 bevorzugen, nämlich Süßkirsche sowie Kornelkirsche, Blutpflaume und Mehlbeere.

Mehr zu diesem Thema sowie zum »Einstellen« des passenden pH-Werts finden Sie unter »Ungeeignete pH-Werte« (→ Seite 83).

Lokale Baumschulen bieten die beste Auswahl an Arten und Sorten für den eigenen Garten.

Obstgehölze pflanzen

Die beste Pflanzzeit für die meisten Obstgehölze ist der Herbst, im Oktober oder November, für Containergehölze schon ab September. Dann erspart einem der Spätjahresregen öfter das Gießen. Die Bäume und Sträucher können aber auch im Frühjahr in den Boden kommen. Eine Frühjahrspflanzung empfiehlt sich besonders für etwas frostempfindliche Arten wie Pfirsich, Aprikose, Quitte, Kiwi und Weinrebe; und erst recht für Feigenbaum und Kakipflaume.

Das Hauptaugenmerk gilt zwar dem Herrichten der Pflanzgrube. Aber auch eine gründliche Bodenbearbeitung der gesamten Umgebung ist ratsam, im Verein mit einer guten Humusversorgung. Heben Sie die **Pflanzgrube** etwa doppelt so tief und breit aus, wie die Wurzeln bzw. der Wurzelballen hoch und breit ist. Lockern Sie dann die Sohle und die Seitenwände der Grube mit einer Grabegabel. Mischen Sie dem Aushub vor dem Wiedereinfüllen gut ausgereiften Kompost unter, mit einem Anteil von bis zu einem Drittel. Bei schweren Böden empfiehlt sich zudem das Untermischen von Sand oder Splitt

SPECIAL

Auf zum Pflanzenkauf

Wenn man sich vorher gründlich informiert hat und die Pflanzware sorgfältig begutachtet, kann man seinen »Traumbaum« fast überall finden. Doch die größte Auswahl bieten Baumschulen, ob mit Verkauf vor Ort oder als Versender. Hier können Sie mit einer kompetenten Beratung rechnen. Und Sie haben oft auch die Wahl zwischen Veredlungen verschiedenen Alters sowie wurzelechten Jungbäumen – und zwischen unterschiedlicher Pflanzware:

- Wurzelnackte Gehölze ohne Erdballen zum Pflanzen in der Ruhephase, zwischen Oktober und April. Sie sollten möglichst schnell in den Boden kommen.
- Ballierte Gehölze: Sie werden mitsamt einem großen Erdballen ausgegraben. Der Ballen ist in ein Jutetuch eingepackt und oft zusätzlich mit einem Geflecht aus unverzinktem Draht stabilisiert. Auch ballierte Bäume kann man nur zwischen Oktober und April pflanzen.
- Containergehölze werden in großen Kunststofftöpfen (Containern) angezogen und verkauft. Dadurch haben sie einen gut durchwurzelten Erdballen und können fast zu jeder Jahreszeit gepflanzt werden, außer wenn der Boden gefroren ist. Die Container für Baumobst sollten je nach Größe der Pflanzen mindestens 5–10 Liter Erdvolumen fassen, für Beerenobst mindestens 3 Liter Erdvolumen.

VOR- UND NACHTEILE

Viele bevorzugen Containerpflanzen, obwohl diese in der Regel recht teuer sind. Denn sie machen schon optisch mehr her als andere Angebotsformen und können das Pflanzen erleichtern – was aber nicht immer der Fall ist. Der kompakte, oft zusammengepresste Ballen muss gründlich aufgelockert werden, damit er sich gut durchfeuchten lässt. Und auch Containergehölze wurzeln in kühleren Jahreszeiten besser ein als im Spätfrühling oder im heißen Sommer. Von Vorteil ist, dass die Wurzeln der Containerpflanzen unbeschädigt bleiben – anders als bei wurzelnackten und Ballenpflanzen, die in der Baumschule im Freiland ausgestochen werden. Standen die Bäumchen allerdings am Verkaufsort zu lang im Container, ist der Topfballen häufig mit Wurzelfilz durchsetzt und von langen Ringwurzeln eingeschnürt.

Bei wurzelnackten Pflanzen kann man dagegen gut überprüfen, ob das Wurzelwerk kräftig, hell und gut verzweigt ist. Zudem erweisen sich wurzelnackte und ballierte Gehölze oft als kräftiger und robuster, weil sie draußen und in richtigem Boden herangewachsen. In guten Baumschulen werden die Freilandbäumchen alle 3–5 Jahre »verschult«, das heißt umgepflanzt. Das fördert das Wurzelwachstum mit einem hohen Anteil an Feinwurzeln, die entscheidend sind für die Wasser- und Nährstoffaufnahme.

Das Pflanzloch sollte mindestens doppelt so breit wie der Wurzelballen ausgehoben werden.

Die Erde um den Ballen wird vorsichtig mit den Füßen angetreten, aber nicht verdichtet.

Ein Gießring sorgt dafür, dass das gesamte Wasser im Bereich des Wurzelballens versickert.

und Lavagrus, bei sandigen Böden von Tonmehlen wie Bentonit.

Jungbäume brauchen meist einen **Stützpfahl**, der schon vor dem Pflanzen an der Westseite der Grube eingeschlagen wird. Er sollte so lang sein, dass er bis knapp unter den Ansatz der Krone reicht. Die Stämmchen werden später daran locker angebunden, um ein Einschnüren bei zunehmendem Dickenwachstum zu vermeiden. Haben sich die Bäume gut entwickelt, kann der Pfahl entfernt werden – mit Ausnahme von Spindelbüschen und Beerenhochstämmchen, die zeitlebens eine Stütze brauchen.

Gerade wegen der zunehmenden Trockenheit und Hitze ist eine gute **Pflanzvorbereitung** sehr wichtig: Die Bäume sollen möglichst rasch einwurzeln und anwachsen. Wurzelnackte Gehölze kommen mehrere Stunden lang in einen wassergefüllten Eimer, sodass sie bis zur Sprossbasis im Nassen stehen. Vor dem Einpflanzen kürzt man dann alle langen Wurzeln etwas ein und entfernt beschädigte oder vertrocknete Teile. Bei Ballen- und Containerpflanzen sollten die Erdballen vor dem Einsetzen sehr gründlich angefeuchtet werden. Lockern Sie die Containerballen zuvor gut auf. Ballenpflanzen werden mitsamt Juteumhüllung und Drahtgitter eingepflanzt. Hier müssen Sie nur den Drahtkorb oben öffnen oder an verengten Stellen mit einer Drahtschere einschneiden. Die Jute zersetzt sich im Boden, unverzinkter Draht rostet mit der Zeit durch.

Die Baumkronen wurden meist schon in der Baumschule mit einem aufrechten Mitteltrieb und seitlich abzweigenden Leittrieben erzogen. Der **Pflanzschnitt** direkt vor dem Einsetzen dient vor allem dazu, die Verdunstung des Baums zu vermindern. Kürzen Sie dazu bei wurzelnackten und Ballenpflanzen alle Haupt-

triebe um rund 20 % ein. Bei Containergehölzen ist das in der Regel nicht nötig.
Die Grube wird zunächst so weit mit dem Aushub befüllt, dass die Pflanzen in die richtige Höhe zu stehen kommen. Für die **Pflanztiefe** der Obstbäume gilt: Lieber etwas zu hoch pflanzen als zu tief. Der Erdballen darf ruhig bis zu 5 cm aus dem Pflanzloch herausragen, weil er sich nach dem Auffüllen der Grube und dem Angießen noch setzt. Die Veredlungsstelle sollte später rund eine Handbreit über der Erdoberfläche stehen.
Beim Auffüllen der restlichen Erde wird das Bäumchen zwischendurch etwas gerüttelt und am besten schon ein- bis zweimal gegossen, sodass die Wurzeln guten Bodenkontakt bekommen. Treten Sie zum Schluss die Oberfläche fest und häufen Sie rund um die Grube einen kleinen **Gießwall** auf, damit das Wasser nicht seitlich abläuft. Dann wird die Pflanzstelle kräftig mit Wasser eingeschlämmt. In der Folgezeit sollte bei Trockenheit regelmäßig gegossen werden.

Besonderheiten bei Beerensträuchern

Das zuvor Beschriebene gilt grundsätzlich auch für das Strauchobst. Meist setzt man mehrere Sträucher nebeneinander oder in Reihen. Deshalb ist es am besten, nicht nur den Boden an den einzelnen Pflanzstellen vorzubereiten, sondern die gesamte Fläche zu bearbeiten und, wenn nötig, zu verbessern. Eine »Spezialbehandlung« empfiehlt sich für die Pflanzflächen für Heidelbeere, Cranberry und Preiselbeeren. Für diese Moorbeetpflanzen ist Kompost ungeeignet. Stattdessen muss der Boden oft angesäuert werden, runter auf einen pH-Wert von 4,5–5,5 (→ Seite 83, »Ungeeignete pH-Werte«).
Stachelbeersträucher, Beerenhochstämmchen und Kiwis können Sie so tief pflanzen, wie sie vorher in der Baumschule bzw. im Container standen; Heidelbeere und Cranberry relativ hoch, sodass der Wurzelballen gerade eben mit Erde bedeckt ist. Dagegen kommen Johannisbeersträucher, Brombeere, Himbeere und Preiselbeere besser etwas tiefer, und zwar so, dass die Triebknospen an der Basis unter die Bodenoberfläche kommen: Das fördert die Ausbildung neuer Bodentriebe, bei der Preiselbeere die Ausläuferbildung. Bei Weinreben sollte die Veredlungsstelle rund 5 cm über dem Boden zu stehen kommen.

PFLEGETIPPS

Achten Sie bei allen Pflegearbeiten aufmerksam auf eventuelle Anzeichen von Krankheiten oder Schädlingen – je früher man sie erkennt und gegensteuert, desto einfacher ist meist die Bekämpfung. Viele Infos, Hinweise und Tipps dazu finden Sie im Kapitel »Plagegeister und Nützlinge« ab Seite 112. Wichtig ist auch das Fördern von nützlichen Tieren (ab Seite 125) – mitsamt Bienen, Hummeln & Co., den unentbehrlichen Bestäubungshelfern.

Bodenpflege unter Obstgehölzen

Damit Gräser und Wildkräuter nicht mit den Wurzeln der Obstbäume konkurrieren, empfiehlt sich eine von Bewuchs freigehaltene Fläche rund um den Stamm. Diese sogenannte Baumscheibe sollte ungefähr so breit sein wie die Krone, mindestens aber einen Durchmesser von 1,5 m haben. Damit über die Baumscheibe nicht unnötig Wasser verdunstet und Wildwuchs unterdrückt wird, können Sie die Fläche die meiste Zeit des Jahres mit einer Mulchschicht abdecken. Das verhindert auch das Verdichten der Bodenoberfläche.

Entfernen Sie aber die Mulchschicht ab dem Frühlingserwachen der Gehölze und bedecken Sie den Boden erst wieder nach den letzten Spätfrösten. So hilft die nächtliche Wärmeabstrahlung des Bodens, Frostschäden an den Blüten vorzubeugen. Wird nicht gemulcht, sollte der Boden nur flach aufgelockert werden, z.B. mit einem Grubber. Denn bei den meisten Obstgehölzen erstreckt sich der Hauptteil der Wurzeln recht nah unter der Oberfläche.

Haben sich die Bäume gut entwickelt, kann man die Baumscheiben schön mit Blumen wie Kapuzinerkresse, Ringelblumen und Tagetes unterpflanzen. Sie dienen zugleich als Fang- und Abwehrpflanzen gegen verschiedene Schädlinge (→ Seite 120). Vorteilhaft sind aber auch Pflanzen wie beispielsweise Borretsch und Duftsteinrich, die Insekten zum Bestäuben der Obstblüten anlocken.

Baumscheiben können mit Schwachzehrern wie Ringelblumen, Kapuzinerkresse oder Tagetes bepflanzt werden.

Düngung im Obstgarten

Mit einer jährlichen Kompostgabe und ein wenig Zusatzdünger für den Stickstoff- und Kalibedarf sind die Obstgehölze gut versorgt. Bringen Sie die Naturdünger am besten kurz vor oder zum Austriebsbeginn aus und harken Sie diese oberflächlich ein. Bäume bilden ihre Feinwurzeln hauptsächlich im äußeren Bereich der Krone. Deshalb sollten die Dünger vor allem dort verteilt werden und nicht nah am Stamm.

Als durchschnittliche Düngemengen auf bereits gut versorgtem Boden kann man empfehlen:

- Große Obstbäume: pro Baum 3–4 Liter Kompost, 10–14 g Stickstoff, 20–30 g Kali
- Mittelgroße Obstbäume: pro Baum 2–3 Liter Kompost, 6–10 g Stickstoff, 10–20 g Kali
- Kleine Obstbäume und Beerensträucher: pro Baum oder Strauch 1–2 Liter Kompost, 4–6 g Stickstoff, 5–15 g Kali

Den Stickstoff brauchen die Gehölze schon bald, wenn im Frühling »die Säfte steigen«. Wer nur pflanzlichen Dünger verwenden möchte, wählt am besten Brennnessel- oder Beinwelljauche. Recht schnell wirken auch manche im Fachhandel erhältliche Dünger auf pflanzlicher Basis. Andernfalls nimmt man Hornmehl: Rund 80–85 g enthalten 10 g Stickstoff. Für die Kali-Ergänzung bietet sich Kalisulfat oder Patentkali an. Wüchsige Steinobstbäume wie Kirschen und Pflaumen brauchen im Allgemeinen etwas höhere Düngergaben als Apfel und Birne.

Wie auch für den Gemüsegarten ist alle 3–5 Jahre eine professionelle Bodenuntersuchung ratsam (→ Seite 79). Das Kalium z.B. ist einerseits wichtig, um die Widerstandskraft und Frosthärte zu stärken, anderseits ist ein Überschuss eine der Hauptursachen für bräunliche, eingesunkene Flecken auf Äpfeln und Quitten (»Stippe«).

SPECIAL

Früchte ausdünnen und schützen

Waren die Wetterverhältnisse im Frühjahr günstig und viele bestäubende Insekten unterwegs, setzen manche Bäume massenhaft junge Früchte an. Gegen Ende Juni stoßen sie dann oft einen Teil davon ab. Trotzdem sind die Zweige noch so dicht besetzt, dass viele Früchte klein bleiben und nicht richtig ausreifen. Das kommt vor allem bei Apfel, Birne, Pfirsich und Aprikose vor. Dünnen Sie deshalb nach dem natürlichen Junifruchtfall den Fruchtbehang noch etwas aus. Bei Apfel- und Birnbäumen lässt man nur die größte Frucht, höchstens noch eine zweite in jedem Fruchtbüschel hängen. Pfirsiche und Nektarinen dünnt man auf rund 15 cm Abstand aus, Aprikosen auf 10 cm, großfrüchtige Pflaumen auf rund 8 cm.

Das Ausdünnen kann auch die sogenannte Alternanz reduzieren, zu der manche Apfel- und Birnensorten neigen: Das heißt, dass sie in einem Jahr reich fruchten und im Jahr darauf nur schwach. Sehr ausgeprägt tritt das beispielsweise bei den Apfelsorten 'Boskoop' und 'Elstar' auf. Hier verhilft das Ausdünnen in den ertragreichen Jahren zu gleichmäßigeren Ernten.

HILFREICHE NETZE

Im Obstgarten gibt es viele Einsatzmöglichkeiten für abschirmende Vliese und dicht gewebte Netze, angefangen beim Schutz der Blüten vor Spätfrösten (→ Seite 161). Später können Netze und Vliese die Früchte vor hungrigen Vögeln und anderen Mitessern schützen, im Herbst dann vor den ersten Frösten. Schattiernetze werden hauptsächlich im Gewächshaus eingesetzt. Sie können aber auch Früchte an Bäumen und Sträuchern vor Sonnenbrand bewahren und Hitzeschäden abmildern. Die Netze sollten aber unbedingt mit etwas Abstand vor und über den Gehölzen angebracht bzw. aufgespannt werden. Andernfalls können sie zu einem Hitzestau führen.

Um schöne Äpfel ernten zu können, sollten überzählige Früchte ausgedünnt werden.

Für Heidelbeere und Cranberry ist der Kalkgehalt im normalen Gartenkompost zu hoch. Wer nicht gerade über sauren Nadel-, Rinden- oder Laubkompost verfügt, wählt einen organischen Heidelbeerdünger aus dem Fachhandel. Die ebenfalls kalkscheuen Preiselbeeren brauchen in der Regel nur alle 2–3 Jahre etwas Dünger.

Gute Wasserversorgung

In den Wochen nach dem Pflanzen junger Gehölze sollte man die oberflächennahe Bodenschicht nie ganz austrocknen lassen. Danach empfiehlt sich in den ersten 2–3 Jahren wenigstens einmal in der Woche eine kräftige Wassergabe, wenn kein Regen fällt, bei starker Hitze auch öfter. Beerensträucher und kleine Bäume auf schwach wachsenden Unterlagen reagieren auf Wassermangel besonders empfindlich. Für sie lohnen sich später häufigere Wassergaben zwischen Blütenansatz und Fruchtentwicklung. Große Bäume leiden nicht so schnell unter Wassermangel. Aber bei anhaltender Trockenheit und Hitze lohnt sich auch bei ihnen wenigstens einmal pro Woche gründliches Bewässern – je nach Baumgröße 20–60 Liter Wasser, mit kleinen Pausen, damit das Nass gut versickert.

Wie auch bei anderen Pflanzen wird am besten morgens oder am Vormittag gegossen. Kommt man erst abends dazu, sollte man nicht allzu spät gießen und die Blätter möglichst nicht benetzen, um Pilzkrankheiten vorzubeugen. Bei Beerenobst haben sich wassersparende Tropfschläuche bewährt (→ Seite 108). Das ist sehr praktisch für Reihenpflanzungen.

Schützender Weißanstrich

Wechseln sich im Spätwinter sonnige Tage und frostige Nächte ab, wird die Rinde der Obstbäume durch die extremen Temperaturschwankungen stark strapaziert. Leicht bilden sich dann Frostrisse und -spalten, über die auch Schaderreger eindringen können. Ein Weißanstrichmittel aus dem Fachhandel beugt dem vor: Die helle Farbe reflektiert das Sonnenlicht und verhindert eine übermäßige Erwärmung. Der Weißanstrich wird über den ganzen Stamm aufgetragen, vor allem an der Sonnenseite, bis in den Bereich des Kronenansatzes. Ein Weißanstrich kann aber auch im Sommer sinnvoll sein: Er schützt die Rinde vor praller Sonne und vor Hitzeschäden.

Ein Weißanstrich verhindert, dass sich die Rinde im Winter bei Sonneneinstrahlung erwärmt und aufplatzt.

TIPPS ZUM OBSTGEHÖLZSCHNITT

Wenn Sie sich gründlich über den Obstbaumschnitt informieren möchten, können Sie zwischen zahlreichen Büchern wählen – und zwischen Dutzenden von Videos im Internet. Tatsächlich ist der Obstbaumschnitt ein »Rie-

senthema«, zu dem es viele verschiedene Empfehlungen gibt. Denn der Schnitt unterscheidet sich nicht nur je nach Obstart, sondern auch nach Sortentyp, Wuchsstärke, Erziehungsform sowie Alter des Gehölzes.
Doch davon sollte man sich nicht aus der Fassung bringen lassen. Beachtet man einige Grundregeln und bewährte Praktiken, ist man schon auf einem guten Weg. Die »Feinheiten« können nach und nach dazukommen. Hilfreich sind Baumschnittkurse, die z. B. von Obstbau- und Gartenbauvereinen, Volkshochschulen und Naturschutzgruppen angeboten werden.

Warum schneiden?

Obstbäume stecken in jungen Jahren ihre ganze Kraft in das Wachstum, später dann hauptsächlich in den Fruchtansatz. Denn sie haben, wie alle Pflanzen, das Bestreben, sich zu vermehren. Dazu bilden sie möglichst viele, meist kleine und eher säuerliche Früchte. Der obere Teil der Krone wird durch überalterte Fruchttriebe und nach Licht strebende Schosse immer dichter. Darunter bildet sich häufig ein Gestrüpp aus Zweigen, während die Hauptäste von unten verkahlen. Die Bäume »vergreisen« dadurch recht früh. Das Schneiden soll diese Entwicklung umlenken und ein übersichtliches, luftiges und gut belichtetes Ast- und Triebgerüst erhalten.
Mit dem Schnitt lässt sich zwar auch das Höhen- und Breitenwachstum ein wenig im Zaum halten. Doch der Versuch, einen Baum durch starkes Kappen von Haupttrieben und Ästen klein zu halten, bewirkt eher das Gegenteil. Grundsätzlich gilt: Starker Rückschnitt bewirkt starken Neuaustrieb. Die kräftigen Neutriebe wachsen hauptsächlich nach oben und setzen kaum Blüten an, sondern führen zu weiterem Höhenwuchs. Deshalb heißt die Devise: regelmäßig, aber nur mäßig zurückschneiden. Ansonsten lässt sich das Wachstum der Bäume am besten eindämmen, indem man sie zur Bildung von reichlich Fruchtholz anregt. Dann investieren sie ihre Energie vorrangig in die Früchte statt in wuchsfreudige, unfruchtbare Triebe.

Der Schnitt und der Klimawandel

Bisher galt: So schneiden, dass die Früchte optimal Licht und Sonne bekommen. Doch die intensivere Sonnenstrahlung führt öfter zu Fruchtschäden (→ Seite 160, »Geeignete Pflanzplätze«). Vorbeugend kann man Schattiernetze einsetzen – und die natürliche Schattierung der Blätter nutzen. Das ist, wie so vieles, eine Sache von Beobachten und »Fingerspitzengefühl«. Die Früchte sollen den Schutz der Blätter genießen, aber nicht zu stark beschattet werden, damit sie gut ausreifen. Deshalb ist oft auch ein – zurückhaltender – Sommerschnitt günstiger als starkes Auslichten im Frühjahr. Bei spät reifenden Arten und Sorten empfiehlt es sich, erst zwischen Mitte August und Mitte September zu schneiden. Geschädigte Früchte sollte man gleich entfernen, denn sie locken Fruchtfliegen und andere Schädlinge an und können zu einer Infektionsquelle für Pilzkrankheiten werden.

Schnitt-Basics beim Beerenobst

Bei Obststräuchern wie Johannisbeere und Stachelbeere ist das Schneiden etwas einfacher. Sie bauen sich aus Trieben auf, deren Knospen an ihrer Basis entspringen. An den Seitentrieben dieser Haupttriebe werden die Früchte gebildet. Beim Schnitt geht es vor allem darum, überalterte Haupttriebe unten abzusägen und durch nachwachsende, kräftige Bodentriebe zu ersetzen. Dazu kommt der Rückschnitt abgetragener Seitentriebe, der das Entstehen neuer Fruchttriebe fördert, und das Auslichten der Sträucher. Ähnlich bei den Himbeeren und Brombeeren: Sie wachsen mit jährlich erneuerten langen Ruten, die meist an Drahtgerüsten hochgeleitet werden. Hier schneidet man abgetragene Ruten unten weg, um Platz für neue Ruten zu schaffen.

Wann schneiden?

Grundsätzlich können Sie jederzeit schneiden, solange die Temperaturen nicht unter –5 °C fallen. Dass im professionellen Obstbau häufig im Winter geschnitten wird, liegt einfach daran, dass man so die arbeitsarme Zeit gut nutzen kann. Allerdings können dann nachträglich noch Triebe erfrieren, auch wenn das in den heutigen Wintern seltener vorkommt. Ein weiterer Nachteil beim Winterschnitt: In der Wachstumsruhe können die Bäume noch nicht selbst für ihre Wundheilung sorgen. Es ist dann ratsam, auch kleinere Schnittwunden mit Baumwachs oder ähnlichen Wundverschlussmitteln zu »verarzten«. Das mindert die Gefahr, dass Pilz- und Bakterienkrankheiten eindringen.

Wenn ab Spätwinter die Säfte steigen, sind die Bäume zunehmend in der Lage, Wundgewebe (Kallus) zu bilden. Dies wird aber unter einer dicken Wachsschicht behindert. Besser ist deshalb das Glätten unsauberer Wunden und ausgefranster Ränder mit einem scharfen Messer oder einer Hippe. Danach kann man bei großen Wunden noch den äußeren Rand zur Rinde hin mit einem Verschlussmittel bestreichen.

Zwei Schnitttermine haben sich als besonders günstig erwiesen:

Der **Spätwinter- und Frühjahrsschnitt** zwischen Mitte Januar und Anfang April: Dann sind die Kronen noch unbelaubt und sehr übersichtlich, was den gezielten Schnitt erleichtert. Zugleich verheilen die Wunden zum Frühjahr hin zunehmend schneller. Der frühe Schnitt regt das Triebwachstum an. Deshalb empfiehlt sich dieser Zeitpunkt auch für einen Pflanz- und Erziehungsschnitt an jungen Bäumen.

Der **Sommerschnitt** zwischen Mitte Juli und Mitte September: Bei diesem Schnitt wird das Triebwachstum gebremst. Ein später Sommerschnitt beugt zudem Sonnenbrand an den Früchten vor. Dass im Sommer die Schnittwunden schnell verheilen, ist besonders vorteilhaft für Steinobst wie Kirschen, Pfirsiche und Pflaumen: Bei ihnen tritt an den Wunden oft eine klebrige Substanz aus, der »Gummifluss«. Der baldige Wundverschluss verkürzt auch das »Bluten« von Walnuss, Weinrebe und Kiwi. Weiterer Vorteil: Im Sommer können Sie gut erkennen, ob Triebe z. B. mit Mehltau oder Rostpilzen befallen sind, und diese gleich wegschneiden.

Die meisten **Beerensträucher** schneidet man am besten gleich nach der Ernte, andernfalls im zeitigen Frühjahr. Die Haselnuss wird im Frühling ausgelichtet. Auch bei Kiwi und Weinrebe erfolgt der Hauptschnitt im Frühjahr. Teils fallen noch weitere Schnittmaßnahmen im Sommer an: beim Wein z. B. das Einkürzen langer Fruchttriebe und bei der Brombeere der Rückschnitt von Seitentrieben auf 2–3 Knospen.

Wie schneiden?

Grundsätzlich gibt es fünf verschiedene Schnitt- und Formierungsmaßnahmen:

- **Rückschnitt:** Das Einkürzen zu langer Triebe, was auch den Neuaustrieb aus Seitenknospen anregt. Beim Rückschnitt setzt man die Schere am besten knapp über einer nach außen weisenden bzw. in günstiger Wuchsrichtung stehenden Knospe an.
- **Wegschnitt:** Das komplette Entfernen von ungünstig, zu dicht stehenden oder überal-

terten Trieben, Zweigen und Ästen. Diese schneidet man direkt an ihrer Ansatzstelle weg und lässt dort nur eine wenige Millimeter dicke Scheibe stehen. Dieser Astring verschließt die Wunde bald mit neuem Gewebe.

- **Absägen von Ästen:** Eine »Variante« des Wegschnitts. Damit dicke Äste nicht nah am Stamm abbrechen und die Rinde einreißen, sägt man zunächst den Ast 20–30 cm vom Stamm entfernt von unten her ein, ungefähr bis zur Hälfte. Dann setzt man die Säge ein kleines Stück daneben an der Oberseite an und sägt den Ast komplett ab. Oft bricht er schon auf halbem Weg durch sein Gewicht von selbst ab. Den verbleibenden Stummel sägt man dann sauber auf Astring ab.
- **Ableiten:** So kann man die Wuchsrichtung umleiten, wenn ein Trieb zwar günstig steht, aber z.B. zu steil wächst. Dann wird er auf einen flacheren Seitentrieb zurückgeschnitten, der die neue Wuchsrichtung vorgibt.
- **Binden und Spreizen:** Oft eine gute Alternative zum Schnitt, mit der man zu steil oder zu flach wachsende Triebe in eine günstigere Lage bringen und so ihren Wuchs bremsen oder verstärken kann. Bringt man sie in einen flacheren Winkel, fördert das auch den Fruchtansatz. Dafür müssen die Triebe noch jung und gut biegsam sein. Bester Zeitpunkt: der Frühsommer. Als Hilfsmittel eignen sich Bindeschnüre, Baumbinder, Astklammern oder selbst geschnittene Spreizhölzer.

Aus den Veredlungsunterlagen treiben manchmal wüchsige Wildtriebe, recht häufig z.B. bei Pflaumenbäumen. Reißen Sie diese am besten mit einem kräftigen Ruck direkt an ihrer Ansatzstelle ab. Schneidet man sie ab, regt das oft neuen Austrieb aus der Unterlage an.

Sommerschnitt: Störende Triebe werden mit der Schere entfernt.

Im Spätwinter wird der Obstbaum beim Erziehungs- oder Erhaltungsschnitt in Form gebracht.

Beim Ableiten entfernt man unerwünschte Triebe und lenkt sie auf einen flacheren Seitentrieb ab.

5

Vielfältig:

ABWECHS-LUNG IM ZIERGARTEN

Mit Gehölzen, Stauden, Rasen und Wiese sowie Bodendeckern können Sie ganz aus dem Vollen schöpfen. Für jeden Standort findet sich etwas Passendes, um das Auge zu erfreuen und zugleich das Gartenklima zu verbessern.

AUF DEM WEG ZUM KLIMAGARTEN

Nur noch trockenheitsverträgliche Pflanzen verwenden: Das klingt erst einmal einleuchtend, lässt sich aber oft nicht so einfach verwirklichen – und hat auch seine Tücken.

Leiden Pflanzen dauerhaft unter Trockenheit und Hitze, liegt es nahe, sie durch besser angepasste Arten zu ersetzen. Doch wenn lieb gewonnene Hortensien, Rhododendren oder Rittersporne kränkeln, fällt es oft schwer, sich von ihnen zu verabschieden. Hier können sich Rettungsversuche durch Umpflanzen an schattigere Plätze lohnen. Egal, ob diese Pflanzen umgesetzt oder ganz entfernt werden: Für die verbleibenden Lücken muss man dann erst einmal etwas Passendes finden. Anschließend ist Geduld gefragt, bis die neuen Pflanzen richtig etwas hermachen, besonders bei Gehölzen.

NACH UND NACH UMSTELLEN

Meist ist es am besten, die Bepflanzung Stück für Stück anzupassen – dort angefangen, wo die Gewächse bereits deutlich gelitten haben. Doch auch manche angeblich trockenheits- und hitzeverträglichen Pflanzen lassen öfter die Blätter hängen. Tatsächlich sind längst nicht alle »Klimapflanzen« immer und überall so anspruchslos, wie sie beworben werden. Inwieweit sie Wetterextreme wirklich verkraften, hängt oft vom Zusammenspiel mehrerer Faktoren ab: vom Regional- und Lokalklima, von den Niederschlagsmengen vor Ort, von den Bodenverhältnissen, den Windeinflüssen und von der Bebauung und Bepflanzung im Umfeld. Deshalb sind sich bei den Pflanzenempfehlungen auch Expertinnen und Experten nicht immer einig.

In jedem Fall ist etwas Skepsis ratsam, bevor man den ganzen Garten neu bepflanzt und dann teilweise enttäuscht wird. Dazu kommt, dass Trockenheitsspezialisten oft einen Wermutstropfen haben: Sie kommen mit Winternässe schlecht zurecht (→ Seite 217, »Trockennasses Wechselspiel«) und leiden auch besonders unter anhaltendem Starkregen.

Die Mischung macht's

Unterm Strich heißt das: Je vielfältiger die Bepflanzung, desto kleiner ist das Risiko von Ausfällen infolge des Klimawandels. Die große Auswahl an mehr oder weniger trockenheits-

verträglichen Zierpflanzen bietet viele Möglichkeiten, den Garten ansprechend zu gestalten und zugleich den Wasserbedarf zu senken. So lassen sich auch ein paar durstigere Schönheiten verkraften. Mit leichter Beschattung durch vorgepflanzte Gehölze und Mulch zu ihren Füßen kommen sie selbst mit mäßigen Wassergaben recht gut über heiße, trockene Wochen.
Außerdem sorgen feuchtigkeitsliebende Pflanzen durch ihre höhere Verdunstung für eine angenehme Luftfeuchte – und helfen den bestäubenden Insekten, die durch den Klimawandel ebenfalls stark gestresst sind. So gehören z. B. Primeln, Astern, Herbstanemonen, Hänge-Kätzchenweide und Strauchkastanie zu den ergiebigsten Pollen- und Nektarspendern für Bienen, Hummeln und Schwebfliegen. Auch das ist ein guter Grund, Stauden und Gehölze, die etwas mehr Wasser brauchen, nicht ganz aus dem Garten zu verbannen.

Auch Trockenkünstler brauchen Wasser
Wenn neu gesetzte Pflanzen, die als trockenheitsheitsverträglich gelten, schlecht anwachsen, liegt das nicht selten an einem Missverständnis: Im Vertrauen auf die Dürreresistenz werden solche Gewächse öfter schon von Anfang an kaum gegossen. Doch mit anhaltender Trockenheit kommen viele dieser Spezialisten erst zurecht, nachdem sie gut eingewachsen sind und ein ausreichend großes Wurzelwerk entwickelt haben. Das kann bei Gehölzen durchaus mehrere Jahre dauern. Profis empfehlen aus diesem Grund selbst für ausgesprochen robuste Klimabäume (→ Seite 196) in den ersten Jahren regelmäßige, hohe Wassergaben, wenn einmal längere Zeit kein Regen fällt. Und natürlich wachsen auch Stauden und Kleinsträucher deutlich besser, wenn sie in heißen und regenarmen Sommermonaten gelegentlich kräftig gegossen werden.

Je vielfältiger ein Garten, umso weniger Chance haben Krankheiten und Schädlinge.

GEHÖLZE: DAS GERÜST DES GARTENS

Der berühmte Staudenzüchter und Garten-Philosoph Karl Foerster brachte es kurz, knapp und treffend auf den Punkt: »Bäume und Sträucher sind das Rückgrat des Gartens.«

Was wäre ein Garten ohne Gehölze? Bestenfalls eine Wiese mit Gemüse- und Blumenbeeten – schlimmstenfalls eine überwiegend bräunliche Pflanzenversammlung, wenn die Sommersonne daraufbrennt. Schon Sträucher und Hecken machen heiße Sommer für andere Pflanzen und die Gartennutzer erträglicher. Noch mehr bewirkt der Schattenwurf von Bäumen: Den finden heute immer mehr Gärtnerinnen und Gärtner unverzichtbar. Zudem kühlen Bäume durch ihre Verdunstung die Luft, wodurch der sommerliche Aufenthalt im Freien wesentlich angenehmer wird.

Darüber hinaus leisten Bäume und große Sträucher einen wichtigen Beitrag zum Klimaschutz. Für ihr Wachstum brauchen sie viel Kohlendioxid (CO_2), das sie der Atmosphäre entziehen. Den Kohlenstoff (C) lagern sie langfristig ein, den Sauerstoff (O_2) geben sie ab und verbessern so die Luftqualität. Voraussetzung ist allerdings, dass sie gesund wachsen und lange leben. Denn abgestorbene Gehölze setzen wieder Kohlendioxid frei.

Gehölze spenden kühlen Schatten. Gerade in Hitzesommern sind sie unverzichtbar.

MARKANTE ZIERDEN

Sicherlich pflanzt man Gehölze nicht nur wegen ihres Schattenwurfs und der vorteilhaften Klimawirkungen: Sie bereichern den Garten mit ihren Wuchsformen sowie mit Blatt-, Blüten- und Fruchtschmuck. Bäume, große Sträucher und Hecken können der Gestaltung eine Struktur geben und das grüne Wohnzimmer gegen unerwünschte Einblicke abschirmen. Kleine Sträucher füllen Lücken und säumen z. B. Wege und Terrasse. Flach wachsende Bodendecker begrünen auch schwierige Standorte und sind pflegeleichter als Rasen. Dazu kommen Klettergehölze, die Mauern und Gartenhäuser zieren und die Pergola beschatten.
Gehölze wirken beruhigend durch das Grün ihrer Blätter und bieten ein wunderschönes Schauspiel, wenn sie sich vor dem Laubfall gelb, orange oder rot verfärben; so etwa Zierkirschen, Ahorne und Wilder Wein. Immergrüne Laub- und Nadelgehölze wie Stechpalme, Lanzenberberitze und Kiefer bewahren den Garten vor Wintertristesse und binden ganzjährig Kohlendioxid aus der Luft, also auch während der Heizperiode.

SORGFÄLTIG AUSWÄHLEN

Gehölze sind langlebige und oft auch teure Anschaffungen. Hat man sich einmal falsch entschieden, muss man sie früher oder später mit gewaltigem Aufwand entfernen oder umpflanzen. Schon Sträucher zieren und beleben den Garten je nach Art 10–60 Jahre lang. Bäume können einen das ganze Gärtnerleben über begleiten. Manche Gartenbäume erreichen sogar ein stolzes Alter von mehreren Hundert Jahren. Wie lange die Bäume und Sträucher vital bleiben, hängt stark von den Standort- und Bodenverhältnissen sowie von der Pflege ab. Schädliche Umwelteinflüsse, z. B. Autoabgase, können die Lebensdauer verkürzen. Das zeigt sich besonders deutlich an Stadtbäumen: Sie altern oft wesentlich früher als ihre »Kollegen« in ländlichen Gärten oder in der freien Landschaft. Die zunehmende Hitze in den Städten macht ihnen zudem das Leben besonders schwer.

An die spätere Größe denken

Viele Gehölze erreichen ihre endgültige Höhe und Breite erst nach Jahrzehnten. Wenn sie dann ihre Nachbarpflanzen bedrängen oder mehr Schatten werfen als gewünscht, wird es ungemütlich. Nicht alle Bäume vertragen ein starkes Kappen der Äste; wenn doch, führt das oft zu einem unschönen Wuchsbild. Und bei Sträuchern bewirkt ein kräftiger Rückschnitt meist einen kräftigen Neuaustrieb. So wird dann ständiges Stutzen nötig. Schlimmstenfalls müssen lieb gewonnene Gehölze ganz entfernt werden. Wählen Sie deshalb besser Bäume und Sträucher, die für den vorgesehenen Standort nicht zu groß werden. Dabei helfen die Angaben der Baumschulen und Pflanzenversender zur späteren Höhe und Breite.

Grenzabstände und Gestaltungsvorschriften

Für Zierbäume, große Sträucher und Hecken gelten ebenso wie bei Obstgehölzen gesetzlich festgelegte Mindestabstände zum Nachbargrundstück (→ Seite 157, »Grenzabstände beachten«). Diese reichen von 0,5 m für Hecken und kleinere Sträucher bis zu 4 m oder gar 8 m für große, starkwüchsige Bäume, z. B. Eichen und Linden. Dies ist in den Bundesländern etwas unterschiedlich geregelt. Wie das bei Ihnen vor

Ort aussieht, können Sie bei der Gemeinde-, Stadt- oder Kreisverwaltung erfragen. Maßgeblich für den Grenzabstand ist bei Bäumen der Stamm, bei Sträuchern und mehrstämmigen Bäumen der Hauptstamm, der am nächsten zur Nachbargrenze wächst.

Vor allem in Neubaugebieten gibt es zudem Vorschriften zur Art und Höhe der Einfriedung. Je nach Stadt oder Landkreis dürfen die Hecken zur Straße hin oft nur 1,2 m oder 1,5 m hoch werden. Häufig sind außerdem nur heimische Laubgehölze erlaubt, wie Gewöhnlicher Liguster *(Ligustrum vulgare)* und Hainbuche (*Carpinus betulus*). Dagegen werden Einfriedungen aus Lebensbäumen *(Thuja)* und Lorbeerkirschen *(Prunus laurocerasus)* zunehmend verboten.

Auf Sortenunterschiede achten

Die Sorten (Züchtungen) ein und derselben Gehölzart können sich nicht nur in der Blatt- und Blütenfarbe unterscheiden, sondern auch sehr deutlich in der Wuchshöhe und -breite; ebenso z.B. in der Frosthärte und der Anfälligkeit für Krankheiten. Informieren Sie sich deshalb vor der Kaufentscheidung möglichst genau über die jeweiligen Sorteneigenschaften.

Ein sehr anschauliches Beispiel sind die Rosen mit ihrer großen Palette an Wuchsformen: von Zwerg- und Beetrosen über Strauchrosen bis zu langtriebigen Kletterrosen – mit unzähligen Sorten, die in vielen Farbtönen blühen. Darunter sind manche etwas empfindlicher, andere ausgesprochen robust: so etwa Wildrosen, Bodendecker- und Kleinstrauchrosen. Diese kommen meist besonders gut mit Trockenheit und Hitze zurecht.

Rosen und andere Ziergehölze sind öfter veredelt, das heißt, auf eine Unterlage gepfropft. Diese kann deutlich die Wuchsstärke und andere Eigenschaften beeinflussen. Rhododendren z. B. brauchen normalerweise sauren, kalkfreien Boden, die INKARHO-Sorten dagegen sind auf kalktolerante Unterlagen veredelt.

Keinen Heuschnupfen riskieren

Bevor es an den Kauf und die Feinheiten der Standortwahl geht, steht noch eine wichtige »Grundsatzfrage« an: Leidet unter den Gartennutzern und Mitbewohnern jemand unter einer Pollenallergie? Wenn in jedem Frühjahr die Nase trieft und die Augen tränen, verzichtet man besser auf Birke und Hasel. Reagiert man auf deren Pollen empfindlich, empfehlen sich auch Allergietests für andere windbestäubte Gehölze wie Hainbuche, Eiche, Wacholder, Kiefer und Liguster. Durch die milderen Winter startet der Pollenflug oft schon sehr zeitig und die zunehmende Wärme und Trockenheit im Frühling verschärft das Problem.

Spielen kleine Kinder im Garten, verzichtet man am besten auf **giftige Gewächse** oder pflanzt sie außerhalb ihrer Reichweite. Ältere Kinder sollten unbedingt gewarnt werden. Allerdings sind nur wenige Gartengehölze so hochgiftig und gefährlich wie Eibe, Goldregen oder Seidelbast.

DIE STANDORTANSPRÜCHE ERKUNDEN

Will man sich lang an seinen Gehölzen erfreuen, sollte man ihnen einen möglichst optimalen Platz bieten bzw. die Arten und Sorten passend zum Standort aussuchen. Dafür ist es sehr hilfreich, über Sommer zunächst die **Sonneneinstrahlung** am vorgesehenen Gartenplatz zu beobachten (→ Seite 64).

Wird nur »Sonne« als Standort empfohlen, ist die Sache einfach: Das sind in aller Regel Gehölze, die an vollsonnigen, heißen Plätzen gut klarkommen und nicht allzu viel Feuchtigkeit brauchen, so z. B. Elfenbeinginster *(Cytisus × praecox)*, Blasenstrauch *(Colutea arborescens)* und Silberölweide *(Elaeagnus commutata)*.

Die meisten Gehölze sind allerdings für »Sonne bis Halbschatten« ausgewiesen. Ob sie tatsächlich ganztägig volle Sonne, Hitze und längere Trockenphasen vertragen, können nur ergänzende Angaben der Pflanzenanbieter verraten, beispielsweise »hitzebeständig« und »trockenresistent«. Oft werden diese Arten zudem als stadtklimaverträglich eingestuft. Die Auswahl an solchen Hitzespezialisten reicht von hübschen Kleinsträuchern wie Fingerstrauch *(Potentilla fruticosa)* und Rosmarin-Seidelbast *(Daphne cneorum)* bis zu ansehnlichen Klimabäumen wie Kupferfelsenbirne *(Amelanchier lamarckii)* und Feldahorn *(Acer campestre)*.

Fehlen in Katalogen oder auf Anbieter-Websites besondere Hinweise auf eine Hitze- und Trockenheitsverträglichkeit, wählt man besser einen weniger strapaziösen Standort: nämlich einen Platz, der im Hochsommer mindestens zwischen 11 und 15 Uhr keine pralle Sonne abbekommt. Andernfalls können die Gehölze in heißen Wochen deutlich schwächeln, selbst wenn man sie häufig gießt. Das gilt z. B. für die allermeisten Weiden und Fichten, für Roseneibisch *(Hibiscus rosa-sinensis)*, Blutjohannisbeere *(Ribes sanguineum)*, Zaubernuss *(Hamamelis)* und sogar für den Holunder.

Was von den Anbietern für »Halbschatten bis Schatten« ausgewiesen ist, kommt am besten an einen Platz, der höchstens vormittags besonnt ist; so beispielsweise Schattenglöckchen *(Pieris japonica)* und Traubenheide *(Leucothoe fontanesiana)*. Die eher lichtscheuen Arten, zu denen auch Rhododendren gehören, bevorzugen oft

Der Blasenstrauch trotzt Hitze und Trockenheit und bildet attraktive Früchte.

Ball-Hortensien gedeihen im Halbschatten in Kübeln gut, wo sie optimal mit Wasser versorgt werden können.

recht feuchte, saure Böden. Für kleinere Sträucher wie Bauernhortensien *(Hydrangea macrophylla)* und Skimmie *(Skimmia japonica)* ist die Haltung in Kübeln vorteilhaft: So können Sie sie in geeignete, saure Topferde setzen, sehr gezielt gießen und, wenn nötig, an einen schattigeren Platz umstellen.

Achten Sie nicht nur bei solchen Arten auf die Angaben zu **Kalkverträglichkeit** und pH-Wert. Je nach Naturstandort der Gehölze gibt es hier deutliche Unterschiede. Während z. B. auch Berglorbeer *(Kalmia latifolia)* und Besenheide *(Calluna vulgaris)* sauren Boden brauchen, be-

Weißdorn und Efeu sind wunderbare heimische Gehölzen, aber auch recht ausbreitungsfreudig.

vorzugen trockenheits- und hitzeverträgliche Arten oft kalkhaltigen Boden, etwa Kornelkirsche, Liguster, Seidelbast *(Daphne cneorum)* und Goldregen *(Laburnum anagyroides)*. Viele Bäume und Sträucher sind in dieser Beziehung aber auch recht anpassungsfähig und tolerant.

HEIMISCHE UND EINGEFÜHRTE GEHÖLZE

Gehölze prägen über Jahrzehnte den Garten. Ihr Einfluss auf das Klima und umgekehrt die Auswirkungen des Klimas auf ihr Wachstum sind stärker als bei den meisten anderen Pflanzen. Deshalb werden ökologische Fragen rund um Bäume und Sträucher besonders heiß diskutiert. Vor allem Naturschutzverbände engagieren sich stark in den Medien, um die Vorzüge heimischer Gehölze zu betonen und von fremdländischen Arten abzuraten.

Tatsächlich gehören Pflanzen, die schon seit langer Zeit in Mitteleuropa wachsen, oft zur besten Wahl und sollten in keinem Garten fehlen. Sie sind häufig robust und für die Tierwelt sehr nützlich – vom Besenginster über die Berberitze bis zum Weißdorn. Allerdings werden viele heimische Sträucher und Bäume recht hoch und breit. Deutlich kompaktere Züchtungen gibt es nur von manchen Arten. Da kann es nicht nur in kleinen Gärten eng werden. Deshalb ist es oft hilfreich, sich auch bei den Gehölzen umzusehen, die aus anderen Weltgegenden eingeführt wurden. Mit ihrer großen Arten- und Sortenvielfalt bieten sie Passendes für jeden Zweck, um den heimischen Bestand zu ergänzen.

Manchmal heißt es auch, die hiesigen Gehölze wären optimal an unser Klima angepasst. Doch das hiesige Klima hat sich nun mal in den letzten 100 Jahren deutlich verändert. Die zunehmenden Hitze- und Trockenperioden machen nicht nur Fremdländischen wie Lebensbaum *(Thuja)* zu schaffen, sondern auch vielen »Alteingesessenen«. In den Gärten leiden nun öfter auch mitteleuropäische Gehölze wie Rotfichte,

Eberesche, Gewöhnlicher Schneeball, Pfaffenhütchen und Weiden. Unter diesen stressigen Bedingungen können trockenheits- und hitzeverträgliche Sträucher und Bäume aus anderen Ländern eine Bereicherung darstellen.
Nicht zuletzt haben fremdländische Gehölze ihre ganz eigenen Reize und Vorzüge. Deshalb wurden ja auch seit Langem immer wieder Schönheiten wie Magnolien, Feuerdorn, Blutjohannisbeere und Zaubernuss eingeführt – und öfter blühende Rosen, die überwiegend durch Einkreuzen chinesischer Arten entstanden sind. Die Faszination für die weltweite Vielfalt an Wuchsformen, Blättern, Blüten, Früchten und Düften: Das gehört eben auch zur Gartenkultur, das wollen viele nicht missen.

Jede Menge Zugereiste

Beim Hochloben »heimischer« Gehölze wird oft vergessen, dass dieser Begriff längst nicht so eindeutig ist, wie häufig angenommen. Nach der letzten Eiszeit wuchsen in Mitteleuropa kaum noch Gehölze. Erst als es vor gut 10 000 Jahren wärmer wurde, konnten wieder Bäume zuwandern, die in weniger eiskalten Gebieten überlebt hatten, darunter Birken, Kiefern, Fichten, Buchen und Eichen. Aus diesem Ur-Bestand an »Zugezogenen« entwickelten sich regional unterschiedliche Pflanzengesellschaften. Die Stechpalme *(Ilex aquifolium)* beispielsweise stammt aus dem atlantisch beeinflussten Europa, unter anderem aus Dänemark und Norwegen. Pralle Sonne, Luft- und Bodentrockenheit sind überhaupt nicht ihr Ding. Das wird durch den Klimawandel wieder deutlicher: Stechpalmen gedeihen heute in regenarmen, sommerheißen Regionen zunehmend schlechter.
Ab etwa 8000 v. Chr., mit dem Beginn des Ackerbaus, veränderte sich die Pflanzenwelt deutlich durch den Einfluss der Menschen. Bäume wurde gerodet und neu gepflanzt, Gewächse mit Nachbarvölkern getauscht, jede Menge Ackerwildkräuter ungewollt eingeschleppt. Als dann die alten Römer im 1. Jahrhundert v. Chr. nach Norden vordrangen, brachten sie neue Nutzpflanzen mit; darunter Kulturapfel, Birne, Walnuss und Weinrebe. Die meisten dieser Obstgehölze stammen ursprünglich aus Westasien oder Südeuropa, Pfirsich und Aprikose sogar aus China. Selbst die »Deutsche« Mispel *(Mespilus germanica)* kam einst aus dem Süden.
Diese in alten Zeiten angesiedelten Pflanzen werden Archäophyten (Alteinwanderer) ge-

Stechpalmen bevorzugen trotz der harten, ledrigen Blätter eher feucht-kühle Wachstumsbedingungen.

Der Götterbaum breitet sich durch Samen und Wurzelausläufer in vielen Städten und an Bahngleisen aus.

Der Blauglockenbaum galt vor wenigen Jahren noch als heikel und nur für milde Lagen geeignet.

nannt und gelten längst als eingebürgert. Tatsächlich ist die Vegetation Mitteleuropas weitgehend geprägt von ursprünglich nicht heimischen Arten. Skeptisch betrachtet werden nur Pflanzen, die »erst« in den letzten fünf Jahrhunderten bei uns eingeführt wurden: die Neophyten.

Neophyten: die Neupflanzen

Neophyten werden fremdländische Gewächse genannt, die ab dem Jahr 1492 zu uns gelangten. In diesem Jahr führte Christoph Kolumbus seine erste große Überseereise durch. Er landete in Amerika – das er fälschlich für Indien hielt. Entsprechend wurden die Ureinwohner dieses Kontinents »Indianer« genannt. Manche dieser Völker betrieben schon seit Langem erfolgreich Ackerbau. Vieles, was für uns heute selbstverständlich ist, verdanken wir den indigenen Ureinwohnern: so z. B. Tomate, Kartoffel, Kürbis, Stangenbohne, Mais und Apfelbeere *(Aronia)*. Das sind alles Neophyten, auf die heute kaum jemand verzichten will.

Ab 1500 erkundeten die europäischen Seefahrernationen zunehmend ferne Kontinente, errichteten Kolonien in Asien, Süd- und Nordamerika, in der Karibik und in Afrika. Nebenbei brachten pflanzeninteressierte Mitreisende zunehmend fremdländische Gewächse nach Mitteleuropa. Das nahm mit der Ausweitung des internationalen Warenverkehrs noch deutlich zu. Ab dem 18. Jahrhundert schwärmten »Pflanzenjäger« in alle Welt aus, um für Gartenbaugesellschaften, Botanische Gärten und große Gärtnereien neue Schönheiten zu entdecken; nicht nur in Übersee, sondern auch in Westasien, Süd- und Osteuropa.

Weitere Neophyten gelangten unabsichtlich zu uns, etwa als Beimengung in importiertem Saatgut oder Vogelfutter (→ Seite 117, »Kritischer Wildwuchs«). Andere Ackerwildkräuter haben sich aus dem Süden oder Osten von selbst auf den Weg gemacht. Darunter z. B. auch die Römische Kamille *(Chamaemelum nobile)*: kein lästiges Unkraut, sondern heute unter anderem als Duftrasen sehr geschätzt (→ Seite 230).

Verdächtige Neuzugänge?

Vor wenigen Jahrzehnten war der Begriff »Neophyten« den meisten Gärtnerinnen und Gärtnern kaum geläufig. Heute ist er quasi in aller Munde, man stößt darauf auf zahlreichen Garten-Websites und in Zeitschriften. Dabei hat das

Wort Neophyten oft einen negativen Beigeschmack. Denn einige dieser Arten können sich penetrant in der freien Landschaft ausbreiten und die angestammten Pflanzengesellschaften verdrängen; so etwa die Späte Traubenkirsche *(Prunus serotina)* und die Kanadische Goldrute *(Solidago canadensis)*. Solche Pflanzen werden »invasive« Neophyten genannt.

Aber Neophyten sind nicht grundsätzlich aggressiver als die Archäophyten (Alteinwanderer). Sie wurden jedoch in viel größerer Anzahl eingeführt und umfassen deshalb auch mehr ausbreitungsfreudige Kandidaten. Fachleute haben allerdings in langjährigen Untersuchungen festgestellt: Unterm Strich ist nur eine von 1000 eingeführten oder eingeschleppten Arten so ausbreitungsstark, dass sie deutliche Auswirkungen auf die heimische Pflanzenwelt hat – oder haben könnte.

Deutzie, Kolkwitzie, Zierkirsche, Kupferfelsenbirne, Zierapfel, Blumenesche, Mandelbäumchen, Zaubernuss, Wilder Wein: sie alle gehören zu den zahlreichen Neuzuwanderern, die schon seit Langem viele Grundstücke zieren – und in der Regel brav innerhalb ihrer Gartengrenzen geblieben sind.

Unter Beobachtung

Es ist gut und wichtig, in der freien Landschaft auftretende »Zuzügler« zu überwachen und konsequent einzudämmen, wenn nötig. Die Europäische Union (EU) führt dazu Listen von invasiven gebietsfremden Pflanzen und Tieren mitsamt empfohlenen Gegenmaßnahmen. In Deutschland ist dafür das Bundesamt für Naturschutz (BfN) zuständig, in Österreich das Bundesamt für Klimaschutz, Umwelt und Energie (BMK), in der Schweiz das Bundesamt für Umwelt (BAFU).

Nach Angaben des BfN dürften seit 1492 mehrere Zehntausend gebietsfremde Zier- und Nutzpflanzen nach Deutschland eingeführt worden sein. Dazu kamen unbemerkt eingeschleppte infolge von Verkehr und Warenaustausch. Doch die allermeisten dieser unzähligen Pflanzenarten sind bei uns schon längst wieder verschwunden.

Übrig blieben bisher rund 430 Arten, die sich hierzulande außerhalb von Gärten und Parks etabliert haben – aber überwiegend unproblematisch sind. Nur 38 dieser Pflanzen haben sich in manchen Regionen auf Kosten der heimischen Vegetation ausgebreitet, sind also invasiv:

- 12 Gehölze (→ Seite 185); 14 Stauden, z. B. Japan-Staudenknöterich *(Fallopia japonica)*; 12 Wasserpflanzen, z. B. Wasserpest (*Elodea*-Arten), die das Leben in natürlichen Gewässern stark beeinträchtigen.
- Dazu kommen 42 Arten, die nur als »potenziell invasiv« gelten: 19 Gehölze, z. B. Bocksdorn *(Lycium barbarum)* und manche Zwergmispeln *(Cotoneaster)*; 13 Stauden und Gräser, z. B. Kermesbeere *(Phytolacca americana)* und Chinaschilf *(Miscanthus sinensis)*; 10 Ein- und Zweijährige, z. B. verschiedene Springkräuter *(Impatiens)*.

Wichtig zu wissen: Diese Arten stehen zwar unter »verschärfter« Beobachtung: Doch es gibt bislang keine konkreten Hinweise, dass sie in Deutschland die heimische Pflanzenwelt nachhaltig gefährden.

Keine Angst vor »Invasoren«

Was bedeutet das Ganze für uns Gärtnerinnen und Gärtner? Zu den als invasiv geltenden Sträuchern und Bäumen gehört eine Reihe beliebter und oft gepflanzter Gehölze. Sollte man diese nun keinesfalls mehr im Garten pflanzen, vielleicht sogar bereits vorhandene Exemplare roden? Also raus mit Robinie, Flieder, Eschenahorn, Kartoffelrose, eventuell auch mit potenziell Invasiven wie Sommerflieder und Blauglockenbaum? Das ist in den allermeisten Fällen nicht nötig und oft sogar unsinnig.

Sogenannte invasive Gehölze breiten sich bei Weitem nicht überall und massenhaft aus. Kritisch werden sie in der Regel nur, wenn sie in der Nähe besonderer Biotope wachsen oder ihre Früchte bzw. Samen durch Tiere, Wasser oder Wind dorthin verbreitet werden. Die Invasiven können dann naturnahe Freiflächen überwuchern, seltene Wildstauden verdrängen oder den Aufwuchs heimischer Jungbäume unterdrücken. Befinden sich solche Biotope in der näheren Umgebung des Gartens, ist es wirklich ratsam, auf diese ausbreitungsfreudigen Gehölze zu verzichten!

Doch die meisten Gärten liegen in Wohngebieten, oft umgeben von Ackerlandschaften, überbauten Flächen oder Straßennetzen. Hier finden invasive Gehölze wenig Gelegenheit, sich in wertvollen Naturräumen anzusiedeln. Dazu kommt, dass die Hälfte dieser Arten 20–40 m hohe Bäume sind, die in Gärten höchstens als Einzelstücke gepflanzt werden. Und Früchte bzw. Samen, mit denen sie sich ungewollt verbreiten könnten, bilden sie oft erst im fortgeschrittenen Alter. Die Amerikanische Roteiche z. B. trägt frühestens nach 25 Jahren die ersten ausreifenden Eicheln. Und diese sind so schwer, dass fast nur Eichelhäher in der Lage sind, sie über weitere Strecken zu verbreiten.

MIT BEDACHT PFLANZEN

Bei den als invasiv eingestuften Gehölzen wird oft befürchtet, dass ihre Ausbreitung durch den Klimawandel noch gefördert wird. Das heißt andererseits aber, dass manche von ihnen ausgesprochen gut mit Trockenheit und Hitze zurechtkommen. Dies ist in heutigen Zeiten ja eigentlich ein Plus. Wenn solche Gehölze dann auch noch einiges für die Insekten- und/oder Vogelwelt zu bieten haben, wird es fragwürdig, sie kategorisch aus den Gärten zu verbannen.

Deshalb muss man im Einzelnen die Nach- und Vorteile solcher Arten abwägen. Das machen in Deutschland das Bundesamt für Naturschutz (BfN) und das Bundesumweltministerium (BMU) in Zusammenarbeit mit dem Zentralverband Gartenbau (ZVG). Und die kommen öfter gemeinsam zu dem Schluss, dass bestimmte Gehölze unproblematisch sind, solange sie nur in Gärten im Siedlungsbereich gepflanzt werden (→ Seite 237, Links).

Paradebeispiel ist die aus Nordamerika eingeführte Robinie oder Scheinakazie *(Robinia pseu-*

Robinien sind eine wertvolle Bienenweide und liefern robustes, lange haltbares Holz.

Invasive Bäume und Sträucher

Gehölz	Größe	Hinweise
Arten zum Abraten		
Götterbaum *(Ailanthus altissima)*	15–25 m / 10–15 m	In sommerwarmen Gebieten starke Ausbreitung. Unterliegt mittlerweile einem Handelsverbot der EU
Rotesche *(Fraxinus pennsylvanica)*	15–20 m / 6–8 m	Sehr hohe Samenproduktion, weite Ausbreitung über Wasser und Wind
Kanadische Pappel *(Populus x canadensis)*	30–35 m / 15–25 m	Starke Samenverbreitung über Wind und Wasser. Für Gärten auch wegen des hohen Wasserbedarfs ungeeignet
Späte Traubenkirsche *(Prunus serotina)*	5–10 m / 5–8 m	Starke Verbreitung der zahlreichen Früchte durch Vögel und Säugetiere
Pontischer Rhododendron *(Rhododendron ponticum)*	0,6–1,2 m / 0,6–1,5 m	Sehr ausbreitungsfreudig durch hohe Samenproduktion und Ausläufer
Im Siedlungsbereich meist unproblematisch		
Eschenahorn *(Acer negundo)*	5–15 m / 4–6 m	Nicht in der Nähe von Auwäldern und Gewässern pflanzen
Weymouth-Kiefer, Strobe *(Pinus strobus)*	25–30 m / 6–10 m	Meist in 2–3 m hohen Zwergformen verwendet. Nicht in der Nähe von naturnahen Wäldern und Mooren pflanzen
Douglasie *(Pseudotsuga menziesii)*	30–40 m / 7–10 m	Wichtiger Waldbaum. Geringe Samenbildung, und das nur an älteren Bäumen
Amerikanische Roteiche *(Quercus rubra)*	20–25 m / 12–18 m	Nicht in der Nähe von Eichenwäldern pflanzen. Reife Eicheln nur an älteren Bäumen
Robinie *(Robinia pseudoacacia)*	10–25 m / 5–15 m	Nicht in der Nähe von Trocken- und Magerrasen pflanzen
Kartoffelrose *(Rosa rugosa)*	1–2 m / 1–1,5 m	Nicht in der Nähe von Dünen- und Heidelandschaften pflanzen
Gewöhnlicher Flieder, Wildflieder *(Syringa vulgaris)*	3–4 m / 2,5–4 m	Problematisch nur an gehölzfreien Felsstandorten und manchen Waldrändern

Durch die illegale Entsorgung von Gartenabfällen gelangte das Immergrüne Geißblatt in unsere Wälder.

Der Schmetterlingsflieder lockt zahlreiche Falter und nektarsuchende Insekten an.

Die anspruchslose, gut trockenheitsverträgliche Ölweide liefert essbare, mehlig süße Früchte.

doacacia). Für viele Naturschützer verständlicherweise ein wahres Schreckgespenst: Dieses schnellwüchsige Gehölz wird zum ernsthaften Problem, wenn es in der Landschaft trockene, nährstoffarme, sandige Flächen besiedelt. Weil die Robinie als Schmetterlingsblütlerin Stickstoff aus der Luft bindet, reichert sie diese Standorte mit Nährstoffen an und breitet sich rasch aus. So werden seltene, wertvolle Wildstauden und Flechten verdrängt – teils in Biotopen von etlichen Hundert Quadratmetern.

Robinien verbreiten sich allerdings hauptsächlich durch Wurzelausläufer und Schösslinge. Die Fernausbreitung über Samen scheint nur eine mäßige Rolle zu spielen. Gefährdet sind deshalb vor allem Biotope in der nächsten Umgebung. Liegt der Garten in der Nähe solcher Naturräume, sollte man tatsächlich auf Robinien verzichten!

Doch ansonsten gilt auch für Robinien gemäß der Empfehlung des Zentralverbands Gartenbau zusammen mit den Naturschutzämtern: Ihre Pflanzung ist innerhalb von Siedlungen unproblematisch. In Gärten kann die attraktive Robinie auch ihre Stärke als hervorragende Bienenweide zeigen – sie eignet sich auch sehr gut zum Gewinnen von gesundem Robinienhonig. Als trockenheits- und hitzeverträgliches, genügsames Gehölz wird sie zudem als Klimabaum in den Städten hoch geschätzt. Außerdem liefert die Robinie als Waldbaum ein ausgesprochen robustes Holz. Sie gehört zu den wenigen in Europa gepflanzten Bäumen, die an Haltbarkeit mit den von weit her importierten, teuren Tropenhölzern mithalten kann. Viele wissen das von ihren Gartenmöbeln oder Terrassendielen, die meist unter der Bezeichnung »Akazie« angeboten werden. Diese halten auch ohne fragwürdige Holzschutzmittel häufig 20–25 Jahre.

Vielleicht invasiv, vielleicht auch nicht

Derzeit werden vom Bundesamt für Naturschutz (BfN) 19 fremdländische Gehölze als »potenziell invasiv« beobachtet. Das ist aus Naturschutzgründen oft sinnvoll. Dass sie sich allerdings wirklich zulasten der heimischen Pflanzenwelt dauerhaft ausbreiten, wird bei knapp der Hälfte nur angenommen; darunter z. B. Teppichzwergmispel *(Cotoneaster dammeri)* und Immergrünes Geißblatt *(Lonicera henryi)*. Heißt im Klartext: Das sind noch längst keine eindeutigen »Invasoren«. Bei den anderen »potenziell invasiven« Gehölzen ist das sogar bisher unbekannt, so etwa bei Strauchmispel *(Cotoneaster divaricatus)*, Mahonie *(Mahonia aquifolium)* und Runzelblättrigem Schneeball *(Viburnum rhytidophyllum)*.

Wird auf manchen Websites explizit vor diesen Neophyten im Garten gewarnt, geht das völlig an der Realität vorbei. Wichtig ist natürlich, dass man sie nicht in der freien Landschaft auspflanzt – und ihren Nachwuchs umgehend entfernt, falls er doch einmal ausbüchst. Das kann allerdings bei heimischen Gehölzen ebenso vorkommen.

Der beliebte Sommerflieder oder Schmetterlingsstrauch *(Buddleja davidii)* aus China gehört zu diesen »Potenziellen«. Er siedelt sich zwar zuweilen an Straßenrändern und Bahndämmen an, kann sich dort aber kaum auf Dauer etablieren. Einer Ausbreitung aus dem Garten können Sie leicht vorbeugen, indem Sie seine abgeblühten Blütenstände vor der Samenreife wegschneidet. Ansonsten ist der Sommerflieder für die Natur durchaus ein Gewinn: Er zieht von Juli bis Oktober mit duftenden, nektarreichen Blütenrispen Dutzende von Schmetterlingsarten an: von bekannten Faltern wie Tagpfauenauge bis zu seltenen Schönheiten wie Blaukernauge und Trauermantel. Duldet man in seiner Nähe einige Brennnesseln und ähnlichen Wildwuchs, finden deren Raupen auch gleich genug zu fressen.

Besonders unbeliebt ist bei vielen Naturfans die aus Osteuropa stammende Lorbeerkirsche *(Prunus laurocerasus)*, auch bekannt als Kirschlorbeer. Sehr verständlich, denn die übermäßige Verwendung dieser immergrünen Heckenpflanze führte in vielen Wohnvierteln zu ödem Einheitsgrün – wobei dann öfter auch noch die Blüten wegrasiert wurden.

Doch einzeln oder in kleiner Stückzahl gepflanzt, ist die Lorbeerkirsche besser als ihr Ruf. Sie zählt zu den wenigen immergrünen Gehölzen, die Sommertrockenheit vertragen. Ihre aufrechten weißen Blütentrauben haben für Bienen und Hummeln allerhand zu bieten und ihr dichtes, schattiges Blattwerk wird von Amsel, Grünfink, Zaunkönig und anderen Heckenbrütern geschätzt. Wer einer Ausbreitung über die kleinen schwarzen Kirschen vorbeugen will, schneidet die abgeblühten Blütenstände weg. Die angeblich hoch toxischen Früchte sind übrigens nach aktueller Beurteilung des Bundesinstituts für Risikobewertung (BfR) nur leicht giftig.

»Ob eine Gefährdung heimischer Arten besteht, ist unbekannt«: Das gilt laut BfN z. B. auch für die Amerikanische Gleditschie *(Gleditsia triacanthos)*, den Chinesischen Blauglockenbaum *(Paulownia tomentosa)* und die aus dem Mittelmeerraum stammende Schmalblättrige Ölweide *(Elaeagnus angustifolia)*. Tatsächlich werden diese drei als anspruchslose und ansprechende Klimabäume sehr geschätzt. Sie sind zudem ergiebige Bienenweiden, Gleditschie und Ölweide mit ihren bedornten Zweigen auch gute Vogelschutzgehölze. Es gibt bisher keine sinnvollen Gründe, solche »megacoolen« Gehölze aus dem Garten zu verbannen.

Wehe, wenn die Wurzeln verletzt werden. Dann breitet sich der Essigbaum ungebremst aus.

Zwei zum Abraten

Unter den potenziell invasiven Gehölzen ist vor allem von zwei Arten abzuraten:

- Essigbaum *(Rhus typhina)*: Dieser Großstrauch aus Nordamerika kann im eigenen und im Nachbargarten durch starke Ausläuferbildung ausgesprochen lästig werden. Wer nicht auf das ansprechende Gehölz mit der schönen Herbstfärbung verzichten möchte, pflanzt es am besten mit einer kräftigen Wurzelsperre. Andernfalls empfiehlt sich die kleiner bleibende Sorte 'Tiger Eyes', die nur wenige Ausläufer treibt. In der Schweiz ist der Essigbaum mittlerweile verboten.
- Armenische Brombeere *(Rubus armeniacus)*: Dieser breitwüchsige, oft dickichtartige Zier- und Obststrauch aus dem Kaukasus bildet reichlich kräftige Ausläufer sowie Schösslinge aus Wurzelsprossen. Er wird zudem durch Vögel stark verbreitet. Mit Gartensorten der Brombeere und der Himbeere gibt es genug verträglichere Alternativen.

Heimische Ausbreiter

Bei all den Befürchtungen vor »fremden Invasoren« wird leider oft ignoriert, dass sich auch heimische Pflanzen dank der Klimaerwärmung ungewollt ausbreiten können. Die Schlehe *(Prunus spinosa)*, auch unter dem Namen Schwarzdorn bekannt, ist ein wunderbares Gehölz. Aber sie macht sich mit ihren Wurzelausläufern und -schösslingen öfter auch in der Landschaft breit und verdrängt dort weniger wuchsstarke Wildpflanzen.

Ähnlich verhält es sich mit anderen, eigentlich tollen Gehölzen wie Weißdorn *(Crataegus monogyna)*, Sanddorn *(Hippophae rhamnoides)* und Rotem Hartriegel *(Cornus sanguinea)*. Und die heimische Waldrebe *(Clematis vitalba)*, wilde Brombeere *(Rubus fruticosus)* und sogar der Efeu können nicht nur im Garten, sondern auch in der Landschaft zur regelrechten Plage werden.

FREMDLÄNDISCHE BIENEN- UND HUMMELFREUDEN

Ein sehr wichtiger Punkt, der in Diskussionen um die Neophyten oft vergessen wird: Die meisten heimischen Gehölze sind spätestens im Juli verblüht. So auch die Winterlinde *(Tilia cordata)*, der letzte besonders ergiebige Nektarlieferant. Doch dann starten einige der »Fremdlinge« erst richtig durch und blühen teils bis weit in den September hinein: so etwa Buschklee *(Lespedeza thunbergii)*, Mönchspfeffer *(Vitex agnus-castus)* und Japanische Aralie *(Aralia elata)*. Alle liefern reichlich Nektar und/oder Pollen und vertragen zudem spätsommerliche Trockenheit. Dadurch bieten sie eine ausgesprochen wertvolle Unterstützung für Bienen, Hummeln, Schwebfliegen und Falter.

Späte Insektenweiden

Diese unentbehrlichen Bestäuber sind aufgrund der Klimaerwärmung öfter noch spät im Jahr unterwegs. Andererseits werden vor allem Honigbienen durch die warmen Frühlingstemperaturen zunehmend verwirrt: Sie schwärmen nun häufig zu früh oder zu spät aus, wenn noch kaum Trachtpflanzen blühen. Sicher leisten da naturnahe Stauden eine wichtige Hilfestellung. Doch die »geballte Ladung« der Gehölze an Nektar und Pollen können sie nicht ganz ersetzen.

Den späten Reigen kann der ursprünglich aus Asien stammende Winterjasmin *(Jasminum nudiflorum)* ab Dezember fortsetzen: mit zahlreichen kleinen gelben Blüten an langen, noch unbeblätterten, tiefgrünen Trieben. Bei Frost legt er eine Pause ein, blüht dann aber durch bis April. Die Blüten werden schon im Vorfrühling von den ersten Wildbienen und Hummeln beflogen, später auch von Honigbienen.

Grundsätzlich ist es all den wertvollen, für die Bestäubung wichtigen Insekten vollkommen schnurz, woher die Pflanzen kommen. Die meisten Neophyten haben Verwandte unter unseren heimischen Gehölzen. Ihr Nektar und ihre Pollen sind kaum gewöhnungsbedürftig. sondern »schmecken« durchaus vertraut. Dasselbe gilt im Prinzip für die Nützlinge, die Schädlinge im Garten eindämmen, von Vögeln bis zu Florfliegen & Co. Auch sie profitieren von diesen fremdländischen Gartenbewohnern.

Vom Vorfrühling bis zum Spätherbst

Von der Bayerischen Landesanstalt für Weinbau und Gartenbau gibt es eine ausgezeichnete Übersicht über »Bäume und Sträucher für Bienen und Insekten« von der sehr zeitigen Entwicklungstracht der Haselblüte und den ersten Pollen (z. B. Kornelkirsche) über die Frühlings-, Frühsommer- und Sommertracht bis zur Spätsommertracht (→ Seite 237, Link).

Hier wird ausdrücklich darauf hingewiesen : »Je vielfältiger das Blütenangebot, desto größer ist auch die Vielfalt an Insekten ... Um diese durch

Bartblumen sind bei Insekten unglaublich beliebt. Sie bieten auch in der zweiten Jahreshälfte Pollen und Nektar.

Der Sieben-Söhne-des-Himmels-Strauch wird wie kaum eine andere Gehölzart von Insekten beflogen.

das Jahr zu bringen, ist eine gewisse Blüten-Konstanz vom Frühjahr bis zum Herbst erforderlich.« Und die Spätjahreslieferanten sind fast ausschließlich fremdländische Gehölze, mit Ausnahme von blühreifem Efeu. Dazu gehören beispielsweise die Bartblume *(Caryopteris × clandonensis)* und der Tausendblütenstrauch oder die Stinkesche *(Euodia hupehensis)* mit Nektar- und Pollen-Spitzenwerten von 4; außerdem der Schnurbaum *(Sophora japonica)*, der Sieben-Söhne-des-Himmels-Strauch *(Heptacodium miconioides)* sowie die Strauchkastanie *(Aesculus parviflora)*.

Rosa blühender Rotdorn und Blauregen blühen ab etwa Mitte Mai.

BÄUME UND GROSSE STRÄUCHER

Bäume haben seit jeher große Symbolkraft. Unsere Urahnen sahen sie als Sinnbild der Weltachse, die Himmel, Erde und Unterwelt verbindet, oder als Baum des Lebens und der Erkenntnis. In neuerer Zeit betrachten manche Bäume als geheimnisvolle Lebewesen mit erstaunlichen Fähigkeiten, die den Klimawandel aufhalten können.

Der »typische« Baum besteht aus einem kräftigen Stamm und einer Krone aus Ästen und Zweigen. Nadelbäume haben häufig nur kurze Stämme oder sind ganz von unten her beastet. Mittlerweile werden öfter auch Laubbäume angeboten, bei denen Seitenäste schon im unteren Stammbereich abzweigen oder die mehrstämmig gezogen wurden. Das entspricht mehr dem natürlichen Wuchs von Waldbäumen.

Gartenbäume und baumähnliche Sträucher werden nach Wuchshöhe unterschieden in:

- große Bäume: über 20 m
- mittelgroße Bäume: 12–20 m
- kleine Bäume: 5–12 m
- Großsträucher: 3–10 m

Von vielen großen Bäumen gibt es Sorten, die deutlich kleiner bleiben als die naturnahen Arten, so etwa von Eberesche, Kiefer, Lärche und sogar vom Ginkgo. Versuchen Sie in allen Fällen, die spätere Wuchshöhe und -breite möglichst realistisch einzuschätzen.

Für frei stehende Bäume empfehlen sich vor allem Arten und Sorten mit breiter, schirmähnlicher Krone. Sie kann im Hochsommer die Stämme vor Überhitzung schützen, was Rindenschäden vorbeugt.

Charmante Hausbäume

Für einen kleinen bis mittelgroßen Garten reicht oft schon ein etwas größerer Baum, um einen ansprechenden Akzent zu setzen und die pralle Sommersonne abzumildern. Man will ja auch nicht alles in tiefen Schatten tauchen. Ein Baum oder baumähnlicher Großstrauch kommt zudem in Einzelstellung am besten zur Geltung: etwa im Rasen oder einer Wiese, an der Biegung eines Hauptwegs oder an der Terrasse. Wird er in der Nähe des Wohngebäudes gepflanzt, übernimmt er die Rolle eines Hausbaums.

Ein Hausbaum, der das Grundstück prägt oder der im Vorgarten als lebendige Visitenkarte Gäste begrüßt: Das ist eine schöne, altehrwürdige Tradition – und heute wieder voll im Trend. Setzt die Krone erst ab rund 2 m Höhe an, lässt sich darunter eine Bank aufstellen, um im Hochsommer den lauschigen Schatten des Laubdachs zu genießen, oder z. B. eine Kinderschaukel aufhängen.

»Klassische« Hausbäume wie Linde, Eiche und Weißbirke werden für viele Gärten zu groß. Besser eignen sich die auf Seite 196 vorgestellten kleinen Klimabäume. Weitere attraktive, höchstens 15 m große Hausbäume sind beispielsweise Elsbeere *(Sorbus torminalis)*, Mispel *(Mespilus germanica)*, Rotdorn *(Crataegus laevigata* 'Paul's Scarlet') und Kleeulme *(Ptelea trifoliata)*. Sie alle vertragen recht viel Trockenheit, sind bienenfreundlich und bieten Vögeln Unterschlupf.

Ebenfalls ansprechend und etwas schmaler sind Bäume mit hängenden Ästen, so etwa die Trauerbirke *(Betula pendula* 'Youngii') und die Weidenblättrige Birne *(Pyrus salicifolia)*.

Auch Kugelformen wirken attraktiv, beispielsweise die Robinie 'Umbraculifera' und der Spitzahorn 'Globosum'. Sie wachsen allerdings mit den Jahren stark in die Breite. Der Kleine Feldahorn *(Acer campestre* 'Nanum') bleibt mit seiner hübschen, dichten Rundkrone kompakter.

Für den Hausbaum empfiehlt sich ein Standort, an dem er sich optimal entfalten kann, im Wuchs ebenso wie in seiner Wirkung. Idealerweise wird er so in Hausnähe platziert, dass er über Sommer für Schatten und Kühlung sorgt, also üblicherweise in Süd- oder Südwestrichtung. Zum Winter hin sollte er allerdings sein Laub abwerfen, damit er nicht die Wohnung verdüstert. Wählt man Bäume mit flach und weit streichenden Wurzeln, kann eine kräftige Wurzelsperre Schäden an Fundament und Hauswand vorbeugen. Zu den Flachwurzlern gehören z. B. Magnolien, Felsenbirnen, Fächerahorne, Weiden und Mispel.

Bäume in Gruppen

Ein Baumpaar links und rechts vom Garteneingang oder eine kleine Reihe entlang eines breiten Wegs: Für solche ansprechenden Gestaltungen wählt man am besten jeweils Gehölze derselben Art. In paarweiser Pflanzung wirken z. B. zwei Kugel-Steppenkirschen *(Prunus fruticosa* 'Globosa') sehr einladend, ebenso zwei klei-

Die Eberesche wird nicht allzu groß und eignet sich auch für kleine Gärten. Ihre Früchte sind essbar.

ne Säulenbäume wie die Eberesche 'Fastigiata' oder die Zierkirsche 'Amonogawa'. Sie sehen auch zu mehreren in einer »Mini-Allee« gut aus. Für eine locker aufgepflanzte Gruppe aus wenigstens drei Bäumen oder Großsträuchern ist mehr Abwechslung gefragt. Die Gehölze müssen dann aber ähnliche Standortansprüche haben. Zu Felsenbirnen *(Amelanchier)*, die Sonne sowie kalkhaltigen, eher sandigen Boden bevorzugen, passen beispielsweise Kornelkirsche, Ölweide *(Elaeagnus angustifolia)* und Wacholder. Weiden wie die Salweide *(Salix caprea)* mögen es lieber leicht beschattet, auf frischem bis feuchtem, gern leicht saurem Boden. Hier harmoniert die Weide z. B. mit Stechpalme *(Ilex aquifolium)*, Schneeball-Arten *(Viburnum)*, Hänge-Ulme *(Ulmus glabra* 'Pendula') und Zimtahorn *(Acer griseum)*.

Bäume sind unverzichtbar, wenn die Sommer in unseren Städten erträglich bleiben sollen.

Stadt- und Klimabäume

Bäume in dicht bebauten Städten sind seit jeher besonders gefordert (→ Seite 18, »Heikles Stadtklima«). Der Klimawandel macht ihnen mit zunehmender Hitze, Trockenheit und Starkregen das Leben noch schwerer. Und bei alldem sollen die Stadtbäume auch noch den Kohlendioxidgehalt in der Luft senken, für Abkühlung und höhere Luftfeuchte sorgen und den Straßenlärm reduzieren. Die Linden, Eschen und Buchen, die so manche Stadtbilder prägten, können da öfter nicht mehr mithalten. Sie leiden zunehmend unter Trockenschäden, Krankheiten und Schädlingen. Selbst Ahorne und Platanen zeigen zunehmend Risse in den Stämmen. Aber auch auf dem Land kränkeln heute Dorfbäume wie Sommerlinde und Rosskastanie.

Stadtplaner, Gartenamtsleiter und Baumschuler suchen und erproben deshalb besonders robuste und »wetterfeste« Baumarten. Zugleich sollten sie möglichst frosthart sein und wenig anfällig für Schädlinge und Krankheiten. Dazu führen Forschungsinstitute groß angelegte Versuchspflanzungen in verschiedenen Städten und Regionen durch – eine langfristige Aufgabe, denn es dauert mindestens 10–20 Jahre, bis man die Eignung neu angepflanzter Baumarten für das Stadtklima beurteilen kann. Mittlerweile sind 40–50 Arten und Sorten in der engeren Wahl dieser »Zukunftsbäume«. Dazu gehören heimische Bäume wie Feldahorn, Kornelkirsche, Trauben- und Stieleiche und Waldkiefer. Doch viele gute Klimabäume sind fremdländische Arten, wie die Hopfenbuche *(Ostrya carpinifolia)* aus dem Mittelmeerraum und der Blasenbaum *(Koelreuteria paniculata)* aus Ostasien. Zu den Spitzenreitern gehört ausgerechnet die nordamerikanische Robinie, die im Naturschutz als invasiv eingestuft wird (→ Seite 185).

SPECIAL

Dachbäume: grüne Sonnenschirme

Selbst die kleinsten Hausbäume erreichen einen Kronendurchmesser von 3–5 m. Wo eine Beschattung auf engerem Raum gewünscht wird, bieten sich sogenannte Dachbäume als Alternativen an: Diese begnügen sich mit einer deutlich schmaleren Krone. Damit eignen sie sich hervorragend, um Terrassen und Gartensitzplätze auf angenehme und attraktive Weise zu beschatten.

COOLE SCHATTENSPENDER

Klassiker sind die Dachplatanen, in deren Schatten früher die Adligen durch ihre Parkanlagen lustwandelten. Nach wie vor zählt die Ahornblättrige Platane *(Platanus × acerifolia)* zu den beliebtesten Arten. Doch Sie können unter zahlreichen weiteren dachförmig gezogenen Gehölzen wählen, darunter z. B. Hainbuche, Chinesische Wildbirne *(Pyrus calleriana* 'Chanticleer') und Maulbeerbaum *(Morus alba, M. nigra)*. Sie zählen alle zu den trockenheits- und hitzeverträglichen Klimabäumen.
Die Dachgehölze werden mit Stammhöhen zwischen rund 2 m und 4 m angeboten und mit einem Kronendurchmesser von 1,2–1,5 m. Die Stämme legen mit der Zeit zwar im Umfang zu, aber ihre Höhe ändert sich nicht. Die Kronen lassen sich durch jährlichen Schnitt im gewünschten Durchmesser halten und werden dann nur allmählich kräftiger und dichter. Gehölze mit bereits kräftigem Stamm und voll ausgebildeter Krone haben mehrere Jahre »Verschulung« hinter sich und sind deshalb entsprechend teuer.
Die meisten Dachbäume sind laubabwerfend. Zum Beschatten von Terrassen mit Holzbelägen eignen sich solche Dachbäume weniger: Das Holz trocknet darunter oft schlecht ab, zudem droht Rutschgefahr durch herabgefallenes Laub. Gelegentlich werden auch immergrüne Dachbäume angeboten, etwa die Rote Glanzmispel *(Photinia fraseri* 'Red Robin').

Platanen lassen sich gut in Form ziehen und sind deshalb ideale Schatten spendende Dachbäume.

Von Gehölzen eingefasste Beete profitieren von der leichten Beschattung. So gedeihen auch empfindlichere Stauden.

Klimabäume für den Garten

Zunehmend werden solche Bäume auch für Privatgärten empfohlen. Sie sind zuverlässige, wassersparende Zierden im Garten, wo sie oft noch besser gedeihen, weil ihr Wurzelraum weniger eingeschränkt ist als in einer Stadtstraße. Die Krone muss hier auch nicht so hoch ansetzen wie bei Stadtbäumen, unter denen Fußgänger bequem laufen sollen: Viele dieser Klimabäume werden in Baumschulen auch mit Stammhöhen zwischen 0,8 und 1,5 m angeboten.

Eine Übersicht über bewährte heimische und eingeführte Klimabäume, die nicht allzu groß werden, finden Sie auf den Seiten 196–197. Und wenn der Platz für eine Robinie, eine Gleditschie oder einen Blauglockenbaum reicht, kommen auch diese als Klimabäume für den Garten infrage.

MITTELGROSSE UND KLEINE STRÄUCHER

Bei den Sträuchern, die viele auch als Büsche kennen, entspringen mehrere Haupttriebe bzw. Stämmchen einer gemeinsamen Basis am oder im Boden. Üblich ist folgende Unterteilung nach Wuchshöhe:

- Mittelgroße Sträucher: 1,5–3 m; z. B. Gewöhnliche Berberitze *(Berberis vulgaris)* und Pfeifenstrauch (Philadelphus coronarius)
- Kleinsträucher: 0,5–1,5 m; z. B. Zierquitte *(Chaenomeles-*Arten) und Fingerstrauch *(Potentilla fruticosa)*
- Zwergsträucher: 0,1–0,5 m; oft breitwüchsig, z. B. Steinginster *(Genista lydia)* und Rosmarin-Seidelbast *(Daphne cneorum)*
- Ebenso niedrig bleiben kriechende, oft immergrüne Bodendecker wie Kriechwacholder *(Juniperus horizontalis)* und Teppichzwergmispel *(Cotoneaster dammeri)*.

Die oben verwendete Einteilung ist gärtnerisch und praxisorientiert und richtet sich nur zum Teil nach der Botanik. Denn die Übergänge zwischen Baum und Strauch sind oft fließend und hängen häufig von der Sorte und der Gehölzerziehung ab. So kann z. B. die Bergkiefer oder Latsche *(Pinus mugo)* als 8 m hoher Baum wachsen, als 3–5 m hoher Großstrauch oder als rundliche, nur etwa meterhohe Kugelkiefer mit dem drolligen Namen 'Mops'.

Unter den kleineren Sträuchern und Bodendeckern gehören manche Arten zu den Halbsträuchern. Bei diesen Pflanzen verholzen nur die Sprosse im unteren Bereich, der Neuaustrieb ist krautig. Blüten und Früchte bilden sich meist an diesen einjährigen Trieben. Bekannte Beispiele sind Lavendel, Blauraute *(Perovskia atriplicifolia)*, Besen- und Schneeheide *(Calluna, Erica)* sowie Immergrün *(Vinca major, V. minor)*.

Von vielen Straucharten werden etliche Sorten in unterschiedlichen Größen angeboten, mit verschiedenen Blütenfarben und teils auch verschiedenen Blütezeiten und Blattfarben. Sortenunterschiede kann es außerdem in der Winterhärte geben, in der Widerstandskraft gegen Schaderreger und der Trockenheitsverträglichkeit – alles gut zu wissen, wenn man Passendes für bestimmte Gartenplätze sucht.

Vielfältige heimische Sträucher

Unter den Sträuchern ist die Palette an trockenheits- und hitzeverträglichen Arten aus Mitteleuropa recht groß. So können Sie überwiegend heimische Arten wählen oder sogar ganz auf fremdländische verzichten. Gehölze wie Wildrosen, Hasel, Weißdorn, Sanddorn und Rote Heckenkirsche *(Lonicera xylosteum)* wachsen allerdings oft stark in die Breite und bilden teils auch kräftig Ausläufer. Doch wo genug Platz zur Verfügung steht, sind solche Sträucher ideal für lebendige, frei wachsende Hecken.

Es gibt aber auch eine Reihe heimischer Sträucher, die weniger Platz brauchen und ebenso gut an sonnigen, trockenen Standorten zurechtkommen. Eine Auswahl ansprechender Arten und Sorten zeigt die Übersicht auf Seite 194, von mittelgroßen Sträuchern bis hin zu Zwergsträuchern. Dazu kommen charmante Wildrosen, die nur 1–2 m hoch und breit werden und wenig oder gar keine Ausläufer treiben: beispielsweise die weiß blühende Ackerrose *(Rosa agrestis)*, die hellrosa blühende Filzrose *(R. tomentosa)* und die etwas größere, sehr attraktive Hechtrose *(R. glauca)* mit rosaroten Blüten und blaugrünen, purpurn überlaufenen Blättern. Solche Rosen bieten nicht nur in Hecken, sondern auch im Einzelstand einen hübschen Anblick.

Wildrosen wie diese Hechtrose *(Rosa glauca)* sind ideal für frei wachsende Hecken.

SIE TROTZEN TROCKENHEIT UND HITZE

Kleine Klimabäume für den Garten

FELDAHORN *(Acer campestre)*

Vielseitiger Alleskönner: Wuchshöhe 10–20 m. Herbstfärbung gelb bis orangerot. Sonniger bis halbschattiger Standort, wächst auf vielen Böden. Schnittverträglich, auch als Hecke, für Formschnitt oder als kleiner Hausbaum.

KUPFERFELSENBIRNE *(Amelanchier lamarckii)*

Ganzjährig attraktiv: Wuchshöhe 2–4 m. Schöne Blüten und attraktive, purpurne Beeren, die essbar sind. Herbstfärbung orange bis rot. Sonniger bis halbschattiger Standort, verträgt leicht sauren Boden. Vogelnährgehölz und für frei wachsende Hecken.

HAINBUCHE (*Carpinus betulus* 'Pendula')

Ökologisch wertvoll: Wuchshöhe 3–5 m. Hängende Zweige, Herbstfärbung leuchtend gelb, das braune Laub bleibt bis zum Frühjahr hängen. Sonniger bis halbschattiger Standort, verträgt verschiedene Bodenarten. Schnittverträglich, für Hecken.

APFELDORN (*Crataegus lavallei* 'Carrierei')

Robust & unempfindlich: Wuchshöhe 3–4 m. Attraktive Blüten und schöner Fruchtschmuck. Sonniger bis halbschattiger Standort, toleriert Trockenheit. Stadtklimafest und schnittverträglich, für immergrüne Hecken oder als Solitär.

BLUMENESCHE *(Fraxinus ornus)*

Blütenschmuck: Wuchshöhe 8–12 m. Frühjahrsblüher mit duftenden Blütenrispen. Sonniger bis halbschattiger Standort, bevorzugt gut durchlässigen Boden. Schöne Herbstfärbung. Als Hausbaum oder Solitär.

BLASENESCHE *(Koelreuteria paniculata)*

Attraktiver Fruchtschmuck: Wuchshöhe 6–10 m. Luftige, transparente Blütenstände im Sommer, denen blasige Früchte folgen. Herbstfärbung gelb bis orange. Sonniger Standort, toleriert Trockenheit.

ZIERAPFEL (*Malus*-Hybriden) Sorte 'Red Sentinel'

Heimisch & essbar: Wuchshöhe 2–4 m. Weiße bis rosa Blüten im April und kleine rote Äpfel im Herbst. Sonniger Standort, bevorzugt gut durchlässigen, normalen Gartenboden. Schnittverträglich, auch als Spalier oder schmale Hecke.

EISENHOLZBAUM *(Parrotia persica)*

Hitzefest: Wuchshöhe 5–10 m. Herbstfärbung leuchtend gelb, orange bis rot, bei manchen Exemplaren auch dunkelpurpurn. Markante, schuppige Rinde. Sonniger bis halbschattiger Standort, bevorzugt gut durchlässigen Boden.

BLUTPFLAUME (*Prunus cerasifera* 'Nigra')

Frühlingsbote: Wuchshöhe 3–5 m. Rosa Blüten, bronzefarbenes Laub und dunkelrote bis violette Herbstfärbung. Früchte essbar. Sonniger bis halbschattiger Standort, tolerant gegenüber verschiedenen Bodenarten. Schnittverträglich.

WEIDENBLÄTTRIGE BIRNE *(Pyrus salicifolia)*

Insektenweide: Wuchshöhe 4–6 m. Schmale, weidenähnliche Blätter, weiße Blütentrauben, kleine Zierbirnen; Vogelnährgehölz. Auf allen durchlässigen Böden, feucht bis trocken, verträgt Hitze, stadtklimafest, frosthart, windfest.

Heimische Sträucher für pralle Sonne

Name	Höhe/ Breite	Merkmale	Hinweise
Gewöhnliche Felsenbirne */** *(Amelanchier ovalis)*	2–3,5 m / 2–3 m	weiße Blüten, April– Mai; blauschwarze, essbare Früchte; orangerote Herbstfärbung	bildet gelegentlich Ausläufer
Korkenzieherhasel *(Corylus avellana)* 'Twister' und 'Red Majestic' *	2–3 m / 1–2 m	korkenzieherartig gedrehte Zweige; gelbe Blütenkätzchen, März–April; essbare Nüsschen	bezaubert durch die interessante Wuchsform; bei 'Red Majestic' Blätter im Austrieb purpurrot
Wolliger Schneeball *(Viburnum lantana)* */**	1,5–3,5 m / 1,5–3,5 m	weiße Blütenschirme, Mai–Juni; rote, später schwarze Früchte; gelbe Herbstfärbung	strenger, etwas unangenehmer Blütengeruch; bildet teils Ausläufer
Rosmarinweide *(Salix rosmarinifolia)* */**	1,5–2 m / 1,5–2 m	gelbgrüne Blütenkätzchen im April; schmale, blaugrüne Blätter; gelbe Herbstfärbung	Kätzchen erscheinen vorm Blattaustrieb; mag es feucht, verträgt aber auch Trockenheit
Purpurginster *(Chamaecytisus purpureus)* **	0,4–0,7 m / 0,6–1 m	dunkelrosa Blüten, Mai–Juni; behaarte Fruchthülsen	passt gut in Steingärten; bildet Ausläufer; in allen Teilen giftig!
Rosmarin-Seidelbast *(Daphne cneorum)* */**	0,3–0,4 m / 0,6–0,8 m	immergrün; rosa, duftende Blüten, April–Mai; gelb- bis rötlich braune Beeren	passt gut in Steingärten; in allen Teilen giftig!

* Verträgt auch Halbschatten ** Bienenweide und/oder Vogelnährgehölz

Kriechende Wacholder, kleine Weiden
Eine Bereicherung sind auch die niedrigen, meist kriechenden Sorten des heimischen Wacholder *(Juniperus communis)*, z. B. 'Green Carpet', 'Hornibrookii' und 'Repanda'. Sie wachsen höchstens 0,5 m hoch, aber teils über 2 m in die Breite. Ihre schwarzblauen Beerenzapfen sind bei den Vögeln sehr beliebt.

Kleine Weiden, die europäischen Gebirgsstandorten entstammen, werden nur 0,5–1,5 m groß und kommen mit weniger Wasser aus als etwa die Salweide *(Salix caprea)* und ihre beliebte »Trauerform«, die Hänge-Kätzchenweide. Dazu gehören z. B. die Kahle Weide *(Salix glabra)*, die Bäumchenweide *(S. waldsteiniana)*, die Engadin-Weide *(S. hastata* 'Wehrhahnii') und die Schweizer Weide *(S. helvetica)*, Sie passen z. B. prima in den Steingarten, brauchen aber bei längerer Trockenheit ausreichende Wassergaben.

Schöne Fremdlinge

Die Experten sind sich nicht ganz einig, ob der Fingerstrauch *(Potentilla fruticosa)* und der Blasenstrauch *(Colutea arborescens)* wirklich »Fremdlinge« sind. Zumindest findet man sie bei uns vielerorts verwildert und längst eingebürgert. Dass sie ursprünglich aus dem Süden stammen, zeigt eine Eigenschaft, die man bei heimischen Sträuchern kaum findet: Sie blühen den ganzen Sommer über, von Mai oder Juni bis in den Herbst hinein. So haben Bienen, Hummeln, Schwebfliegen und Falter an solchen Gehölzen besonders lang ihre Freude.

Der bis 1,5 m hohe Fingerstrauch wird in mehreren Sorten angeboten, er blüht leuchtend gelb, weiß, rosa, orangefarben oder karminrot. Der Blasenstrauch wächst 2–3 m hoch und breit. Unter seine gelben Schmetterlingsblüten mischen sich ab Spätsommer große, aufgeblasene Fruchthülsen, die anfangs rötlich glänzen.

Das Repertoire für Bienen, Hummeln und Schmetterlinge bereichern auch mehrere Sträucher mit attraktiven blauen bis violetten Blütentönen: nämlich Säckelblume *(Ceanothus-*Arten), Bartblume *(Caryopteris × clandonensis)*, Mönchspfeffer *(Vitex agnus-castus)*, Sommerflieder *(Buddleja davidii)* und Blauraute *(Perovskia abrotanoides)*. Sie blühen bis zum Spätsommer oder Herbst, haben fast alle blausilbrige, teils duftende Blätter und kommen mit Hitze und Trockenheit gut klar.

Schon seit Langem bekannt und gut eingeführt ist der hitzefeste, immergrüne Mittelmeer-Feuerdorn *(Pyracantha coccinea)*. Von ihm gibt es mehrere Sorten mit Früchten in verschiedenen Farbtönen zwischen Gelb, Orange und Rot sowie mit geringer Anfälligkeit für Schorfpilze. Die 2–3 m hohen und breiten Sträucher werden gern für Hecken verwendet, sehen aber auch als Solitäre gut aus. Im Mai und Juni erscheinen zahlreiche weiße Blütchen in Schirmtrauben, die von Bienen und Hummeln stark beflogen werden. Mit ihrem reichen Angebot an lang haftenden, beerenartigen Früchten und ihren Dornen sind diese Sträucher zudem gute Vogelnähr- und -schutzgehölze.

Strauch mit Zukunftspotenzial: Frühlings-Tamarisken blühen von Mai bis Juni. Die Blüten stehen an den Trieben des Vorjahrs, daher nur direkt nach der Blüte schneiden.

Tamarisken: elegante Hitzespezialisten

Noch sieht man Tamarisken nur gelegentlich in Gärten, doch manche Fachleute stufen sie bereits als »Zukunftsgehölze« ein. Die im Mittelmeerraum und in Südosteuropa beheimateten Sträucher sind gut hitze- und trockenheitsverträglich, außerdem windfest und frosthart. Ihre Zweige mit den schuppenförmigen, grünen bis graugrünen Blättern erinnern an Scheinzypressen. Die rosa Blütentrauben werden gern von Bienen, Hummeln und Schmetterlingen besucht.

Die Frühlings-Tamariske *(Tamarix parviflora)* ist ein Großstrauch, wird öfter auch als kleiner Baum gezogen und blüht im Mai/Juni. Die Sommer-Tamariske *(Tamarix ramosissima)* dagegen wird nur 2–3 m hoch und breit und blüht von Juni oder Juli bis September.

Mahonienbeeren werden von vielen Vögeln gefressen. Die gelben Blüten sind im Winter eine wichtige Nahrungsquelle für Hummeln, die auch bei kühlem Wetter fliegen.

FORMENREICHE ROSEN

Die Vielfalt der Rosen ist auch für den Klimagarten eine Bereicherung, denn viele Rosen verkraften als Tiefwurzler Trockenheit recht gut. Zudem kommen die Ursprungsarten der unzähligen Züchtungen oft von sonnigen, trockenen Naturstandorten. Wildrosen sind oft besonders robust, etwa die Hundsrose *(Rosa canina)* und die Grillrose *(R. stylosa)*. Während die meisten Wildrosen nur wenige Wochen im Mai oder Juni ihren hübschen Flor zeigen, blühen moderne Gartenrosen vom Frühsommer bis weit in den Herbst. Unter den Öfterblühenden sind vor allem niedrige Bodendecker- und Kleinstrauchrosen die Hitze- und Trockenheitsspezialisten. Andere öfter blühende Rosen allerdings gedeihen meist deutlich besser, wenn sie im Frühjahr zum Austrieb gut mit Wasser versorgt werden und dann nochmals im Sommer nach dem Wegschnitt der ersten verwelkten Blüten.

Klimafeste ADR-Rosen

Manche modernen Sorten wie die rosa blühende Beetrose 'Poetry' und die gelbe Kletterrose 'Sommergold' sind besonders robust und gering anfällig für Sternrußtau und Mehltau. Ebenso die Bodendeckerrose 'Salsa' mit feuerroten Blüten, die sie nach dem Verblühen abwirft und die deshalb als selbstreinigende Sorte gilt. Diese drei Rosen gehören wie rund 160 andere Sorten zu den ADR-Rosen. »ADR« steht für die »Allgemeine Deutsche Rosenneuheitenprüfung«, den wohl härtesten Anbautest der Welt. Diese Sorten sind besonders reich blühend, widerstandsfähig und winterhart. Das Gütezeichen bleibt jeweils nur 15 Jahre gültig. Weil immer wieder neue Sorten getestet werden, geht die ADR-Auswahl mit der Zeit und berücksichtigt so auch die Auswirkungen des Klimawandels: Die geprüften Sorten müssen auch damit gut zurechtkommen. Die Bienenfreundlichkeit gehört zwar (noch) nicht zu den ADR-Kriterien, doch auch darauf legen die Züchter immer mehr Wert. Sie bieten teils schon eine zusätzliche »Rosenklasse« an, nämlich Bienenrosen: Das sind Sorten, die Honig-, Wildbienen und Hummeln besonders gern besuchen. Solche Züchtungen tragen öfter Namen wie 'Bee Lovely' oder werden als Rosen-Serien unter Bezeichnungen wie »Nektargarten« geführt. Die Insekten können sich zwar in ungefüllten Rosenblüten am einfachsten mit Nektar und Pollen versorgen, finden meist aber auch in halbgefüllten Blüten, was sie brauchen.

TROCKENE SCHATTENPLÄTZE

In vielen Gärten gibt es Bereiche, die durch Gebäude, Mauern, hohe Hecken oder große Bäume beschattet werden. Das ist wegen der zunehmenden Sommerhitze oft auch vorteilhaft und erwünscht. Doch wenn man wenig gießen will, werden Schattenflächen zu schwierigen Standorten. Der Schatten kann zwar die Verdunstung ein wenig herabsetzen. Wenn aber über viele Wochen kaum Regen fällt, hilft das den Pflanzen wenig. Zudem liegen solche Flächen teils im Regenschatten – Mauern oder andere Barrieren

Gehölze für trockenen Schatten

Name	Höhe/ Breite	Merkmale	Hinweise
Warzenberberitze *(Berberis verruculosa)*	1–1,5 m / 1–1,5 m	immergrün; goldgelbe Blüten, Mai–Juni; schwarze, blau bereifte Früchte	bedornte Triebe; wächst langsam und kompakt
Zwerg-Liguster *(Ligustrum vulgare 'Lodense')*	0,7–1 m / 0,7–1 m	wintergrün; weiße Blütenrispen, Juni–Juli; schwarze Früchte, schwach giftig	sehr robust und anpassungsfähig, gut schnittverträglich
Kalifornische Heckenkirsche *(Lonicera ledebourii)*	2–3 m / 1,5–2,5 m	gelbe Blüten, Juni–Juli, schwarze Früchte, paarweise in roten Deckblättern, schwach giftig	sehr robust und anpassungsfähig; reiche Blüte, auch durch die roten Deckblätter attraktiv
Mahonie *(Mahonia aquifolium)*	0,8–1,2 m / 0,8–1,2 m	immergrün, teils rötliche Herbstfärbung; goldgelbe Blüten, April–Mai; schwarze, blau bereifte Beeren, schwach giftig	sehr robust und anpassungsfähig; wächst auch problemlos unter Nadelbäumen; Sorte 'Apollo' etwas kleiner
Lorbeerkirsche *(Prunus laurocerasus)*	1–3 m / 1–3 m	immergrün; weiße Blüten, Mai–Juni; schwarze Früchte; in allen Teilen schwach giftig bis giftig!	Sorten in verschiedenen Größen, mit Blättern in Farbnuacen zwischen Dunkel- und Hellgrün
Alpenjohannisbeere *(Ribes alpinum)*	1–2 m / 1–2 m	gelbgrüne Blütentrauben, April–Mai; rote Beeren, wenig schmackhaft; lang haftendes Laub	Sorte 'Schmidt' blüht reicher, bildet aber keine Früchte

halten den Westwind fern, der die meisten Niederschläge bringt. Beschatten Bäume oder hohe Sträucher die Fläche, haben es die dort wachsenden Pflanzen besonders schwer. Denn sie konkurrieren mit den größeren, kräftig bewurzelten Gehölzen um die Wasservorräte im Boden.

Mit den trockenheitsverträglichen Sträuchern in der Übersicht oben können Sie den Wasserverbrauch deutlich reduzieren – und dies nicht nur an Schattenplätzen, denn sie gedeihen auch in Sonne und Halbschatten. Im Schatten fallen zwar Blüte und Fruchtansatz etwas spärlicher aus. Trotzdem sind diese Gehölze auch dort gute Bienenweiden. Und sie bilden oft noch genug Früchte, sodass auch Vögel etwas davon haben. Diese Sträucher können sich gut an verschiedene Standortbedingungen anpassen, sind sehr robust, stadtklimafest und eignen sich auch für Hecken. Alle kommen zudem mit dem Wurzeldruck größerer Bäume zurecht.

Naturwunder Efeu

Efeu *(Hedera helix)* wächst auf fast jedem Boden, bei Trockenheit und Hitze ebenso wie im feuchten Schatten. Nur in den ersten Jahren ist er etwas frostempfindlich und kann dann auch unter Wintersonne leiden. So toll Efeu ist: Er kann mit seiner beeindruckenden Ausbreitungsfreude auch lästig werden, als schnellwüchsiger Bodenkriecher ebenso wie als Kletterer. Deshalb empfiehlt sich frühzeitiges Eindämmen, wenn er übers Ziel hinausschießt.

Efeu kann mehrere Hundert Jahre alt werden. Doch schon nach 8–10 Jahren erreicht er sein »Altersstadium«. Erst dann erscheinen Blüten und Früchte. Anstelle der vertrauten drei- bis fünflappigen Blätter entfalten sich nun an den Blütentrieben ungelappte, herz- bis rautenförmige Blätter. Der Strauch-Efeu *(Hedera helix* 'Arborescens') wird aus solchen Altersformen über Stecklinge oder Veredlung vermehrt. Deshalb zeigt er von Anfang an Altersblätter, Blüten und Früchte. Der Strauch-Efeu wächst aufrecht und wird 1,5–2 m hoch und breit. Weil sich die nektar- und pollenreichen Blüten erst ab September öffnen, sind ihr Nektar und ihre Pollen ein wertvolles Angebot für spät fliegende Bienen.

BESCHIRMENDE HECKEN

Hecken als Grundstücksbegrenzung

In früheren Jahrzehnten wurden bevorzugt hohe, immergrüne Heckengehölze gepflanzt, die man heute noch vielerorts sieht: vor allem Abendländischer Lebensbaum *(Thuja occidentalis)*, Scheinzypresse *(Chamaecyparis lawsonia)*, Kirschlorbeer *(Prunus laurocerasus)*, Eiben und

Hecken bieten Sicht-, Wind- und Lärmschutz und sind Lebensraum für viele Tiere.

verschiedene Berberitzen. Meist wurden solche Hecken mehr oder weniger streng in »Kastenform« geschnitten, teils auch auf Kosten von Blüten und Früchten.

In den Bebauungsplänen für Neubaugebiete werden solch hohe Grünfronten zur Straße hin zunehmend verboten. Teils dürfen die Hecken sogar nur 1,2 m hoch wachsen, unter anderem, um die Sicht im Straßenverkehr nicht zu behindern. Mancherorts sind für Neupflanzungen zudem nur heimische, laubabwerfende Arten zugelassen (siehe auch → Seite 177, »Grenzabstände und Gestaltungsvorschriften«).

Die Grenzhecken zu den Nachbargrundstücken sind üblicherweise nicht so streng geregelt. Hier muss man vor allem auf die gesetzlichen Vorgaben zu den Abständen je nach Strauch- und Heckenhöhe achten – und sich am besten vorher mit den Nachbarn abstimmen. Vielerorts gelten Mindestabstände von 0,5 m. Diese reichen aber je nach Bundesland höchstens für 2 m hohe Schnitthecken oder Strauchreihen.

Schnitthecken: ansprechende Kulissen

Schnitthecken, die meist nur aus einer Gehölzart bestehen, beanspruchen deutlich weniger Platz als frei wachsende Hecken. Sie lassen sich durch regelmäßigen Formschnitt kompakt halten und haben als dicht geschlossene, gleichförmige grüne Wände ihren gestalterischen Reiz. So können selbst wüchsige Großsträucher wie Feldahorn, Hainbuche und der immergrüne Feuerdorn auf weniger als 1 m Breite begrenzt werden. Solche Gehölze müssen die Prozedur des häufigen Formschnitts gut vertragen und entsprechend kräftig wieder austreiben. Heckengehölze gibt es häufig in verschiedenen Arten und teils in etlichen Sorten. Wählt man rotbraun, gelb oder bläulich gefärbte Sorten, z.B. von Berberitzen und verschiedenen Nadelgehölzen, kann diese Kulisse auch etwas bunter werden.

Efeu trotzt durch seine Anpassungefähigkeit – er wächst in der Sonne und im Schatten, auf trockenen und nassen Böden – den Unbilden des Klimawandels.

Einige der bisher beliebten Heckengehölze bereiten mittlerweile öfter Verdruss: Die zunehmende Trockenheit und Hitze macht ihnen zu schaffen. Besonders betroffen sind Nadelholzhecken, die meist hohe Luftfeuchtigkeit bevorzugen: so etwa Lebensbaum *(Thuja occidentalis, T. orientalis, T. plicata)*, Leyland-Zypresse *(Cupressocyparis leylandii)* und Japanische Lärche *(Larix kaempferi)*. Dasselbe gilt für Bambushecken. Auch die immergrüne Europäische Stechpalme *(Ilex aquifolium)* fühlt sich in praller Sonne, bei Wasserknappheit und trockener Luft nicht wohl. Ähnliches gilt für die Großblättrige Berberitze *(Berberis julianae)*. Selbst Buchenhecken *(Fagus sylvatica)* haben in den vergangenen Sommern öfter »geschwächelt«.

In der Übersicht auf der folgenden Seite sind Heckengehölze zusammengestellt, die mit Hitze und Trockenheit besser zurechtkommen.

TIPPS ZUM PFLANZEN

- Je nach Gehölzart, erwünschter Dichte und Höhe werden die Gehölze mit 20–50 cm Abstand gesetzt, also 2–5 Pflanzen pro laufendem Meter.
- Meist pflanzt man die Gehölze in nur einer Reihe. Dafür hebt man den Pflanzgraben oder die Pflanzlöcher am besten entlang einer Richtschnur aus.
- Wenn Sie etwas mehr Platz haben, können Sie Schnitthecken auch zweireihig anlegen. Dann kommen die Gehölze der einen Reihe jeweils in der Mitte (»auf Lücke«) zwischen zwei Gehölzen der Nachbarreihe zu stehen.

Gute Gehölze für Schnitthecken

Diese Sträucher eignen sich für 1,5–2,5 m hohe und 0,8–2 m breite Schnitthecken. Sie lassen sich teils auch noch kompakter schneiden. Sofern nicht anders angegeben, gedeihen die Gehölze in Sonne und Halbschatten. Nachdem sie gut eingewachsen sind, vertragen sie meist auch etwas längere Trockenzeiten. Es ist jedoch ratsam, bei anhaltender Dürre und Hitze wenigstens einmal pro Woche gründlich zu wässern.

Laubabwerfende Gehölze

- Feldahorn *(Acer campestre)*: drei- bis fünflappige Blätter, gelborange Herbstfärbung
- Blutberberitze *(Berberis ottawensis* 'Superba'): bedornt; eiförmige, braunrote Blätter, im Herbst orangerot; gelbe Blüten, hellrote Beeren, essbar; bevorzugt Sonne
- Thunberg-Berberitze *(Berberis thunbergii)*: bedornt; eiförmige, hellgrüne Blätter, gelborange bis scharlachrote Herbstfärbung; gelbe Blüten, glänzend rote Beeren, essbar; Sorte 'Atropurpurea' mit dunkelroten Blättern; bevorzugt Sonne
- Gewöhnliche Berberitze *(Berberis vulgaris)*: bedornt; eiförmige, frischgrüne Blätter, orangerote Herbstfärbung; gelbe Blüten, leuchtend rote Beeren, essbar
- Hainbuche *(Carpinus betulus)*: große, eiförmige Blätter, gelbe bis gelbbraune Herbstfärbung, oft bis zum Frühjahr haftend; verträgt auch Schatten
- Kornelkirsche *(Cornus mas)*: eiförmige bis elliptische Blätter, fahlgelbe bis orange Herbstfärbung; gelbe Blüten ab Februar, große, glänzend rote, essbare Früchte
- Strauchmispeln, Felsenmispeln *(Cotoneaster dielsianus, C. divaricatus, C. multiflorus)*: kleine, ovale Blätter, gelbe bis orangerote Herbstfärbung; *C. multiflorus* mit reicher, weißer Blüte; alle mit auffälligen roten Früchten
- Eingriffliger Weißdorn *(Crataegus monogyna)*: bedornt; eirunde, gelappte Blätter, gelbe Herbstfärbung; reich blühend, weiße, etwas streng riechende Dolden; dunkelrote essbare Früchte. Der ähnliche Zweigrifflige Weißdorn *(C. laevigata)* mag feuchtere Standorte.
- Gewöhnlicher Liguster *(Ligustrum vulgare)*: länglich eiförmige, dunkelgrüne Blätter; rahmweiße, duftende Blütenrispen, kleine, schwarze Früchte; verträgt auch Schatten. Beliebt: die wintergrüne Sorte 'Atrovirens'

Immergrüne Laubgehölze

- Stechpalme *(Ilex × mersevae)*: glänzend dunkelgrüne, gewellte, bedornte Blätter; weibliche Sorten, z. B. 'Blue Princess', mit roten Beeren; brauchen männliche, bestäubende Sorten, z. B. 'Heckenstar'

- Ovalblättriger Liguster *(Ligustrum ovalifolium)*: eiförmige, recht große, tiefgrüne Blätter, in kalten Wintern laubabwerfend; cremeweiße, stark duftende Blütenrispen, schwarze Früchte. Sorte 'Aureum': gelbgrünes Laub
- Lorbeerkirsche, Kirschlorbeer *(Prunus laurocerasus)*: große, längliche bis rundliche, glänzend dunkelgrüne Blätter; weiße Blütentrauben, kleine schwarze Früchte; teils winterfrostempfindlich; verträgt Schatten
- Feuerdorn *(Pyracantha coccinea)*: lanzettliche, glänzend dunkelgrüne Blätter; üppige weiße Blütenrispen, reichlich erbsengroße gelbe, orange oder rote Früchte

Immergrüne Nadelgehölze

- Lawsons Scheinzypresse *(Chamaecyparis lawsoniana)*: blaunadelige Sorten wie 'Columnaris Glauca' sind recht trockenheits- und hitzeverträglich
- Wacholder, Säulenformen von *Juniperus communis, J. scopulorum, J. virginiana, J. chinensis*: je nach Sorte grüne, blau- bis silbrig grüne oder gelbgrüne Nadeln; schwarzblaue, teils weiß bereifte Beerenzapfen; im Allgemeinen sehr trockenheits- und hitzeverträglich
- Gewöhnliche Eibe *(Taxus baccata)*, Bechereibe *(Taxus media)*: dunkelgrüne Nadeln, rote Scheinbeeren; in allen Teilen mit Ausnahme des roten Samenmantels sehr giftig! Bevorzugen frische Böden, leiden unter Trockenheit aber meist nicht so stark wie andere Nadelgehölze. Vertragen auch Schatten

TIPPS ZUM HECKENSCHNEIDEN

Damit Schnitthecken in Form bleiben, müssen sie in der Regel jährlich etwas gestutzt werden, zum Fördern der Verzweigung bei jungen Hecken sowie bei sehr wüchsigen Arten auch zweimal im Jahr.

- Solche Pflegeschnitte sind nur zulässig, wenn keine Vögel in der Hecke brüten. Am besten verzichtet man darauf komplett während der Hauptbrutzeit zwischen März und Juni. Überprüfen Sie auch danach, ob noch Nester im Gezweig verborgen sind.
- Starke Rückschnitte sind vom 1. März bis 30. September grundsätzlich verboten.
- Werden die Hecken in Kastenform, also mit senkrechter Vorder- und Rückseite geschnitten, erhält die Heckenbasis zu wenig Licht und kann im unteren Bereich verkahlen. Deshalb schneidet man die Hecke besser mit

Damit alle Bereiche einer Hecke ausreichend Licht erhalten, sollte die Heckenkrone schmaler sein als die Basis.

abgeschrägten Seiten: also mit einem trapezförmigen Querschnitt, der sich von unten nach oben verschmälert.

- An den Längsseiten aufgespannte Schnüre oder Drähte erleichtern einen akkuraten Schnitt. Die Trapezform lässt sich gut schneiden, wenn man an den Schmalseiten entsprechende »Schablonen« aus zwei langen Latten und einer kurzen Querlatte anbringt.

Die Heckenmyrte *(Lonicera nitida)* ist ein lohnenswerter Ersatz für Buchs als niedrige Einfassungshecke.

HECKEN IM GARTEN

Hecken, die innerhalb des Gartengrundstücks verlaufen, eignen sich prima, um Räume zu schaffen. Mit ihnen lassen sich Bereiche optisch trennen, etwa der Gemüsegarten oder ein Teich. Sie bieten Sicht- und Windschutz und Beschattung, z. B. für Terrasse oder Gartensitzplatz.
Auch hier bevorzugt man wegen des geringeren Platzbedarfs oft Schnitthecken, z. B. aus Eibe, Liguster oder Strauchmispeln (hochwüchsige *Cotoneaster).* Vorher sollte man möglichst genau den Sonnenstand im Tagesverlauf beobachten: Dann lässt sich der spätere Schattenwurf recht gut vorausplanen, durch geschickte Platzierung der Hecke sowie die Wahl der Pflanzen.

Niedrige Einfassungshecken

Hohe Hecken können den Hintergrund für Gemüse-, Blumenbeete und Staudenpflanzungen bilden. Ansonsten sind für Beete niedrige Einfassungshecken gefragt, die nicht viel Schatten werfen. Der »Klassiker« ist der gut durch Schnitt formbare Buchs *(Buxus sempervirens).* Er leidet mancherorts aber stark unter dem Buchsbaumzünsler und/oder spezielle Pilzkrankheiten.
Mittlerweile wird eine ganze Reihe an gut schnittverträglichen Alternativen angeboten, die sich wie Einfassungsbuchs auf 40–80 cm Höhe halten lassen. Manche brauchen allerdings mehr Feuchtigkeit als der Buchs und sollten bei anhaltender Dürre regelmäßig bewässert werden. Das gilt für:

- Japanische Stechpalme, Löffel-Ilex *(Ilex crenata)*; in Sorten wie 'Dark Green' und 'Convexa' dem Buchs sehr ähnlich
- Europäische Stechpalme *(Ilex aquifolium)* 'Heckenzwerg'
- Eibe *(Taxus baccata)* 'Renke's Kleiner Grüner'

Mehr Trockenheit vertragen:

- Buchsbaumblättrige Berberitze *(Berberis buxifolia)* 'Nana'
- Zwerg-Liguster *(Ligustrum vulgare)* 'Lodense'
- Heckenmyrte *(Lonicera nitida)* 'Maigrün' und 'Elegant'
- Zwerg-Kiefer *(Pinus mugo)* 'Mini Mops'

Beete und Rabatten lassen sich auch sehr schön mit niedrigen **Blütenhecken** rahmen, die höchstens meterhoch wachsen – und eine Vielzahl von Bienen, Hummeln und anderen Insekten anziehen. Sie fördern am Rand von Gemüsebeeten auch das Bestäuben von Fruchtgemüse und Erdbeeren. So z.B. Fingerstrauch *(Potentilla fruticosa)* mit seiner langen Blütezeit, Polster-Johanniskraut *(Hypericum polyphyllum* 'Grandiflorum'), der Edelgamander *(Teucrium × lucidrys)*, Zitronige Katzenminze *(Nepeta racemosa* 'Odeur Citron') und Zwerg-Rhododendron *(Rhododendron micranthum* 'Bloombux'). Diese Pflanzen sind recht trockenheitsverträglich.

Noch weniger Durst haben mediterrane Kräuter, die sich als Beeteinfassungen einsetzen lassen, beispielsweise die Eberraute *(Artemisia abrotanum)*, das Silbrigblättrige Heiligenkraut *(Santolina chamaecyparissus)*, das Currykraut *(Helichrysum italicum)* und natürlich auch Lavendel und Salbei. Solche Halbsträucher können mit ihren aromatischen Düften nebenbei auch Schädlinge verwirren und fernhalten. Weil sie eher nährstoffarme Böden bevorzugen, ist es vorteilhaft, die Randstreifen durch Einarbeiten von Sand, feinem Kies oder Schotter etwas abzumagern.

BLÜHENDE UND NATURNAHE HECKEN

Frei wachsende, gemischte Blütenhecken wirken, anders als Schnitthecken, ausgesprochen lebhaft. Wenn Sie bei der Zusammenstellung auf verschiedene Blütezeiten achten und Arten mit schöner Herbstfärbung sowie immergrünem Laub hinzufügen, hat so eine 2–4 m hohe Hecke das ganze Jahr über etwas zu bieten – dem Betrachter ebenso wie Insekten, Vögeln und anderen Kleintieren.

In solchen Hecken können Sie alle Sträucher und Kleinbäume kombinieren, die sich, wenn nötig, schneiden lassen. Bewährt haben sich z.B. Holunder *(Sambucus nigra)*, Gewöhnlicher Schneeball *(Viburnum opulus)*, Felsenbirne *(Amelanchier)*, Weißdorn *(Crataegus monogyna)*, Rote Heckenkirsche *(Lonicera xylosteum)*, Weigelie *(Weigela)*, Blutjohannisbeere *(Ribes sanguineum)*, Spiersträucher (*Spiraea arguta, S. bumalda, S. cinerea* u. a.) sowie als »grüne Auflockerung« Hasel, Liguster, Eibe und Wacholder. Charmanten

Der Gewöhnliche Schneeball *(Viburnum opulus)* ist ein wertvoller Strauch mit attraktiven Blüten und Früchten.

Blütenflor in den unteren Gehölzetagen bieten z.B. etwa einen Meter hohe Deutzien *(Deutzia gracilis)*, Zierquitten *(Chaenomeles japonica)* und Fingersträucher *(Potentilla fruticosa)*.
Sie alle gedeihen in normalen Gartenböden, viele nehmen auch mit weniger optimalen Böden vorlieb, sofern diese nicht verdichtet sind. Weißdorn, Liguster, Berberitzen, Wacholder, Sommerflieder *(Buddleja davidii)* und Ölweiden *(Elaeagnus)* kommen selbst auf sandigen, trockenen Böden gut zurecht. Sehr gut passen hier auch Elfenbeinginster *(Cytisus × praecox)* und Besenginster *(Cytisus scoparius)*. Sie sind allerdings kalkempfindlich und lassen sich in Hecken am besten mit Wacholder, kleinen Kiefern, Strauchmispeln *(Cotonoeaster)*, Wild- und Strauchrosen kombinieren.

Rosen, vor allem die ungefüllten Arten und Sorten, sind ideal für wilde, frei wachsende Blütenhecken.

Weniger gut passen Sträucher, die sich kräftig über Ausläufer oder Wurzelschösslinge verbreiten: Sie drohen auf Dauer ihre weniger konkurrenzstarken Heckennachbarn zu unterdrücken. Das gilt etwa für Bibernellrose *(Rosa pimpinellifolia)*, Glanzrose *(R. nitida)*, Schlehe, Sanddorn und Blutroten Hartriegel *(Cornus sanguinea)*. Solche Sträucher werden besser separat gepflanzt.

Pflanztipps für gemischte Hecken

Die Gehölze werden hier recht eng nebeneinandergesetzt, sodass sich im ausgewachsenen Zustand die Zweige benachbarter Pflanzen überkreuzen. Für 2–4 m hohe Sträucher wählt man Pflanzabstände zwischen 1 m und 2,5 m, für Bäume in Naturhecken bis zu 5 m. Je nach Platz und erwünschter Dichte können Sie die Pflanzen auch zwei- bis dreireihig oder abwechselnd etwas weiter nach hinten und nach vorn setzen. Die Reihen lassen sich nach Belieben gerade oder mit geschwungenem Verlauf anlegen.
Solche mehrreihigen, gemischten Pflanzungen erinnern an Naturhecken, z.B. an Feldrainen, und können bis zu 8 m breit werden, wenn der Platz reicht. Mit einem Saum aus Kleinsträuchern und Stauden gestaltet sich der Übergang zum restlichen Garten fließend. Und Bienen, Hummeln & Co. können aus einem vielfältigen Blütenangebot frei wählen.
Schließlich gibt es eine weitere schöne und zugleich nützliche Möglichkeit: eine Obsthecke aus Spindelbüschen, Säulenbäumen oder Beerensträuchern.

WINDSCHUTZHECKEN UND -BARRIEREN

Eine mindestens 1,8 m hohe Abschirmung in Hauptwindrichtung oder auch um den ganzen

Eine Gehölzgruppe schützt den Sitzplatz vor Wind, Lärm und unerwünschten Einblicken und spendet kühlen Schatten.

Garten herum kann störende Winde fernhalten. Nicht ratsam ist allerdings das komplette Aussperren durch geschlossene Wände, Mauern oder sehr dichte Hecken: Solche Barrieren bremsen zwar den Wind ab, lenken ihn aber nach oben. Wenn er dann das Hindernis übersteigt, verursacht er auf der geschützten Seite kräftige Wirbel, dies ungefähr 6–8 m nach der Sperre. Danach steigt die Geschwindigkeit des Winds so schnell an, dass er nach 20–30 m wieder mit voller Kraft bläst.

Hilfreich: Barrieren mit Lücken

Hindernisse, die ein wenig Luft durchlassen, stoppen den Wind nicht abrupt, können aber gerade dadurch seine Wirkung deutlich abmildern. Als unbelebte Barrieren haben sich Lamellen- und Bambuszäune mit schmalen Lücken bzw. Schlitzen sowie Weidenflechtzäune bewährt. Noch besser schützt eine nicht allzu dichte Hecke aus verschiedenen Sträuchern. Sie bereichert zudem die Pflanzenvielfalt, verbessert das Gartenklima, filtert die Luft und bietet einen Lebensraum für Vögel, Insekten, Igel und andere kleine Tiere. So eine Hecke braucht jedoch Platz für einen mindestens 2–3 m breiten Pflanzstreifen. Und sie wirft, wie alle Windbarrieren, über mehrere Meter Schatten – je nachdem, in welcher Himmelsrichtung sie angelegt wird.

Geeignete Gehölze für eine gemischte Windschutzhecke sind z. B. Hasel, Hainbuche, Weißdorn, Felsenbirne, Kornelkirsche, Weiden und Wildrosen; unter den Winter- und Immergrünen beispielsweise Liguster, Stechpalme, Feuerdorn und Eibe. Die Pflanzabstände liegen je nach Art zwischen 50 und 150 cm. Werden die Gehölze nicht streng in einer Reihe, sondern etwas gegeneinander versetzt gepflanzt, wirkt die Hecke natürlicher. Die unterschiedliche Verzweigung und Belaubung der Arten sorgt für die erwünschten kleinen »Luftschlitze«.

SPECIAL

Klettergehölze

Klettergehölze reduzieren ebenso wie Bäume und Sträucher den Kohlendioxidgehalt der Atmosphäre und verbessern das Gartenklima. Mit einem großen Vorteil: Sie brauchen wesentlich weniger Bodenfläche. Oft genügt ihnen schon eine Pflanzgrube von 40 × 40 cm, um große Flächen zu begrünen – und das je nach Art und Schnitt zwischen 2 m und über 10 m hoch.

KÜHLENDE WANDBEGRÜNUNG

Begrünte Fassaden können die Temperaturen im Sommer deutlich absenken, in den Häusern und auch außen in der näheren Umgebung. Das wird in den hitzegeplagten Städten besonders geschätzt. Die Kletterpflanzen filtern außerdem Feinstaub und andere Schadstoffe aus der Luft. Und sie bieten Lebensräume für Insekten und Vögel. Zunehmend gibt es deshalb auch Förderprogramme und finanzielle Anreize für die Fassadenbegrünung.

Aber auch ohne Zuschüsse rentiert sich eine gute Wandbegrünung – in der Stadt wie auf dem Land. Nebenbei schützt die Begrünung die Fassaden vor Hagel, Starkregen und starker UV-Strahlung. Kletterpflanzen machen sich aber auch sehr gut als Sichtschutz an Zäunen und Rankwänden, zum Beschatten von Terrasse und Gartensitzplatz, zum Beranken von Gartenhäusern und Geräteschuppen. Unter den über 30 kletternden, verholzenden, winterfesten Pflanzenarten findet sich für jeden Zweck etwas Passendes.

Haftwurzelkletterer wie der Wilde Wein können auch an glatten Fassaden emporklettern.

Aus dem Schatten zur Sonne

Viele Kletterpflanzen entstammen ursprünglich Wäldern, wo sie andere Bäume und Sträucher als Unterlage nutzen, um mit ihren langen Trieben zum Sonnenlicht hinzustreben. Anders als die meisten Ziergehölze in diesem Kapitel sind sie deshalb keine »Trockenkünstler«. Sie brauchen meist einen beschatteten Fuß, z. B. durch Vorpflanzen von Stauden, und zumindest in den ersten Jahren eine gute, regelmäßige

Wasserversorgung. Wichtige Ausnahmen sind Efeu, Weinrebe, Wilder Wein sowie die Trompetenblume: Sie vertragen nach dem Einwachsen recht viel Trockenheit.

Pfiffige »Klettertechniken«

Der Alleskönner Efeu klettert auch gern an Gartenbäumen und alten Baumstümpfen hoch. Doch ansonsten benötigen die meisten Klettergehölze geeignete Gerüste zum Hochklimmen.

Schlingpflanzen wie Geißblätter (*Lonicera*-Arten) winden sich bevorzugt um senkrechte Streben. Diese lassen sich nach Bedarf durch Querstreben unterstützen und stabilisieren, etwa für den starkwüchsigen Blauregen (*Wisteria*-Arten).

Blattstielranker wie die Waldreben, bekannt als Clematis, ranken am besten an gitterartigen Strukturen hoch, mit Maschenweiten zwischen 25 und 50 cm. Solche Kletterhilfen passen auch für die Weinrebe *(Vitis vinifera)*. Als Sprossranker kann sie sich zusätzlich in kleinen Ritzen und Spalten festhaken, ohne das Mauerwerk zu beschädigen. Zur selben Gruppe gehören Verwandte mit einer prächtigen gelbroten bis roten Herbstfärbung: so z. B. der Scharlachwein *(Vitis coignetiae)*.

Haftwurzelkletterer bilden an ihren Sprossen Haftorgane, mit denen sie sich an rauen Unterlagen festhalten können. Bekanntester Vertreter ist der immergrüne Efeu. Großmaschige Rankgitter sind aber auch für diesen Selbstkletterer ratsam, um den mit der Zeit sehr schwer werdenden Efeu zu unterstützen. Außerdem ist Efeu berüchtigt dafür, dass er Putz und Mauerwerk schädigen kann. Rankgitter, die mit Abstandshaltern an der Wand angebracht werden, beugen dem zumindest teilweise vor. Zu den weniger problematischen Haftwurzelkletterern gehören z. B. Wilder Wein *(Parthenocissus)*, Kletterhortensie *(Hydrangea petiolaris)* und Trompetenblume *(Campsis radicans)*.

Wilder Wein wächst schnell und überzieht in wenigen Jahren die komplette Fassade mit einer schützenden und isolierenden grünen Hülle.

Abstandshalter sind bei der Fassadenbegrünung in vielen Fällen zu empfehlen. Damit lassen sich die Klettergerüste mit rund 8–16 cm Abstand zur Wand anbringen. So kann die Luft auch hinter der Begrünung zirkulieren und einer Vernässung der Mauer vorbeugen.

Spreizklimmer wie Kletterrosen, Winterjasmin *(Jasminum nudiflorum)*, Feuerdorn *(Pyracantha coccinea)* und Brombeeren bevorzugen allerdings an Fassaden direkten Mauerkontakt, damit sie ihre langen, steifen Triebe daran »hochschieben« können. Zur Unterstützung und Stabilisierung eignen sich hier verschiedene Seilsysteme.

STAUDEN – MEHRJÄHRIGE FÜR ALLE FÄLLE

Keine andere Pflanzengruppe ist dermaßen vielfältig wie die Stauden. Sie umfassen Tausende von Arten und Sorten und haben für jeden Standort Attraktives zu bieten.

Stauden sind krautige Pflanzen. Die Bandbreite ist gewaltig und reicht von Winzlingen wie dem Hungerblümchen und dem teppichbildenden Mauerpfeffer über die Kissenaster mit ihren halbkugeligen Horsten bis zur hoch aufragenden, schlanken Königskerze. Ihr gemeinsames Kennzeichen: Sie wachsen mehrjährig, verholzen aber nicht. Stattdessen überdauern die meisten von ihnen mit unterirdischen Speicherorganen: mit fleischigen oder rübenartigen Wurzeln, Zwiebeln, Knollen oder Rhizomen. Rhizome, z. B. bei Bart-Iris, Primeln und Maiglöckchen, werden auch als Wurzelstöcke bezeichnet; doch tatsächlich handelt es sich um verdickte Speichersprosse.

Die meisten Stauden ziehen ihre oberirdischen Teile über Winter ein und treiben im nächsten Frühling aus Knospen an den Speicherorganen wieder aus. Dagegen ziehen manche Frühjahrsblüher wie Küchenschelle und Tränendes Herz schon bald nach der Blüte ein, ebenso wie Frühlings-Zwiebelblumen. Weil die Speicherorgane mit der Zeit kräftiger werden, wachsen und blühen junge Stauden nach jedem Neuaustrieb stärker. Es gibt aber auch nicht einziehende, winter- bis immergrüne Stauden wie Bergenien, Günsel, Balkan-Storchschnabel und Woll-Ziest.

Was die riesige Palette der Stauden neben ihrem Zierwert heute so bedeutsam macht: Viele dieser mehrjährigen Pflanzen sind genügsam, pflegeleicht und kommen auch mit Trockenheit und Hitze gut zurecht.

KURZ- UND LANGLEBIGE SCHÖNHEITEN

Manche Stauden sind recht kurzlebig, so etwa der Wiesensalbei. Doch die Mehrzahl kann einen im Garten rund zehn Jahre lang erfreuen, nicht selten auch 20 Jahre und mehr. Sogar an die 100 Jahre schaffen Pfingstrosen mit ihren schönen Blüten. Fingerhüte, Akeleien, Stockrosen und Gänseblümchen dagegen wachsen oft nur zweijährig. Sie sorgen aber durch reiche Selbstaussaat für ihren Fortbestand und werden ebenfalls zu den Stauden gezählt.

Präriestauden wie Sonnenhut, Goldrute, Lampenputzergras und Diamantgras sind besonders hitzeverträglich.

»Echte« Stauden sind ausdauernde Ziergräser wie das Chinaschilf und der Bärenfellschwingel. Ebenso die Farne, etwa Rippenfarn und Straußenfarn, die in Schattengestaltungen eine wichtige Rolle spielen. Sie vermehren sich als urtümliche Pflanzen über Sporen, die an den Wedelunterseiten heranreifen. Mehrjährige Zwiebel- und Knollenblumen, z. B. Krokusse, Narzissen und Lilien, werden wegen ihrer speziellen Speicherorgane als besondere Pflanzengruppe angesehen, gehören aber im weiteren Sinn ebenfalls zu den Stauden.

Häufig werden auch Halbsträucher zu den Stauden gezählt. Bei ihnen verholzen mit der Zeit die unteren Bereiche, während die oberen Triebteile krautig bleiben und teils über Winter zurückfrieren. Der Lavendel ist der bekannteste Vertreter, zusammen mit mediterranen Würzkräutern wie Salbei, Oregano und Thymian, die auch gut in Staudenbeete passen. Weitere beliebte Halbsträucher sind Sonnenröschen, Schleifenblume, Immergrün und Gamander. Besenheide *(Calluna vulgaris)* und Schneeheide *(Erica carnea)* sind verholzende Zwergsträucher, die wie Stauden verwendet werden.

WUCHSFORMEN UND -TYPEN

Bäume und große Sträucher geben dem Garten das Gerüst – Stauden kleiden ihn aus – mit einer gewaltigen Fülle von Farben und Formen. Ob Beete, Rabatten oder locker umrissene und naturnahe Freiflächen: Kombinationen aus den sehr vielfältigen Stauden ergeben stimmungsvolle, lebhafte Bilder, die sich im Lauf des Jahres immer wieder ändern.

Überfliegt man Websites und Kataloge von Staudengärtnereien, fallen natürlich vor allem die attraktiven Blüten ins Auge. Doch es sind vielmehr die unterschiedlichen Wuchsformen, die einem Staudenbeet Struktur verleihen und den Gesamteindruck prägen. Zudem sind längst nicht alle Stauden Dauerblüher; teils beschränkt sich ihre Blütezeit auf nur wenige Wochen. Umso wichtiger sind deshalb – neben dem Blattschmuck – die Wuchstypen für eine abwechslungsreiche Gestaltung.

Viele Stauden wachsen in Horsten, das heißt, sie bilden Sprossbüschel aus nah beieinanderstehenden Trieben. Über diesen ragen bei manchen die Blütenstiele aufrecht nach oben, z. B. bei der Steppenkerze *(Eremurus)*, bei anderen hängen sie bogenartig über, wie beim Salomonssiegel *(Polygonatum)*. Dann gibt es die gedrungenen, oft breitwüchsigen Horste – ein Beispiel ist der Frauenmantel *(Alchemilla)*. Polsterstauden wie Blaukissen *(Aubrieta)* wachsen flach halbkugelig bis kissenartig. Einen ganz anderen

Auch für den Schatten gibt es robuste Stauden: Hier der dauerblühende Storchschnabel 'Rozanne' und Straußenfarn.

Wuchstyp zeigen Stauden mit grundständigen Rosetten, z. B. Primeln und Nelkenwurz *(Geum)*. Hoch aufragende, teils meterbreite Stauden wie der Fallschirm-Sonnenhut (*Rudbeckia nitida* 'Herbstsonne') machen auch als Solitäre eine gute Figur. Sie werden noch mehr zum Blickfang, wenn niedrigere Pflanzpartner ihre Wirkung unterstreichen; beim leuchtend gelben Sonnenhut z. B. tiefrote Indianernesseln *(Monarda)* oder blaue Glockenblumen *(Campanula)*. Niedrige, ausläuferbildende Bodendecker bilden ansehnliche, pflegeleichte Teppiche und werden oft auch zum Begrünen größerer Flächen verwendet; so etwa Katzenpfötchen *(Antennaria dioica)* für sonnige, trockene Standorte und Goldnessel *(Lamiastrum galeobdolon)* für schattigere Bereiche.

DIE LEBENSBEREICHE

Die große Vielfalt der Wuchstypen hängt nicht zuletzt damit zusammen, dass die Wildformen der Stauden sehr verschiedenen Naturstandorten entstammen. Entsprechend haben auch die Gartenstauden oft deutlich unterschiedliche Standortansprüche und werden nach Lebensbereichen unterteilt. Für Fachleute gibt es sehr feine Einteilungen mit bis zu 14 Bereichen. Doch im Allgemeinen genügt eine übersichtlichere Gliederung in sieben Lebensbereiche (mit den jeweiligen Kürzeln):

- Beet (B)
- Freiflächen (Fr)
- Steinanlagen (St)
- Gehölzrand (GR)
- Gehölz (G)
- Wasserrand (WR)
- Wasser (W)

Zu den Abkürzungen kommen:

- Ziffern für die Bodenfeuchte: 1 = trocken, 2 = frisch, 3 = feucht, 4 = nass (sumpfig); plus speziellere Angaben für die Wasserpflanzen
- Abkürzungen für den Lichtbedarf: so = sonnig, abs = absonnig, hs = halbschattig, sch = schattig; oder entsprechende Kreissymbole (→ Seite 64, »Angaben der Lichtansprüche«).

So wird z. B. der Quendel *(Thymus pulegioides)* gekennzeichnet mit »GR1/Fr so«. Er passt also hervorragend an sonnige, trockene Ränder von Baum- und Strauchgruppen, ebenso auf entsprechende Freiflächen (Fr) ohne Gehölze. Die Übergänge sind oft fließend. Die Lebensbereiche sind Anhaltspunkte, was zueinanderpasst, und sind heutzutage eine große Hilfe bei der Auswahl für den Standort geeigneter Pflanzen.

Lebensbereich Beet

Die meisten Lebensbereiche haben naturnahe Vorbilder – mit Ausnahme des Beets. Heute werden öfter ungezwungen wirkende Pflanzungen bevorzugt. Staudenbeete sind fest umrissene Pflanzflächen – teils rechteckig wie Gemüsebeete, oft aber auch mit geschwungenen Rändern oder unregelmäßig geformt. Eine verbreitete Variante ist die Rabatte: eine schmale, oft lang gezogene Pflanzfläche, z. B. entlang von Wegen, Mauern oder Terrassen. »Klassiker« für Beete und Rabatten sind sogenannte Prachtstauden wie Rittersporn *(Delphinium)*, Flammenblume *(Phlox paniculata)*, Sonnenhut *(Rudbeckia)* und Pfingstrose *(Paeonia)*. Sie brauchen einen nährstoffreichen, humosen Boden und eine gleichmäßige Wasserversorgung. Mit Ausnahme der Pfingstrosen gehören viele Prachtstauden aufgrund des hohen Wasserbedarfs jedoch zu den Verlierern des Klimawandels.

Freifläche

Volle Sonne, kein oder kaum Schatten, der Boden mehr oder weniger feucht oder sogar knochentrocken – hier fühlen sich die Heerscharen der Prärie- und Steppenstauden, viele Gräser und die ganze Palette prächtiger Kiesgartenstauden wohl. Typische Vertreter sind Steppenkerze, mediterrane Kräuter, Palmlilien *(Yucca)*, Schafgarbe *(Achillea)*, Bart-Iris und Brandkraut *(Phlomis)* sowie Duftnesseln *(Agastache)* für trockenere Standorte. Hier finden sich viele Stauden, die mit den neuen Bedingungen hervorragend zurechtkommen. Wenn der Boden etwas feuchter ist, fühlen sich Astern, Sonnenhüte *(Rudbeckia)*, Purpursonnenhüte *(Echinacea)* und die Sonnenbraut *(Helenium)* wohl. Ebenso geeignet sind Fackellilien *(Kniphofia)*, Blut-Weiderich *(Lythrum)* und Prachtscharte *(Liatris)*.

Gehölz und Gehölzrand

Laub- und Mischwald sind das Vorbild für diesen Lebensbereich. Stellen im Garten, an denen Laub im Herbst liegen bleiben darf, bieten die unterschiedlichsten Lichtverhältnisse: von licht- über halbschattig bis vollschattig. Die Bodenfeuchtigkeit variiert von trocken (unter Bäumen) bis dauerfeucht in Senken oder in der Nähe von (natürlichen) Gewässern.
Im Garten sind typische Zonen mit diesen Eigenschaften die Nordseite des Hauses oder von Gebäuden und unter Gehölzen. Unter Nadelbäumen ist es ganzjährig trockener, unter Laubgehölzen, die die Blätter im Herbst abwerfen, ist es im Winter und im Frühjahr feuchter. Hier fühlen sich Farne, Blattschmuckstauden und verschiedene Bodendecker wohl. Dort, wo es heller, wärmer, aber auch meist etwas trockener ist, wachsen verschiedene Frühlingsblüher, Storchschnäbel, Glockenblumen und Astern.

Weitere Lebensbereiche

Während die oben genannten Lebensbereiche typisch für jeden Garten sind, gibt es noch weitere, die ihr Äquivalent im Garten haben. Steinanlagen und Alpinum und Wasser bzw. Wasserrand sind etwas für die Spezialisten unter den Pflanzen und spielen in Zeiten des Klimawandels bis auf die Teichpflanzen eher eine untergeordnete Rolle.

GEDEIHLICHE GESTALTUNG

Verlieren Sie bei allen gestalterischen Aspekten die Bedürfnisse der Pflanzen nie ganz aus den Augen. Was zueinandergesellt wird, sollte ähnliche Ansprüche an Boden, Feuchtigkeit, Licht usw. haben oder z.B. auch mit der Beschattung durch höhere Nachbarn zurechtkommen. Bei stark- und breitwüchsigen Arten muss man beachten, dass sie zierlichere Nachbarn bedrängen und überwuchern können. Gerade Stauden entwickeln sich mit den Jahren oft viel üppiger, als anfangs vorherzusehen. Häufig sind dann Auslichten, Teilung der Horste und Umpflanzen unvermeidlich.

Blütenpracht mit gutem »Timing«

Viele Gärten prunken im März und April mit der Blütenpracht der frühjahrsblühenden Zwiebel- und Knollenblumen und ersten Stauden wie Gämswurz und Tränendes Herz. Dann wird es manchmal schon ein wenig »mau«, bis im Hoch- und Spätsommer blühende Stauden, etwa Astern und Chrysanthemen sowie Dahlien und Co. die Regie übernehmen. Doch eventuelle Blütenlücken im Spätfrühling oder Frühsommer lassen sich mit dem vorhandenen Pflanzenangebot recht einfach vermeiden. Den Reigen ergänzen Winter- und Vorfrühlingsblüher wie Christrose, Schneeheide und Vorfrühlings-Alpenveilchen *(Cyclamen coum)*; außerdem Stauden mit zierenden Samen- und Fruchtständen, die über Winter stehen bleiben. Beispiele sind Sonnenhüte *(Rudbeckia)*, Purpursonnenhüte *(Echinacea)*, Brandkräuter *(Phlomoides)* und Gräser wie Reitgras oder Chinaschilf.
Der Klimawandel macht das alles noch schwerer vorhersehbar : Besonders bei den Frühjahrsblühern setzt der Flor manchmal schon deutlich zeitiger ein als bisher gewohnt – und endet dann meist auch entsprechend früher.

Vielfältige Wildstauden

Die große Auswahl an Wildstauden und »halbwilden« Arten lässt kaum Wünsche offen. An sonnigen Plätzen lassen sich Stauden wie Wiesenschafgarbe, Färberkamille, Bergaster und Natternkopf wunderbar in naturnahen Pflanzungen verwenden. Adonisröschen und Sandnelke passen auch gut in Steingärten. Aber nicht alle heimischen Pflanzen vertragen so viel Hitze und Trockenheit: Sie haben sich über lange Zeit an die hiesigen gemäßigten Verhältnisse angepasst – doch diese werden durch den Klimawandel zunehmend verändert.
Wichtig zu wissen: Mittlerweile kommen Steppenpflanzen aus Süd- und Osteuropa sowie Asien an trockenen, sonnigen Plätzen oft besser zurecht; so etwa Katzenminze *(Nepeta)*, Goldhaaraster *(Aster linosyris)* und Steppenkerze *(Eremurus)*. Ähnlich verhält es sich mit Stauden aus den nordamerikanischen Prärien, die sogar viele Wetterextreme verkraften. Bekannte Beispiele sind Purpursonnenhut *(Echinacea purpurea)*, Sonnenbraut *(Helenium)* und Indianernessel *(Monarda)*. Mehr Aufmerksamkeit verdienen aber auch z. B. Präriesalbei (*Salvia azurea* 'Grandiflora') und Kandelaber-Ehrenpreis *(Veronicastrum virginicum)*. Denn Präriestauden und -gräser sind besser an das Wechselspiel aus Hitze, Trockenheit, Kälte und Nässe angepasst als die Steppenpflanzen aus dem Osten.
Zunehmend geschätzt werden Stauden vom Balkan und aus dem Kaukasus: Sie sind unseren Bienen, Hummeln und anderen Insekten besser vertraut als Arten von anderen Kontinenten. Teils tragen sie ihre Herkunft schon im Namen, so der Balkan-Storchschnabel *(Geranium ma-*

crorrhizum), der Balkan-Bärenklau *(Acanthus hungaricus)* und das Kaukasus-Vergissmeinnicht *(Brunnera macrophylla)*.

Etwas Vorsicht ist bei mediterranen Stauden und Halbsträuchern geboten. Viele Arten sind zwar bemerkenswert frosthart, kommen aber mit Nässe im Winter nicht zurecht.

Krokusse und Schneeglöckchen bieten erste Nahrung für Hummeln und Wildbienen im Gartenjahr.

Trocken-nasses Wechselspiel

Die meisten Stauden pflanzt man heute am besten im Herbst, weil dann eher mit Regen zu rechnen ist als im Frühling. Aber auch da hat der verflixte Klimawandel seine Tücken: Während die Pflanzen von Frühjahr bis Frühherbst durch Trockenheit geplagt sind, müssen sie im Spätherbst und Winter oft mit anhaltenden, kräftigen Niederschlägen zurechtkommen. Dann leiden auch bereits gut eingewachsene Stauden und Kräuter unter der Winternässe, z. B. Wolfsmilch, Woll-Ziest, Chrysanthemen, Rosmarin, Salbei und die meisten Steingartenpflanzen wie Blaukissen und Mauerpfeffer.

Ideal wären gut bepflanzbare Plätze, die zwar genug Sonne abbekommen, aber im Regenschatten liegen. Doch solche Standorte sind rar. Wo die Niederschläge ungehindert hinfallen, brauchen nässeempfindliche Pflanzen eine gute Dränage aus grobem Sand und Kies im Pflanzloch. Auch eine Mulchschicht aus Kiesel oder Splitt rund um die Pflanzen schützt vor Vernässung. Für größere Stauden und für Sträucher ist das Pflanzen auf einer hügelartigen Aufschüttung vorteilhaft: So kann das Wasser an den Seiten ablaufen. Sollen Pflanzen bei winterlichem Dauerregen vorübergehend abgedeckt werden, empfehlen sich dicht gewebte, aber immer noch luftdurchlässige Vliese. Werden stattdessen längere Zeit Folien aufgelegt, können die Pflanzen darunter ersticken.

Kugeldistel *(Echinops)* und Purpursonnenhut *(Echinacea)* sind wahre Insektenmagneten.

Wo der Boden etwas feuchter ist, fühlen sich Monarden und Brauner Fingerhut *(Digitalis parviflora)* wohl.

STAUDEN PFLEGEN

Die wichtigsten Maßnahmen bei der Pflege von Stauden sind Gießen bei Trockenheit, Mulchen und Düngen zur Bodenpflege und das Entfernen abgestorbener Pflanzenteile. Durch Rückschnitt und Teilen kann die Blütezeit verlängert bzw. die Wüchsigkeit der Pflanzen verbessert werden.

Bevor Sie zu Hacke, Spaten, Dünger und Schere greifen, sollten Sie die Pflanzen beobachten und ihren Wachstumsrhythmus kennenlernen. Sie werden schnell ein Auge für die einzelnen Arten entwickeln und sofort sehen, ob eine Runde Gießen angesagt ist oder sich vielleicht die eine oder andere Staude zu stark ausbreitet und andere bedrängt. Dann ist die ordnende Hand der Gärtnerin oder des Gärtners gefragt. Gerade bei sommerlichen Hitze- und Trockenperioden ist es wichtig, die Pflanzen im Blick zu behalten.

Eine Abdeckung mit Miscanthusmulch schützt den Boden vor dem Austrocknen.

Nach der Pflanzung

Am meisten Aufmerksamkeit verlangt eine Staudenpflanzung in den ersten beiden Jahren nach der Anlage, bis alle Pflanzen angewachsen und etabliert sind. Dann haben sich die Lücken geschlossen und sie sind stattlich genug, um störende Unkräuter selbst zu unterdrücken. Nach drei Jahren reichen die Wurzeln bei den meisten so tief in den Boden, dass im Sommer weniger oder gar nicht gewässert werden muss.

Wichtig ist, die Pflanzen nach dem Einsetzen gründlich anzugießen und sie anschließend 8–10 cm hoch zu mulchen (→ Tipp).

Gießen und Düngen

Eine zusätzliche Bewässerung ist nur in den ersten beiden Standjahren nach der Anlage nötig sowie im Hochsommer bei länger anhaltenden Hitze- und Trockenperioden. Wenn Sie gießen, dann lieber einmal und kräftig. Der Boden sollte mindestens bis in eine Tiefe von 20–30 cm durchfeuchtet sein. Eine häufigere, aber nur oberflächliche Beregnung regt die Pflanzen zur Bildung vieler Feinwurzeln in der oberen Bodenschicht an. Wenn der Regen oder die Bewässerung dann einmal ausbleibt, vertrocknen solche Pflanzen viel schneller.

Der beste Zeitpunkt zum Gießen ist morgens oder am frühen Vormittag. Dann kann das Wasser auf Blättern und Blüten verdunsten und auch die Bodenoberfläche kann abtrocknen. Wenn Sie die Pflanzung dagegen erst abends wässern, haben Schnecken ein leichtes Spiel.

Beim Düngen scheiden sich die Geister. Stauden brauchen nicht so viele Nährstoffe, wie oft empfohlen wird. Zu viel Dünger, und hier vor allem zu viel Stickstoff, führt zu einem starken Triebwachstum und macht die Pflanzen anfällig für Krankheiten wie Mehltau und für Schädlinge wie Blattläuse. Nur Rittersporn, Zier-Salbei, Phlox und andere Prachtstauden erhalten im Sommer nach der ersten Blüte noch eine Gabe reifen Kompost, damit sie genug Kraft für den zweiten Blütenflor im Spätsommer haben. Mehr ist nicht nötig. Um eine Überdüngung zu verhindern, sind regelmäßige Bodenuntersuchungen empfehlenswert.

Stäben, Stützen, Ausputzen, Schnitt

Richtig mit Nährstoffen versorgte Stauden (also nicht oder wenig gedüngte Pflanzen) neigen viel weniger zum Umkippen und müssen selten zurückgeschnitten werden. Wird dies doch nötig, sind zwischen die Pflanzen gesteckte trockene Haselnuss-, Weiden- oder Hartriegelruten eine gute Alternative zu teuren Staudenringen aus Metall oder Plastik, zumal sich diese auch einfach beim Rückschnitt im Spätwinter mit kompostieren lassen.

Entfernen Sie regelmäßig welke Blüten, wenn Sie keine Samenansätze möchten. Das regt die Bildung immer neuer Blütenknospen an und verlängert die Blütezeit. Schneiden Sie dabei die Stängel unterhalb der Blüten bis auf die ersten Blätter bzw. Verzweigungen zurück. Arten wie Hoher Phlox, Zier-Salbei, Rittersporn u. a. blühen im Spätsommer ein zweites Mal, wenn Sie die ersten Blüten im Frühsommer sofort nach dem Abblühen zurückschneiden. Durch diese Technik können Sie die Blütezeit auch steuern, beispielsweise indem Sie die Triebe einer Staude nur teilweise zurückschneiden und einen Teil stehen lassen. Ganz clever: Der Chelsea-Chop: Dabei werden Mitte Mai hoch wachsende Arten wie Astern oder Salbei um ein Drittel einge-

OHNE MULCHEN GEHT ES NICHT

- In der Natur wird offener Boden mehr oder weniger schnell von Pflanzen besiedelt. Auch der Boden von Pflanzungen sollte möglichst schnell bedeckt werden – mit Pflanzen oder einer organischen (Kompost, Rinden- oder Miscanthus-Häcksel, Laubhumus) oder mineralischen Mulchschicht (Kies, Sand).
- Mulch mindert das Austrocknen des Bodens, fördert das Bodenleben und verhindert, dass sich die Erde bei Sonneneinstrahlung zu stark erhitzt.
- Bei eingewachsenen (mehr als 3 Jahre alten) Pflanzungen mit Präriestauden reicht es, die Pflanzen im Spätwinter vor dem Austrieb der Frühlingsblüher zurückzuschneiden und das trockene Schnittgut mit einem Mulchmäher (→ Seite 227) auf der Fläche klein zu schreddern. So schließt sich der Nährstoffkreislauf, eine Düngung ist nicht nötig.
- Steppen- und Kiesgartenpflanzungen werden mit mineralischem Mulch (Kies mit einer Körnung 2/8) gemulcht.
- Normale Staudenbeete bedeckt man 8–10 cm hoch mit organischem Mulch – Miscanthus-Häcksel ist ideal.

Raureif auf Mexikanischem Federgras und Hoher Fetthenne.

kürzt, noch bevor sich die ersten Blütenknospen gebildet haben. Die Pflanzen blühen dann zwar etwas später, verzweigen sich jedoch und bleiben kompakter.

Teilen zur Verjüngung

Prachtstauden wie Rittersporn, Margeriten oder Bart-Iris verlieren im Laufe der Jahre an Wüchsigkeit und Blühwilligkeit. Dann ist es Zeit, sie im Herbst auszugraben, zu teilen, alte Pflanzenteile zu entfernen und wieder neu einzupflanzen. Das gilt nicht für Pfingstrosen, die möglichst nicht verpflanzt werden sollen.

Winterschutz und Rückschnitt

Im Herbst sollten Sie trockene Samenstände und Stängel stehen lassen, denn sie werden von vielen Insekten als Winterquartier genutzt. Der Rückschnitt wenige Zentimeter über dem Boden erfolgt erst im Spätwinter oder zeitigen Frühjahr im Februar – kurz bevor die ersten neuen Triebe und die Frühlingsblüher erscheinen. Eine Abdeckung mit Reisig oder Laub schützt nässe- und kälteempfindliche Stauden.

STAUDEN FÜR ALLE FÄLLE

Das Staudensortiment umfasst über 3000 verschiedene Arten und Sorten, sodass es auch für schwierige Standorte eine große Auswahl robuster und ökologisch wertvoller Stauden und Gräser gibt.

- **Trockener Schatten:** Geißbart *(Aruncus)*, Wurm- und Schildfarn *(Dryopteris filix-mas, Polystichum aculeatum)*, Elfenblumen *(Epimedium)*, Palmblatt-Schneerose *(Helleborus foetidus)*, Purpurglöckchen *(Heuchera)*, Ungarwurz *(Waldsteinia geoides)*, Wald-Erdbeeren *(Fragaria vesca)*, Fingerhut *(Digitalis)*, Astern *(Aster sedifolius, A. pyrenaeus)*, Storchschnäbel *(Geranium sanguineum, G. × cantabrigiense)* und Gräser wie die Schnee-Marbel *(Luzula nivea)*, das Herbst-Kopfgras *(Sesleria)* und verschiedene Seggen *(Carex)*.
- **Schneckenfeste Stauden:** Schafgarbe *(Achillea)*, Zier-Lauch *(Allium)*, Anemonen, Akelei *(Aquilegia)*, Ochsenauge *(Buphtalmum)*, Maiglöckchen *(Convallaria majalis)*, Karthäuser-Nelke *(Dianthus carthusianourm)*, Kugeldistel *(Echinops)*, Edeldisteln *(Eryngium)*, Storchschnäbel *(Geranium)*, Blut-Weiderich *(Lythrum)*, Katzenminze *(Nepeta)*, Pfingstrosen *(Paeonia)*, Ziest *(Stachys)*, Königskerzen *(Verbascum)*, Eisenkraut *(Verbena)* sowie alle Farne und Gräser.
- **Bodendecker unter Gehölzen:** Kaukasus-Beinwell *(Symphytum grandiflorum)*, Elfenblumen *(Epimedium)*, Goldnesseln *(Lamium galeobdolon)*, Kaukasusvergissmeinnicht *(Brunnera macrophylla)*, Günsel *(Ajuga reptans)*, Gämswurz *(Doronicium)*, Storchschnäbel *(Geranium)*, Gundermann *(Glechoma hederacea)*, Pfennigkraut *(Lysimachia nummularia)*, Glockenblumen *(Campanula)*.

SPECIAL

Wasser im Garten

LEBENSBEREICH WASSERRAND UND WASSER

An sumpfigen Stellen sowie in und um Gartenteiche und Bachläufe wachsen viele Stauden, die sich je nach Feuchtigkeitsbedarf in mehrere Gruppen einteilen lassen.

Echte Sumpfpflanzen wie Sumpf-Vergissmeinnicht *(Myosotis palustris)*, Sumpf-Iris *(Iris pseudacorus)* und Gauklerblumen *(Mimulus)* leben in der feuchten bis nassen Übergangszone vom Wasser zum sumpfigen Uferrand. Sie vertragen auch Staunässe problemlos.

Dauerfeucht muss auch der Standort für Sumpf-Dotterblume *(Caltha palustris)* und Mädesüß *(Filipendula)* sein, die am Teichrand gedeihen.

Im feuchten Übergang vom Teichrand zum normalen Gartenboden wachsen sonnenliebende Blattschmuckstauden wie Tafel- und Schildblatt *(Darmera)*, Goldkolben *(Ligularia)*, aber auch Bergenien und Taglilien. Hier finden sich viele Stauden für sonnige, feuchte Beete.

Die Flachwasserzone wird von Froschlöffel *(Alisma plantago-aquatica)*, Hechtkraut *(Pontederia)*, Tannenwedel *(Hippuris vulgaris)* und Blumenbinse *(Butomus umbellatus)* besiedelt.

Im tiefen Wasser wachsen See- und Teichrosen, (*Nymphaea* und *Nuphar*). Außerdem gedeihen hier frei schwimmende Wasserpflanzen wie Tausendblatt *(Myriophyllum)* und Krebsschere *(Stratiotes aloides)*.

Trockener Teichrand im Garten

Die meisten Gartenteiche werden als Folienteiche oder Fertigteiche aus Kunststoff gebaut. Einen fließenden Übergang von Wasser über Sumpf- bis Feuchtezonen gibt es deshalb hier nicht. Das ermöglicht spannende Gestaltungen und Pflanzkombinationen, denn man kann direkt bist ans Wasser trockene Beete mit hitzeverträglichen Stauden und Sträuchern wie Königskerzen *(Verbascum)*, Salbei- und Lavendelarten, Missouri-Sonnenhut *(Rudbeckia missouriensis)* oder Schafgarben *(Achillea)* anlegen. Eine solche Dichte unterschiedlicher Lebensbereiche und Biotope fördert die Artenvielfalt im Garten enorm.

Am dicht bewachsenen Teichufer fühlen sich Wasserinsekten und Amphibien wohl.

RASEN, WIESE, BODENDECKER

Grüne Rasenflächen unterstreichen die Wirkung von Blumen, Stauden und Gehölzen, beruhigen das Auge und lassen sich prima zum Relaxen, Beisammensitzen und Spielen nutzen.

Mindestens die Hälfte der Fläche ist in vielen Gärten mit Rasen bedeckt. Doch der beliebte »grüne Teppich« präsentiert sich heute oft als unansehnliche, gelb- bis graubraune Fußmatte. Teilweise hilft noch nicht einmal tägliches Gießen. Reparatursaatgut zum Nachsäen und sogenannte Rasenaktivatoren haben deshalb Hochkonjunktur, ebenso automatische Bewässerungssysteme. Aber das alles kostet eben zusätzlich Geld, Zeit und meist auch viel Wasser, um das gewohnte Rasengrün wenigstens einigermaßen zu erhalten.

Dazu kommt, dass in den letzten Sommern mancherorts schon die Rasenberegnung mit Leitungswasser verboten wurde. Dann nützen keine noch so ausgefeilten Vorkehrungen – sofern man nicht gerade über reichlich gesammeltes Regenwasser in einem Wassertank oder einer Zisterne verfügt (→ Seiten 102, 104).

Manche Expertinnen und Experten propagieren schon den »Abschied vom Rasen« – und das nicht nur wegen des Wassermangels. Teils wird der Rasen auch als ökologisch unnütz eingestuft. Dies beruht aber oft auf stark vereinfachten Betrachtungen. Richtig ist allerdings: Das alte Wunschbild vom stets satten, dichten Grün passt nicht mehr so recht in die Zeit, die durch den Klimawandel geprägt wird. Hier ist, wie in allen Gartenbereichen, mehr Flexibilität gefragt.

VOR- UND NACHTEILE VON RASEN

Städtische Grünflächen gelten zu Recht als »grüne Lungen«. Das trifft auch für den Rasen im Garten zu: Solange die Gräser wachsen, decken 250 m² Rasenfläche den täglichen Sauerstoffbedarf einer vierköpfigen Familie. Zugleich binden die Gräser Kohlendioxid und filtern Feinstaub aus der Luft. Natürlich setzt das absterbende Mähgut dann wieder Kohlendioxid frei. Aber dabei entsteht auch Humus: einer der wichtigsten Kohlenstoffspeicher und Kohlendioxid-Senker. Wird der Rasenschnitt als Mulch genutzt, reduziert er die Verdunstung in Beeten und unter Gehölzen. Auf einen besonders pflegeintensiven Zierrasen bzw. »englischen Rasen«

sollte man allerdings verzichten, wenn nicht ständig der Regner laufen soll.

Manche bemängeln, dass Rasen der nützlichen Tierwelt nichts zu bieten habe. Dabei vergessen sie die Regenwürmer. Diese können bei langer Trockenheit in unterirdischen Gängen überdauern. Nach einem Regen kriechen sie nach oben, lockern mit ihren feinen Tunneln den Boden und wandeln Pflanzenreste in wertvolle Ton-Humus-Komplexe um (→ Seite 74, »Günstiges Krümelgefüge«). Diese Tätigkeit beschränkt sich nicht nur auf die Rasenfläche, sondern kommt auch benachbarten Gartenbereichen zugute. Wenn die Wurmhäufchen stören, kann man sie nach dem Abtrocknen mit einem Fächerbesen abrechen und zum Kompost geben. Zudem freuen sich Amseln, Drosseln, Rotkehlchen & Co. über die Leckerbissen auf dem frisch gemähten grünen Präsentierteller.

Handfestere Kritikpunkte am Rasen sind der hohe Wasser- und Energieverbrauch, vor allem durch das Rasenmähen. Bei Benzinmähern kommt eine starke Abgasbelastung dazu.

Klimatauglicher Rasen?

Grundsätzlich empfiehlt es sich, auf ganztägig prallsonnigen Flächen keinen normalen Rasen einzusäen. Besser eignen sich hier spezielle Saatgutmischungen für Trocken-, Landschaftsrasen oder begehbaren Kräuterrasen. Die brauchen deutlich weniger Pflege und Wasser. Und solche etwas »wilderen« Grünflächen lassen sich im Sommer viel besser nutzen als ein struppiger, lückenhafter Möchtegern-Rasen.

Ist die Fläche dagegen sonnig, aber im Hochsommer um die Mittagszeit (zwischen 11 Uhr und 15 Uhr) wenigstens leicht beschattet, kann auch der übliche Gebrauchs-, Spiel- oder Strapazierrasen gedeihen.

Bei einer Neueinsaat sind eine sorgfältige Bodenvorbereitung und Durchführung sehr wichtig. Können die Gräser gut einwurzeln und anwachsen, machen ihnen Wetterextreme weniger zu schaffen. Außerdem ist es sehr ratsam, nicht am Saatgut zu sparen: Sogenannte Regelsaatgutmischungen (RSM) sind viel zuverlässiger als irgendwelche Billigmischungen. Später hilft dann eine an das Wachstum und die Witterung angepasste Pflege, den Rasen weitgehend grün zu erhalten – ohne die Wasserrechnung übermäßig zu belasten.

Ein mit Gänseblümchen durchwachsener Rasen bietet mehr ökologischen Nutzen als ein Monokulturrasen.

Für ein stets sattes Grün müssen die Regner bei anhaltender Sommerhitze oft auf Hochtouren laufen.

Trittfeste Gräser-Versammlungen

Beim Laufen über das Grün denkt kaum jemand daran, dass er auf unzähligen Pflänzchen »herumtrampelt«. Diese gehören zur Familie der Süßgräser (Poaceae) – ebenso wie beispielsweise Pampasgras, Chinaschilf und Bärenfellschwingel. Aber die Rasengräser brauchen wesentlich weniger Platz: Auf einem Quadratmeter Rasen können bis zu 40 000 Halme beisammenstehen. Und Rasengräser wachsen nach jedem Rückschnitt rasch wieder hoch und vertragen häufiges Begehen.

Rasensaaten sind stets Mischungen aus mehreren Arten, die sich in ihren Eigenschaften ergänzen. Diese gibt es jeweils in verschiedenen Sorten (Züchtungen), die immer wieder verbessert und ergänzt werden. Regelsaatgutmischungen (RSM) sind je nach Verwendungszweck zusammengestellt, mit genau festgelegten Anteilen der verwendeten Gräserarten. Außerdem werden hohe Anforderungen an die Reinheit und Keimfähigkeit des Saatguts gestellt. Man unterscheidet Saatgutmischungen für 14 Rasentypen für unterschiedliche Verwendungszwecke: Beispiele sind Zierrasen (RSM 1.1), Gebrauchsrasen (RSM 2.2 bis 2.4), Parkplatzrasen (RSM 5.1) und Mischungen zur Begrünung von Biotopflächen (RSM 8.1). Der Rasentyp RSM 2.3 steht für einen robusten Gebrauchs- und Spielrasen und ist der Standard für den Garten. Er besteht aus drei Gräsern, wie in der Übersicht rechts vorgestellt. Leiden dieses Gräser zeitweilig unter Trocken- und Hitzestress, erholen sie sich recht bald, wenn es wieder regnet. Bleibt es jedoch über Wochen brütend heiß und trocken, kommen auch solche Mischungen an ihre Grenzen.

Schattenrasen

Mischungen, die unter diesem Namen verkauft werden, sind keine Regelsaatgutmischungen, sondern enthalten meist weniger Rotschwingel und stattdessen rund 5 % der schattenverträglichen Lägerrispe *(Poa supina)*. Diese ist gut belastbar und trittfest, benötigt aber viel Feuchtigkeit. Solche Gräsermischungen gedeihen sehr gut im Halbschatten und bei leichter Beschattung. Für stärker beschattete Plätze wählt man besser geeignete Bodendecker. Dasselbe gilt für

Standorte unter Nadelbäumen und flach wurzelnden Gehölzen.

Rollrasen

Erdbahnen mit dichter Grasdecke einfach ausrollen, anwalzen und gut feucht halten – fertig ist der grüne Teppich. So ein Roll- oder Fertigrasen ist schon nach 3–5 Wochen voll nutzbar und lässt sich vom zeitigen Frühjahr bis weit in den Herbst hinein anlegen. Damit eignet er sich auch gut für Rasenreparaturen. Fertigrasen wird in Rasenschulen angezogen, »geerntet«, zu Rollenware aufbereitet und von dort auch geliefert. Viele bieten ergänzend dichte, wasserdurchlässige Netze oder Gitter zum Unterlegen an: Diese können Schäden durch Maulwürfe, Wühlmäuse und teils auch Engerlinge vorbeugen. Zudem haben Wildkräuter kaum eine Chance, wenn man die Rasenbahnen dicht an dicht verlegt.

Das klingt erst einmal alles super. Allerdings hat der Rollrasen gleich eine ganze Reihe von Nachteilen: Da ist zum einen der Preis. Rollrasen ist ungefähr 10-mal so teuer wie gesäter Rasen. Beim Auslegen verzeiht ein Rollrasen keine Fehler: Verbleiben Fugen und Lücken zwischen den Rasenbahnen, trocknet der Boden darunter recht schnell aus. Das lässt sich nur mit großem Aufwand bis hin zum Neuverlegen reparieren. Und: Rollrasen wird am besten gleich nach der Anlieferung verlegt, spätestens aber am folgenden Tag. Gleich danach sollte der Regner 2–3 Stunden lang laufen. Ideal ist deshalb eine Lieferung am Morgen. Das alles erfordert im Vorfeld eine genaue Arbeitsplanung und eine

GRÄSER IM GEBRAUCHSRASEN

Gräserart	Wuchs	Eigenschaften
Deutsches Weidelgras *(Lolium perenne)*	in Horsten, schnellwüchsig, bildet eine dichte Grasnarbe	sehr trittfest, gut frosthart, recht trockenheitsverträglich, gering krankheitsanfällig; verlangt gute Nährstoffversorgung
Wiesenrispe *(Poa pratensis)*	entwickelt sich langsamer als Weidelgras, sorgt mit unterirdischen Ausläufern für dichtes, feinblättriges Grün	sehr gut belastbar, trockenheits- und hitzeverträglich, aber sehr nässeempfindlich; verlangt gute Nährstoffversorgung
Rotschwingel *(Festuca rubra)* in 3 Unterarten: Horst-, Kurzausläufer-, Ausläufer-Rotschwingel	entwickelt sich langsamer als Weidelgras, bildet dichtes, feinblättriges Grün durch gute Kombination von Horsten und Ausläufern	mäßig trittfest und belastbar, sehr trockenheits- und hitzeverträglich; braucht wenig Wasser und Nährstoffe; neigt zur Bildung von Rasenfilz

gute Abstimmung mit dem Lieferanten. Nach dem Verlegen ist der Wasserbedarf in der ersten Zeit deutlich höher als bei einer Rasenaussaat. Zu Bedenken ist auch der ökologische Fußabdruck einer Rollrasenfläche. Der Anbau in den Rasenschulen geschieht auf großen Feldern, mit schweren landwirtschaftlichen Maschinen. Teils wird der Rasen bis zu fünfmal pro Woche gemäht, gedüngt, mit Pflanzenschutzmitteln behandelt und Schnittgut maschinell abgesaugt. Das führt zu einem gewaltigen Energie- und Benzinverbrauch, der durch den Transport der fertigen Rollen noch vergrößert wird. Deshalb ist die Ökobilanz von Rollrasen letzten Endes ziemlich schlecht.

ROBUSTER RASEN DURCH RICHTIGES MÄHEN

Viele Gärtnerinnen und Gärtner streben heute kaum stets sattgrüne, immer bestens begehbare Flächen an. Da dürfen ruhig ein paar Gänseblümchen wachsen und der Klatschmohn wird gern verschont, wenn er im Frühsommer mit leuchtend roten Blüten Akzente setzt. Wichtigstes Ziel der Pflege ist, dem Rasen über trockene,

RASENANSAAT IN ZEITEN DES KLIMAWANDELS

- Eine sorgfältig durchgeführte Einsaat fördert einen gesunden, schnellen Aufwuchs mit gut entwickelten Wurzeln. So kommt der neue Rasen mit Trockenheit, Hitze oder auch zeitweiliger Nässe am besten zurecht.
- Eine gründliche Bodenvorbereitung ist besonders wichtig (→ Seite 83).
- Als Saattermin ist die Zeit zwischen September und Anfang Oktober ideal. Bei Aussaat im April oder im Mai ist das Risiko, dass der junge Rasen unter Hitze und Trockenheit leidet, zu groß.
- Bei trockenem Wetter täglich beregnen, am besten viermal für jeweils rund 10 Minuten. Nach 1–3 Wochen sprießt dann das erste Grün. Dann nur noch alle 1–2 Tage beregnen – nun aber mit höheren Wassermengen von 10–20 Litern pro Quadratmeter. Besonders in den ersten 4 Wochen nach der Aussaat ist gleichbleibende Feuchtigkeit wichtig. Doch auch danach sollte man keine längere Trockenheit riskieren, bis der Rasen ganz geschlossen ist.
- Sobald die Gräser 8–10 cm hoch sind, wird zum ersten Mal gemäht, und zwar auf 5–6 cm Schnitthöhe. Danach recht man den Grasschnitt vorsichtig ab. Anfangs wird je nach Wuchsstärke alle 1–2 Wochen gemäht, dann nach und nach etwas tiefer auf 4–5 cm.
- Den Rasen 2–3 Monate nach der Einsaat möglichst wenig betreten; erst danach ist er voll belastbar.
- Bei Hitzeperioden ist es besser, den Rasen höher stehen zu lassen. 8–10 cm Höhe sind ideal.

heiße Zeiten hinwegzuhelfen. Dazu trägt auch regelmäßiges Mähen bei. Der Schnitt regt die Seitentriebbildung (Bestockung) der Gräser an und fördert beständigen Neuaufwuchs. So kann sich ein dichtes, strapazierfähiges Grün entwickeln, das auch die Verdunstung des Bodenwassers vermindert. Vermeiden sollte man – auch im Interesse der eigenen Gesundheit – das Mähen in der Mittagshitze; ebenso bei Nässe nach einem kräftigen Regen. Optimal ist der zeitige Vormittag, nachdem der Morgentau abgetrocknet ist, alternativ der frühe Abend.

Benzinmäher lohnen sich nur für große, schwer zugängliche Rasenflächen.

Tipps zum richtigen Mähen

Allgemein empfiehlt sich die »Drittel-Regel«: Die Gräser sollten höchstens um ein Drittel ihrer Höhe gekürzt werden. Strebt man z. B. eine Höhe von 4 cm an, wird es Zeit zum Mähen, sobald die Gräser rund 6 cm hoch gewachsen sind. Je kürzer der Rasen gehalten wird, desto schneller trocknet er aus. Entsprechend muss oft und in großen Mengen bewässert werden. Durch das häufige Mähen haben die Gräser zudem weniger Zeit, sich zu regenerieren. So brauchen sie viel Dünger und sind anfälliger für Krankheiten.

Für Gebrauchs- und Strapazierrasen reicht meist ein Schnitt in der Woche auf 5–6 cm Höhe. Bei Hitze und Trockenheit wachsen die Gräser deutlich langsamer, dann schneidet man besser seltener und minimal auf 6, besser auf 8–10 cm Höhe. Das gilt auch für Schattenrasen, der generell nicht so tief geschnitten wird wie normaler Rasen und der auch nicht so belastbar ist.

Wenn der Rasen länger nicht geschnitten wurde, z. B. nach einem Urlaub oder bei anhaltenden Regenfällen, setzt man ihn besser in zwei bis drei Etappen auf die übliche Schnitthöhe zurück. Das gilt auch für den ersten Schnitt im Frühjahr. In den zunehmend milden Wintern wachsen die Gräser oft munter weiter. Weil aber auch die Winternässe zunimmt, kann man dann kaum noch mähen. Entsprechend haben sich die Gräser oft schon üppig entwickelt, bis der Mäher zum ersten Mal wieder in Aktion treten kann.

Das Schnittgut sollte durch Abrechen oder mithilfe eines Fangsacks am Mäher entfernt werden. Anders bei einem Mulchmäher: Von diesen werden die abgeschnittenen Grasspitzen so fein zerkleinert, dass sie auf dem Rasen liegen bleiben können. Sie reduzieren dann als Mulch die Verdunstung, setzen beim Verrotten Nährstoffe frei und erhöhen den Humusgehalt im Boden.

Der mähfreie Mai

Im Mai hat der Rasenmäher frei: Nach diesem Motto ruft die Gartenakademie Rheinland-Pfalz immer wieder zu einem wochenlangen Verzicht des Gräserschnitts auf. Dies nach dem englischen Vorbild des »NoMowMay«. Dem schließen sich bei uns teils auch andere Bundesländer an. Auf den ersten Blick eine feine Sache. Es bedeutet aber im Prinzip, dass der Rasen in eine Wiese umgewandelt wird. Nach einer mähfreien Hauptwachstumszeit im Mai/Juni gibt es praktisch keinen Rasen mehr. Tatsächlich wird danach lediglich das Mähen bzw. Sensen schmaler Gehstreifen und Ränder empfohlen. In Infobroschüren heißt es dazu: »Auf nur ein bis zwei Mal

Die Anlage einer Wildblumenwiese ist nicht einfach. Fertige Mischungen wie »Veitshöchheimer Bienenweide« sind ideal.

jährlich gemähten Flächen entsteht neben den Gräsern eine größere Artenvielfalt mit höheren Wiesenblumen, wie z. B. Margeriten, Wiesensalbei und Wilder Möhre. Wichtig ist, dass das Schnittgut nicht auf der Fläche liegen bleibt, sondern an anderer Stelle kompostiert oder als Mulch genutzt wird. Blühende Wiesenblumen bevorzugen einen mageren Standort.« Doch ganz so einfach ist es in der Realität nicht. Erstens siedelt sich auf Dauer keine Vielfalt an. Stattdessen breiten sich wüchsige Allerwelts-Beikräuter wie Ackerkratzdistel, Quecke, Acker- und Zaunwinde, Schöllkraut und Giersch massenhaft aus. Zarte, seltener vorkommende Wildkräuter haben da kaum noch eine Chance. Eine gezielte Aussaat einer guten, standortgerechten Wiesenmischung ist wesentlich sinnvoller. Zweitens ist das Anstreben eines mageren Wiesenstandorts nicht immer erstrebenswert. Unsere Böden verarmen durch den Klimawandel schneller als früher. Das mag im feuchteren England, wo die Idee herkommt, anders sein. Doch bei uns ist es oft schon im Spätwinter oder zeitigen Frühling so trocken, dass sich keine Pflanzenvielfalt einstellen kann. Stattdessen wird innerhalb kurzer Zeit übermäßig viel Humus abgebaut. Viel sinnvoller ist deshalb die Verwendung von sogenanntem Regiosaatgut, das speziell zu den Verhältnissen vor Ort passt und wie es in der Landschaftsbegrünung genutzt wird. Magerwiese/-rasen eignet sich nur für von Natur aus nährstoffarme, oft sandige Standorte. Adressen von Regiosaatgut finden Sie im Anhang (→ Seite 237).

Besser: vom Rasen zur Wiese

Mit dem heutigen Angebot an festgelegten und erprobten Regelsaatgutmischungen können Sie die Umwandlung eines Rasens in eine Wiese viel gezielter angehen. Robuste, trockenheitsverträgliche »Vorstufen« zu einer Wiese sind:

- Gebrauchsrasen RSM 2.2.1 für Trockenlagen und RSM 2.2.2 für extreme Trockenlagen (z. B. für Rasengittersteine)
- Landschaftsrasen RSM 7.2.1 für Trockenlagen
- Landschaftsrasen RSM 7.2.2 für Trockenlagen, mit einem Anteil von Kräutern (Wildstauden) von rund 3 %; darunter Schafgarbe, Wiesensalbei, Hornklee u. a.

Die folgenden Saatgutmischungen eignen sich für spezielle Erfordernisse und dienen zur Begrünung von Gittersteinen und Pflasterfugen:

- Der Parkplatzrasen RSM 5.1 ist eine Mischung, die sich selbst bei häufigem Befahren willig regeneriert.
- Sehr strapazierfähig sind außerdem gute Schotterrasenmischungen, z. B. »Schotterrasen DSV 530«.

Begehbare Wiesen: Kräuter oder Blumenrasen

Ein Kräuter- oder Blumenrasen bleibt niedriger als eine Blumenwiese, ist anders als diese mäßig trittfest und somit begehbar. Es handelt sich um pflegeleichte Gräsermischungen mit einem Anteil von bis zu 20 % Wildstauden. Solche Kräuter- oder Blumenrasen entfalten Wiesenflair und bieten Bienen, Hummeln, Schmetterlingen und anderen Insekten einen Lebensraum. Sie können drei- bis fünfmal im Jahr mit dem Rasenmäher gemäht werden. Wenn ein Kräuterrasen erst einmal gut eingewachsen ist, muss er höchstens in lang anhaltenden Trockenperioden bewässert werden. Wird stattdessen jedoch eine »richtige« Wiese gewünscht, sind die auf Seite 228 erwähnten Regiosaatgutmischungen die beste Wahl.

RASENMÄHER & CO.

Wer Spaß hat am Fitnesstraining im Garten, kann das alles ohne Strom oder Benzin durchführen. Die Arbeit mit Handrasenmäher, Handvertikutierer und Aerifiziergabel wird allerdings bei Flächen über 100 m² recht anstrengend und mühsam. Motorbetriebene Geräte machen es einem deutlich leichter. Bei der Auswahl des richtigen Rasenmähers spielen nicht zuletzt die Größe der Rasenfläche und die Wuchsstärke der Gräsermischung eine Rolle. Besonders leistungsstarke Modelle finden sich unter den Benzinmähern. Doch solange es noch keine erschwinglichen Benziner mit Katalysatoren gibt, sollte man auf solche Abgasschleudern möglichst verzichten.

- **Handmäher:** bis 50 m² Rasenfläche und für kleine, gestückelte Flächen
- **Akkumäher:** ab 50–300 m² Rasenfläche, auch für Hanglagen und Flächen mit Bäumen und Sträuchern
- **Elektromäher:** ab 50–600 m² Rasenfläche, möglichst wenig Bäume und Sträucher
- **Benzinmäher:** ab Flächen über 600 m² empfehlenswert, Wuchshöhe maximal 15 cm
- **Balkenmäher:** für Rasen und Wiesen ab 500 m², auch für Wuchshöhen über 15 cm
- **Aufsitzmäher:** für Freiflächen über 600 m² ohne Bäume und Sträucher, in Hanglagen problematisch

Etliche Thymian-Arten wie der Sand-Thymian *(Thymus serpyllum* 'Coccineus' und 'Albus') wachsen sehr flach.

BEGEHBARE BODENDECKER

An Stellen, an denen sich Rasen von Natur aus schwertut, z. B. im Schatten oder auf verdichteten Böden, wo mehr Moos und unerwünschte Beikräuter als Rasen gedeihen, ist es sinnvoller, sich mit dem »Feind« des Rasens zu verbünden. Eine geschlossene Moosdecke ist genauso grün, sie ist weicher und muss nicht einmal gemäht werden!

Daneben gibt es zahlreiche weitere, flach kriechend bis niedrig wachsende Stauden, die sich als Rasenersatz eignen. Sie sind zwar allesamt nicht so belastbar wie ein echter Sport- und Spielrasen, aber wesentlich pflegeleichter als echter Rasen und vertragen im Gegensatz zu bodendeckenden Stauden auch gelegentliches Betreten. Wenn es aber darum geht, Problemzonen oder kleinere bis mittelgroße Flächen dauerhaft, optisch ansprechend und pflegeleicht zu begrünen, sind die folgenden Pflanzen als Rasenersatz genau richtig.

- An halbschattigen Stellen können Sie statt Rasen auch Mastkraut oder Sternmoos *(Sagina procumbens, S. subulata)* säen, das schnell eine geschlossene frischgrüne Oberflächenbedeckung bildet.
- Für sonnige, trockene Plätze haben sich besonders die Römische Kamille (*Chamaemelum nobile* 'Plenum') mit weißen, duftenden Blüten sowie ebenfalls duftende Thymian-Arten bewährt, vor allem Kümmel-Thymian *(Thymus herba-barona)*, Sand-Thymian *(T. serpyllum)* sowie *T. doerfleri* 'Bressingham Seedling'. Die Englische Rasenkamille (*Chamaemelum nobile* 'Treneague') verträgt auch Halbschatten, blüht in der Regel nicht, hat dafür aber aromatisches Laub, das dichte Teppiche bildet.
- Für größere Flächen in Sonne und Halbschatten: die robuste Teppichverbene *(Phyla nodiflora)*, besonders schön in der Sorte 'Simmer Pearls'.
- In der Sonne wie im Halbschatten gedeihen Gänseblümchen *(Bellis perennis)*, Habichtskraut *(Hieracium)* und Fiederpolster (*Leptinella* syn. *Cotula dioica* und *squalida*) sowie Waldsteinien (Ungarwurz) wie *Waldsteinia geoides* und Wald-Erdbeeren *(Fragaria vesca)*.
- Der wunderschön und monatelang hellblau blühende Blaue Bubikopf *(Isotoma fluviatilis)* mag es lieber nicht allzu sonnig und bevorzugt frischen Boden.
- Eher anspruchslos in Sonne und Halbschatten ist das Bruchkraut *(Herniaria glabra)*. Es wächst auch in Fugen und Mauerritzen.
- Das Pfennigkraut *(Lysimachia nummularia)* gedeiht hervorragend im Halbschatten auf frischen bis feuchten Böden. Optimal für Teichrand, aber auch für Pflanzgefäße.
- Eine weitere recht trittfeste Halbschatten-Art ist die Polei-Minze *(Mentha pulegium)*.

Mikroklee in Rasenmischungen

In den letzten Jahren wurden von Rasensaatgutproduzenten Saatmischungen entwickelt, die nicht nur Gräser, sondern auch eine besonders kleinblättrige Kleesorte enthalten. Dieser Mikroklee oder Micro-Clover ist genauso grün wie Rasen und ergänzt die Rasengräser ideal, denn er kann, wie alle Schmetterlingsblütler, durch besondere Bakterien an seinen Wurzeln, Stickstoff aus der Luft binden und im Boden speichern. Er bleibt auch ohne Dünger das ganze Jahr grün und ist viel unempfindlicher gegen Trockenheit. Am besten bewährt haben sich Saatgutmischungen, die neben den Gräsern einen Anteil von 10 % der kleinblättrigen Weißkleezüchtung enthalten.

Sternmoos *(Sagina procumbens)* wächst schnell und bedeckt im Halbschatten in kurzer Zeit große Flächen.

Die Römische Kamille *(Chamaemelum nobile)* bleibt niedrig und hat duftende Blüten.

Die Teppichverbene *(Phyla nodiflora)* ist eine widerstandsfähige Rasenalternative.

Die Ungarwurz *(Waldsteinia geoides)* blüht im Frühjahr gelb und hat später Früchte, die an Erdbeeren erinnern.

Bruchkraut *(Herniaria glabra)* wird nur 5 cm hoch und bevorzugt kalkarme, durchlässige Böden.

Das Kriechende Pfennigkraut *(Lysimachia nummularia)* hat lange Ausläufer und attraktive, gelbe Blüten.

REGISTER

SERVICE & ADRESSEN

Meteorologische Infos und Vorhersagen

- Der Deutsche Wetterdienst (**www.dwd.de**) bietet auf seiner Homepage eine Vielzahl an Informationen zum Klimawandel und für Gärtner. Stichwörter für die Suche sind beispielsweise »Garten«, »Freizeitgärtner«, »Biowetter«, »Phänologie« und »Umwelt«.
- Jörg Kachelmann bietet auf seiner Homepage **kachelmannwetter.com** ein umfangreiches Angebot an Infos. Außerdem sind die Werte vieler Messstationen abrufbar.
- Für Österreich hält die Zentralanstalt für Meteorologie und Geodynamik auf ihrer Homepage **www.zamg.ac.at** Infos bereit.
- In der Schweiz stellt das zuständige Bundesamt für Meteorologie und Klimatologie auf **www.meteoschweiz.admin.ch** Wetter- und Klimadaten zur Verfügung.

Beratung und Service für Hobbygärtner

Gartenakademien der Bundesländer In derzeit neun Bundesländern bieten Gartenakademien eine unabhängige, kompetente Beratung sowie Informationen und Dienstleistungen für Hobbygärtner; meist auch mit Beratung per Gartentelefon. Infos und eine Liste aller Gartenakademien unter **www.gartenakademien.de.**

Bodenuntersuchungen

Professionelle Bodenuntersuchungen bieten mehrere Landwirtschaftliche Untersuchungs- und Forschungsanstalten (LUFAs) auch für Hobbygärtner an, darunter in Speyer, Kassel, Rostock, NRW (Münster) und Hameln sowie Oldenburg. In Bayern können Sie sich an die Bayerische Landesanstalt für Landwirtschaft wenden. In Baden-Württemberg bietet u.a. das Landwirtschaftliche Technologiezentrum Augustenberg in Karlsruhe Adressen zugelassener Labore. Die jeweiligen Homepages können Sie leicht übers Internet finden. Bei der Suche nach Anbietern in Ihrer Region helfen auch die Gartenakademien der Bundesländer weiter.
Zu den größten Anbietern im Gartenfachhandel gehört der Raiffeisen-Laborservice: **www.raiffeisen-laborservice.de**

Neophyten und invasive Arten

Ausführliche Beschreibungen (potenziell) invasiver Pflanzenarten finden Sie auf der Homepage des Bundesamts für Naturschutz unter neobiota.bfn.de

Klimabäume

Viele Forschungseinrichtungen und Baumschulen beschäftigen sich mit Arten, die zukünftig mit den Anforderungen durch den Klimawandel besser zurecht kommen. Eine Internetsuche mit dem Stichwort »Klimabäume« führt schnell zu aktuellen Forschungsergebnissen. Intensiv beschäftigt sich die Baumschule von Ehren (**www.lve-baumschule.de**) mit der Thematik, außerdem die Bayerische Landesanstalt für Weinbau und Gartenbau (**www.lwg.bayern.de**) sowie die Hochschulen Osnabrück, die Lehr- und Versuchsanstalt Gartenbau in Erfurt, die Landesanstalt für Landwirtschaft und Gartenbau Sachsen-Anhalt, das Arboretum Ellerhoop-Thiersen und andere.

Buchtipps

- Arnold, Quickfinder Artenvielfalt, GU 2023
- Clark, Natur-Präriegärten, BLV 2023
- Haas, Pflanzenschnitt, GU 2024
- Mayer, Gemüseanbauplanung. BLV 2021
- Nagel, Die Welt in meinem Garten. BLV 2023
- Plöger, Zieht euch warm an, es wird noch heißer! Westend 2023

ÜBER DEN AUTOR

Joachim Mayer ist gelernter Gärtner der Fachrichtung Gemüsebau und vertiefte seine praktische Ausbildung im Studium der Agrarwissenschaften. Nach seinem Abschluss als Diplom-Agraringenieur arbeitete er mehrere Jahre als Gartenredakteur in einem großen Buchverlag. Dabei lernte er, was er bis heute sehr gern macht: komplexe gärtnerische und naturwissenschaftliche Zusammenhänge so darzustellen, dass auch Einsteiger damit etwas anfangen können. Neben seiner Tätigkeit als Gartenbuchautor und -journalist berät er seit Langem Hobbygärtner und frischt sein Wissen und seine Erfahrungen immer wieder im eigenen Nutz- und Ziergarten auf. Schon seit Jahren beobachtet er die Auswirkungen des Klimawandels, erprobt Möglichkeiten, damit gut zurechtzukommen und die eigene Gartenpraxis darauf einzustellen.

BILDNACHWEIS

Cover: mauritius images/Chromorange

Adobe Stock: 013, 015-1, 018, 019, 020, 024, 027-1, 027-2, 029, 032, 034, 036-1, 036-2, 040, 043-1, 043-2, 052-1, 052-2, 052-3, 052-4, 053-1, 053-2, 053-3, 053-4, 053-6, 055-1, 055-2, 057-1, 057-2, 065, 069, 074, 075-2, 076-1, 076-2, 078-2, 082, 087-1, 088, 090, 093-1, 093-2, 094, 099, 100, 104-1, 106, 109-2, 111, 113, 114-1, 114-2, 117-1, 117-2, 117-3, 118, 121-2, 121-3, 122, 125, 127-2, 128, 129, 145-1, 145-2, 147, 148-2, 150, 155, 158-1, 158-2, 158-3, 158-4, 159-1, 159-2, 159-3, 159-4, 159-5, 159-6, 160-1, 168, 179-1, 179-2, 181, 182-2, 184, 186-2, 186-3, 188, 189-1, 192, 196-1, 196-2, 197-1, 197-2, 197-5, 199, 200, 210, 211, 217-1, 217-2, 223, 231-2, 231-3, 231-4, 231-5, 231-6; Alamy Stock Foto/Nigel Cattlin: 075-1; /A.D. Fletcher: 197-6; /Flowers and Gardens by Jan Smith Photography: 207; /FotoHelin: 109-1; /imageBROKER: 148-1, 196-4; /McPhoto Müller: 068, 202; /Oleksandr Rado: 055-3; /John Richmond: 186-1; /Klaus Steinkamp: 203; /Maxal Tamor: 197-3; /Margaret Welby: 197-4; /Yon Marsh Natural History: 196-3; /Zoonar: 209; BGK – Bundesgütegemeinschaft Kompost e.V.: 081-1; Elke Borkowski/gardenpicturestock: 002-003, 164-1, 164-2, 164-3; Creative Market: Icons: 111, 112, 132, 140-143, U4-3; Flora Press/Bildagentur Beck: 067-3; /BIOSPHOTO/Patricia Méaille: 098; /Otmar Diez: 137-1, 138; /Danièle Dugré: 214; /Edition Phoenix: 072; /Jean-Jacques Etienne: 148-3; /FocusOnGarden/Jürgen Becker: 175, 153; /FocusOnGarden/Ursel Borstell: 229; /Garden World Images: 191; /Garden World Images/Jacqui Dracup: 195; /Garten Fräulein: 127-1; /gartenfoto.at: 015-3, 162, 189-2; /Josefin Widell Hultgren: 058; /Ute Klaphake: 084,135; /Alain Kubacsi: 208; /Daniela Kunze: 137-2; /Karen Meyer-Rebentisch: 102, 137-3; /Evi Pelzer: 206, 213; /Gudrun Peschel: 190; /Gary Rogers: 224; GAP Photos: 009, 109-3; /Richard Bloom: 156; /Jonathan Buckley: 080, 180; /Jonathan Buckley, Design: Charles Dowding: 086; /Trevor Nicholson Christie, Design: Martin Hughes-Jones and Sue Proud: 096; /Carole Drake: 017, 047; /Heather Edwards, Design: Beth Chatto: 038-039; /Fiona Lea: 166; /Gary Smith: 110; /Nicola Stocken: 064, 160-2, 172-173, U4-2; /Juliette Wade: 160-3; /Jo Whitworth: 134; Gartenbildagentur Friedrich Strauss: 015-2, 081, 221; /Thomas Grundner: 176; /Karen Meyer-Rebentisch: 121-1; /Clive Nichols Photography: 217-3, 220; /NouN: 107; /Martin Staffler: 132, 193; /Karlheinz Steinberger: 104-3, 194; iStock: Struktur ab 004; Icons: 008, 018, 020, 026, 028, 040, 044, 046, 062, 070, 085, 089, 094, 097, 107, 123, 128, 152, 163, 167, 174, 176, 185, 193, 210, 212, 221, 222; Fotos: 045, 053-5, 087-2, 182-1, 227, 231-1; Heidi Janicek: 205; Karl Koppi: 071; Matias Kovacic: 010, 011, 049, 050, 051-1, 051-2; Folko Kullmann: 218; mauritius images/Maria Breuer: 012; /Firstlight/Mirek Weischel: 023-3; Naturland – Verband für ökologischen Landbau e.V.: 056-1; Jutta Nerger Gartenideen: 238; Otto Graf GmbH: 104-2; Evi Pelzer: 060-061; Susanne Paus: 006-007; RAL gemeinnützige GmbH: 056-2; Saaten Zeller: 228; Shutterstock: 023-1, 023-2, 030, 044, 067-1, 067-2, 078-1, 093-3, 130-131, U4-1; Zoonar/Himmelhuber: 167, 171-1, 171-2, 171-3.

Syndication: seasons.agency

QUALITÄTS GU GARANTIE

LIEBE LESERINNEN UND LESER,

wir wollen Ihnen mit diesem Buch Informationen und Anregungen geben, um Ihnen das Leben zu erleichtern oder Sie zu inspirieren, Neues auszuprobieren. Wir achten bei der Erstellung unserer Bücher auf Aktualität und stellen höchste Ansprüche an Inhalt und Gestaltung. Alle Anleitungen und Rezepte werden von unseren Autoren, jeweils Experten auf ihren Gebieten, gewissenhaft erstellt und von unseren Redakteur*innen mit größter Sorgfalt ausgewählt und geprüft.

Haben wir Ihre Erwartungen erfüllt? Sind Sie mit diesem Buch und seinen Inhalten zufrieden? Wir freuen uns auf Ihre Rückmeldung. Und wir freuen uns, wenn Sie diesen Titel weiterempfehlen, in Ihrem Freundeskreis oder bei Ihrem Online-Kauf.

Sollten wir Ihre Erwartungen so gar nicht erfüllt haben, tauschen wir Ihnen Ihr Buch jederzeit gegen ein gleichwertiges zum gleichen oder ähnlichen Thema um.

KONTAKT ZUM LESERSERVICE

GRÄFE UND UNZER VERLAG
Grillparzerstraße 12
81675 München
www.gu.de

IMPRESSUM

GU ist eine eingetragene Marke

GU

der GRÄFE UND UNZER VERLAG GmbH, www.gu.de

ISBN 978-3-8338-8760-4

1. Auflage 2024

Projektleitung: Cornelia Nunn

Lektorat: Barbara Kiesewetter

Mitarbeit: Dr. Folko Kullmann

Bildredaktion: Esther Herr; Petra Ender, Natascha Klebl (Cover)

Umschlaggestaltung und Layout: ki36 Editorial Design, Bettina Stickel

Herstellung: Susanne Fuhrmann

Satz: griesbeckdesign, Dorothee Griesbeck, München

Reproduktion: Longo AG, Bozen

Druck & Bindung: aprinta GmbH, Wemding

Umwelthinweis

Nachhaltigkeit ist uns sehr wichtig. Der Rohstoff Papier ist in der Buchproduktion hierfür von entscheidender Bedeutung. Daher ist dieses Buch auf PEFC-zertifiziertem Papier gedruckt. PEFC garantiert, dass ökologische, soziale und ökonomische Aspekte in der Verarbeitungskette unabhängig überwacht werden und lückenlos nachvollziehbar sind.

Wichtiger Hinweis

Die Gedanken, Methoden und Anregungen in diesem Buch stellen die Meinung bzw. Erfahrung des Verfassers dar. Sie wurden vom Autor nach bestem Wissen erstellt und mit größtmöglicher Sorgfalt geprüft. Jede Leserin, jeder Leser ist jedoch für das eigene Tun und Lassen auch weiterhin selbst verantwortlich. Weder Autor noch Verlag können für eventuelle Nachteile oder Schäden, die aus den im Buch gegebenen praktischen Hinweisen resultieren, eine Haftung übernehmen.

GRÄFE UND UNZER

Ein Unternehmen der
GANSKE VERLAGSGRUPPE

SERVICE

BLOG UND CO.

www.brotbackliebeundmehr.com
Mein Blog mit ganz vielen Brot- und Brötchenrezepten, aber auch sehr vielem Selbstgemachten und was ich sonst noch so in meiner Küche koche und backe.

Brotbackliebe...und mehr bei Facebook
Meine Facebook-Gruppe mit über 25 000 Mitgliedern, einer umfangreichen Rezeptsammlung und viel Hilfe und Austausch zum Thema Brotbacken. In der Gruppe geht es vor allem ums Brotbacken, aber auch (wie in meinem Blog) um das Selbstmachen von Lebensmitteln und um alles, was mit Kochen und Backen zu tun hat. Im Mittelpunkt steht das Backen mit wenig Hefe, Sauerteigen und langer Teigführung.

DIE AUTORIN

Valesa Schell war lange im sozialpädagogischen Bereich tätig. Vor neun Jahren begann sie, ihr eigenes Brot zu backen, weil ihr gekauftes Brot nicht mehr geschmeckt und sie es oft nicht vertragen hat. Alles rund um das Thema Brot ist mittlerweile zu ihrer großen Leidenschaft geworden. Ihr Blog „Brotbackliebe...und mehr" ist mit fast 14 Millionen Aufrufen einer der am meisten gelesenen Brot- und Foodblogs in Deutschland. Die gleichnamige Facebookgruppe ist eine der größten Brotbackgruppen im deutschsprachigen Raum.

DANKSAGUNG

Ein ganz großes Dankeschön geht an meine lieben Freundinnen Deborah Messmer und Sylvia Richter, die mir beim Herstellen der ganzen Aufstriche geholfen haben, damit alles fotografiert werden konnte.

Meine Fotografin Heike Schmidt-Röger hat auch bei diesem Buch wieder Höchstleistungen erbracht und wunderschöne Fotos gemacht. Es waren vier anstrengende, aber auch sehr schöne Tage mit dir. Ich freue mich schon auf das nächste Mal.

Ganz lieben Dank an meine Freundinnen Martina Schmitz, Andrea Höll, Deborah Messmer und Martha Szczepanski für das Probieren und die ausführlichen Rückmeldungen.

Meinem Facebook-Admin-Team Samuel Kargl, Sylvia Richter, Deborah Messmer, Kessi Heinrich, Christian Will und Angelika Bode danke ich von Herzen für Ihre Unterstützung.

Auch meinem Lieblingsmenschen Jörg Schell möchte ich danken, dass er mir den Rücken freihält und uns beim Fototermin so hilfreich unterstützt hat.

Zuletzt einen ganz großen Dank an meine beiden Lektorinnen Antje Munk und Jennifer Zajonz beim Ulmer Verlag, die mir immer unterstützend zur Seite gestanden haben. Und auch einen ganz lieben Dank an meine Außenlektorin Anja Fleischhauer.

SCHNELL NACHGESCHLAGEN

IMPRESSUM

BILDQUELLEN

Alle Fotos stammen von Heike Schmidt-Röger mit Ausnahme der folgenden:
Titelfoto: Sabrina Sue Daniels
Autorenfoto: Tiziana Abegg

Die in diesem Buch enthaltenen Empfehlungen und Angaben sind von der Autorin mit größter Sorgfalt zusammengestellt und geprüft worden. Eine Garantie für die Richtigkeit der Angaben kann aber nicht gegeben werden. Autorin und Verlag übernehmen keine Haftung für Schäden und Unfälle. Bitte setzen Sie bei der Anwendung der in diesem Buch enthaltenen Empfehlungen Ihr persönliches Urteilsvermögen ein.
Der Verlag Eugen Ulmer ist nicht verantwortlich für die Inhalte der im Buch genannten Websites.

BIBLIOGRAFISCHE INFORMATION DER DEUTSCHEN NATIONALBIBLIOTHEK

Die Deutsche Nationalbibliothek verzeichnet diese Publikation in der Deutschen Nationalbibliografie; detaillierte bibliografische Daten sind im Internet über http://dnb.d-nb.de abrufbar.

Anmerkung zur Schreibweise (Gendering): Gendergerechtigkeit und Inklusion sind bei uns gelebte Praxis – bei der Auswahl unserer Themen, bei der Recherchearbeit, in der Gestaltung. Unsere Texte meinen alle. Damit unsere Inhalte jedoch gut lesbar bleiben, verzichten wir in diesem Werk auf die jeweilige Mehrfachnennung oder Anpassung der Schreibweise bestimmter Bezeichnungen an die weibliche, männliche oder diverse Form.

Wollgrasweg 41, 70599 Stuttgart (Hohenheim)
E-Mail: info@ulmer.de
Internet: www.ulmer.de
Projektleitung: Antje Munk, Jennifer Zajonz
Lektorat: Anja Fleischhauer
Herstellung: Silke Reuter
Umschlag-Gestaltung: siegel konzeption | gestaltung, Stuttgart
Gestaltung und Satz: Susanne Junker, www.redsign.de, Stuttgart
Reproduktion: time:ray, Jettingen
Druck und Bindung: Livonia Print, Riga
Printed in Latvia

ISBN 978-3-8186-2049-3

HIER KÖNNEN SIE WEITERLESEN

Beim Brotbacken nach der No-Knead-Methode werden die Zutaten einfach mit einem Kochlöffel verrührt – super schnell und mühelos. Ganz nebenbei eignen sich No-Knead-Brote hervorragend zum Backen im Urlaub oder beim Camping. Valesa Schell zeigt in diesem Buch, wie Sie mit wenig Hefe, langer Gehzeit und ganz ohne Kneten sagenhaft leckeres und bekömmliches Brot backen. Mit Know-how zu den Basics und vielen praktischen Tipps und Tricks von der Brotexpertin, steht den über 60 Rezepten für Brot, Brötchen, Herzhaftes und Süßes nichts mehr im Weg

No-Knead-Brote. Unkompliziert backen ohne Kneten. Wenig Hefe, lange Teigführung.
Valesa Schell. 2022. 175 Seiten, 130 Farbfotos, 2 Tabellen, geb. ISBN 978-3-8186-1516-1.

DER EINSTEIGERKURS

Mit diesem Brotbackkurs lernen Sie von der Pike auf, wie Sie Ihr eigenes, wirklich gutes Brot selber backen können. Leicht verständlich und mit vielen bebilderten Handgriffen führt Sie das Buch durch den Backprozess und steigert sich im Schwierigkeitsgrad. Mit Know-how zum Handwerkszeug und den verschiedenen Triebmitteln steht den sagenhaften Brot-, Brötchen- und Baguetterezepten schon bald nichts mehr im Wege. Machen Sie Ihre Küche zur Backstube und backen Sie mit wenig Hefe und langer Teigführung höchst bekömmliche Brote.

Der Brotbackkurs. Einfach starten – Profi werden. Valesa Schell. 2019. 192 Seiten, 176 Farbfotos, geb. ISBN 978-3-8186-0687-9.